西方史学史研究（第1辑）
STUDIES OF WESTERN HISTORIOGRAPHY
作为思想史的史学史

吴晓群 陆启宏 主编

图书在版编目(CIP)数据

西方史学史研究.第1辑,作为思想史的史学史/吴晓群,陆启宏主编.—北京:商务印书馆,2022
ISBN 978-7-100-20968-7

Ⅰ.①西… Ⅱ.①吴… ②陆… Ⅲ.①思想史—史学史—西方国家—文集 Ⅳ.①K091-53

中国版本图书馆 CIP 数据核字(2022)第 052759 号

权利保留,侵权必究。

西方史学史研究

第1辑

作为思想史的史学史

吴晓群　陆启宏　主编

商 务 印 书 馆 出 版
(北京王府井大街36号　邮政编码100710)
商 务 印 书 馆 发 行
北京新华印刷有限公司印刷
ISBN 978-7-100-20968-7

2022年5月第1版　　　　开本710×1000　1/16
2022年5月北京第1次印刷　印张 15¾
定价:86.00元

目　　录

寄语:在不断的探索中前进 ················ 张广智　1
发刊词:作为思想史的史学史 ············· 吴晓群　3

温故
什么是史学史? ······················· 耿淡如　11

专论
中西"疫"举差异的文化渊源及共同抗疫的文化基础
　　···································· 于殿利　20

经典释读
马克思1859年"序言"的写作背景与内在动机
　　················ 阿瑟·M.普林茨　著　吴英译　33
韦伯"社会科学的与社会政策的知识之'客观性'"导读(一)
　　···································· 胡昌智　54

理论探讨
历史书写的"真" ······················ 张耕华　81

读史札记
西罗马帝国灭亡:一个史学观念的沉浮 ······ 李隆国　99
从小普林尼《书信集》5.8看罗马帝国早期知识
　　精英的史学观 ······················ 吕厚量　135

中西之间

中外史学交流史研究的范式探讨
·················· 邓京力　苗志浩　144

20世纪前期中国史学界对西方史学的接受与创新
·················· 徐善伟　张倩　时雯　160

史学前沿

什么是数字历史？··················
道格拉斯·希菲尔德　威廉·托马斯 著　周兵 译　184

世界历史观下的后世俗主义
·················· 本杰明·舍韦尔 著　张黛英 译　192

书评

在过去与未来之间寻找古典学的新坐标·········刘峰　205

图像材料在古典研究中的运用新探·············阿慧　219

现代性的时间不一致性
·················· 吕蒂文·邦蒂尼 著　沐越 译　肖琦 校　230

新书推介

"记忆与历史研究"新书推荐四则·············张仕洋　238

"全球史"相关新书推荐··················徐成　242

征稿启事　247

寄语:在不断的探索中前进
——致《西方史学史研究》

张 广 智

江山如画,葳蕤春意遍于华林,恰逢其时,《西方史学史研究》创刊了。值此喜庆之日,作为一名多年来从事西方史学史教学与研究的同仁,我谨向《西方史学史研究》的问世,致以衷心的祝贺!

《西方史学史研究》之创刊,得天时地利人和,沐浴在新时代的春风中。然而,我们总要前行,在不断的探索中前进。

我们总要前行,在不断的探索中前行。这自然与复旦历史系历来重视史学史的传统相连接。《西方史学史研究》创刊号,重登耿淡如先生六十年前发表的"什么是史学史?",再温经典,确有必要。他的呐喊:"需要建设一个新的史学史体系"的声音,仿佛穿越时空,为后世留下了经久不息的回音。耿文最后,用垦荒作比喻,鼓励学界同仁一起奋发,不畏艰难,不辞劳苦,在这个领域内做些垦荒者的工作。这是一种什么精神?答曰:垦荒者精神。当下,我们正迫切需要把先师所熔铸的优良传统发扬光大,去创造明日的辉煌,那么"一片金色草原将会呈现于我们的眼前"!

我们总要前行,在不断的探索中前进。这自然也与学术精神和个性特色相连亘。我们要发扬垦荒者精神,披荆斩棘,齐心协力,勇往直前;汇九州才俊,聚史坛时彦,向《史学史研究》《史学理论研究》等刊物学习,为中国西方史学史独创性的研究添砖加瓦,做出自己力所能及的贡献。比如在创刊号里,就提出了"作为思想史的史学史"这一办刊旨趣,颇能看出办刊人力求办出特色,彰显个性,以期开拓与创新的心境,但愿这一石激起千重浪,为《西方史学史研究》办刊开一个好头。

我们总要前行,在不断的探索中前进。这自然更与中国史学的大发展、中国史学走向世界相连通。在可以预见的未来,在中国从"史学大国"走向"史学强国"的进程中,在重绘世界史学地图中,中国历史学家,尤其是年轻的一代,应当拿出体现中国史学特色的优秀学术成果,贡献自己非凡的业绩。鉴于此,我们的《西方史学史研究》也更应当有所作为,一如20世纪80年代的《史学理论》(《史学理论研究》前身),在那时"走出去"与"请进来"的中外史学交流互动中,起到了向导与津逮的作用,至今还令人回想。前辈的这一成功经验启示我们,《西方史学史研究》应该在今后中外史学交流中充当"马前卒"和"急先锋",这是新时代赋予我们的一份沉甸甸的使命担当。为此,我们既要有敢为人先、舍我其谁的豪情与胆量,也要始终秉持先师的"谦虚治学、谦虚做人"的气质与素养,认真办刊,一期又一期,一步一个足印,为繁花似锦的学术期刊百花园添一新景。

探索犹如登山,我以为只有那些不畏艰难险阻,沿着崎岖山路攀登的人,才能登上峰顶,领略"会当凌绝顶,一览众山小"的情景,我们的历史研究亦然。借此一角,谨以上述微言权作寄语,献给《西方史学史研究》,也献给我们年轻一代的历史学家们,愿我们共勉之,共为之!

2021年7月8日

作者简介:张广智,复旦大学历史学系教授,中国作家协会会员。习史从教五十余年,落墨在史学与文学之间,2018年获上海市世界史学会"终身学术成就奖"。

发刊词:作为思想史的史学史

吴晓群

史学史作为一门对史家及其史著进行再思考的学问,可以说是历史学的"家史"或"家谱",也是历史学家自己的身份意识逐渐形成和成熟的一个反映。为此,不同时代的西方学者,在回顾总结历史学的发展时写下了大量的著作;也因问题意识的不同、具体研究的面向不同,提出过不同的解释和框架。

中国人撰写史学史,肇始于20世纪20年代李大钊编写的《史学思想史》,但在1949年之前,中国的西方史学史研究仍属草创阶段,只是简单介绍,而没有深入的系统性研究。1949年之后,中国学界的西方史学史研究有了长足的进步,并有了明确的学科意识。若以复旦大学为例,略追述其学术脉络,则经历了两个阶段:一是耿淡如先生开启的"作为学科史的史学史"研究,二是张广智教授倡导的"作为文化史的史学史"研究。

20世纪60年代,中国史学界开展了关于史学史问题的大讨论,"南耿北齐(齐思和)"是这场学术讨论的中坚人物。1961年,耿淡如先生在《学术月刊》发表"什么是史学史"这样一篇具有方向性的文章。他在文中首先批判了西方和苏联的两种倾向,即西方学界将史学史变成历史著作的目录与历史家的传略,而苏联学界则将史学与历史科学两个概念混用。然后,根据当时的历史背景和思想语境,耿先生提出了史学史研究的十大对象和任务,并明确指出,"史学史应是历史科学的历史,而不是历史家的传记集和目录学"。1962年6月14日,耿先生又在《文汇报》刊登了"西方资产阶级史家的传统作风"一文,发出"历史是法院还是戏院? 史家是绘图家还是摄影师?"的灵魂拷问。耿淡如先生对于西方史学史研究的清醒认识和理论设计,在保持史学史作为学科史的基础上,更为新中国的西方史学史学科建设做出了开创性的贡献。

20世纪80年代以后,中国学术界与国家各方面的发展一样迎来了一个全新的时期。1990年,张广智教授出版了《史学,文化中的文化:文化视野中的西方史学》一书,从探讨"什么是我们所理解的史学上的'文化'概念?"入手,继而肯定史学文化的独特性和重要性,认为"从纵的看,在一个历史性的进程中,史学显示了人类文化自古迄今的演变和进步……从横的看,历史学则着眼于从社会变迁中探讨整个文化的发展进程"。为了打破西方传统的历史编纂学的套路,张广智教授认为"应当注重从整个文化背景上来考察","从一个新的视野来撰写西方史学史"。自此,张广智教授以"作为文化史的史学史"视角出发,陆续撰写和主编了《西方史学散论》《世界文化史(古代卷)》《影视史学》《超越时空的对话——一位东方学者关于西方史学的思考》《史学之魂——当代西方马克思主义史学研究》《近代以来中外史学交流史》等著作。他的西方史学史研究涉猎了与文化史相关的诸多领域,拓展了中国西方史学史研究的范畴。更为可贵的是,在这一过程中,张广智教授开始有意识地以一种中国视角来审视西方史学及其理论,明确提出了"西方史学、中国眼光"的口号。

中国西方史学史研究这两个阶段的发展,都是与其特定的时代背景和学术语境密切相关的。20世纪60年代,耿淡如先生史学史研究的拓荒之旅,既是经过50年代的调整之后中国学人重振学术的一种表现,也体现了当时史学界几乎均以政治史为主要研究方向的学术风气和政治立场。20世纪80年代,张广智教授西方史学史研究范围的扩大,在某种程度上,可以说是改革开放以后各领域兴起之文化热的产物。如今,在这个各种思想剧烈碰撞的时代,为了提升史学史研究的解释能力,我们提出"作为思想史的史学史",试图为中国的西方史学史研究提供一种新的研究进路。

柯林武德曾说："一切历史都是思想史"，同时他还说过另一句话："一切历史都是史学史。""作为思想史的史学史"这一命题，似乎是直接从这两句判断中脱胎而出的。当然，不能不承认这两句话对我们的启发，但与柯林武德明确从历史哲学的角度出发有所不同的是，我们提出的"作为思想史的史学史"主要是出于两方面的考虑，一是要强调史学史研究的对象应着重考察历史学家的思想世界，要从"历史思想的主体""历史思想的生成"以及"对历史思想的感知和解释"等概念出发来讨论，而不仅仅是对文本内容的解读和史家生平的介绍；二是既要把一个理论问题变成一个实践的问题，也要把一个具体研究变成一个有思想关怀的问题。换言之，是希望能够打破长期以来史学理论与史学研究实践之间的壁垒。

历史学作为一门以事实为依据的学科，始终强调求真的目标，以至于对客观性的追求成为了历史学家"高尚的梦想"（这是美国史家彼得·诺维克将"客观性"作为史学研究中的神圣理想和核心规范时所做的总结）。但历史学家在相信肯定存在真实发生过的历史，并对史料进行巨细无遗的收集和严格精细的考订的同时，对如何看待历史书写中历史学家所扮演的角色却一直存在争议，并由此影响到对历史学的学科定位。相关的讨论已然很多，在此，我们可以借2021年5月28日故去的何兆武先生的一句话来表明我们的态度，他说："在历史学的研究中，无论是研究的客体抑或是研究的主体，都彻头彻尾地在贯穿着人的意志和愿望。既然人的主体性始终贯穿于其间，所以它就始终是受着人的意志的影响的。"

也就是说，历史学家的角色并非一个单纯的观察者，他的观念或思想一定是特定历史条件下的产物，他在进行历史书写时无法完全排除其个人爱好、政治倾向、信仰成分、社会地位、文化品位等主观因素。过去的历史在史家的口中笔下的再现，是与历史讲述者（或书写者）的思想、情感、经验等密不可分的，历史只有通过历史学家的还原（甚或是一种塑造）以及解释才得以呈现。因此，历史学对客观性的追求并不能掩盖史家的主观立场，更无法消除史家在历史解释过程中所透露出的自我意识。

从这个角度而言,任何历史书写都带有主观性,只是历史学家的表现有所不同。有些历史学家善于隐藏自我,从不直接表达自己的意见,而是以其历史书写的对象之言行来表达自身的立场,将其观点隐藏于复杂的情节结构或论述逻辑之中;而另一些历史学家则可能会出现在他自己的历史叙述之中,直接评论其笔下的历史对象,褒贬奖罚一目了然。但这并不意味着前者一定比后者更加客观,只是历史学家在其史著中以不同的方式来显示自己的存在罢了。我们可将这种方式视为历史学家的不同书写策略,背后隐藏的仍然都是历史学家对历史对象所作出的评判。

无论如何,任何历史学家都不可能是真正的旁观者,他与他所处理的作为对象的历史有着一种共在的关系,历史著作必然会受到写作者观点的渗透和影响。史家重构历史的努力不是为了单纯地拥抱过去、崇拜古人,从他对研究对象的选择、问题意识的形成,到文献的搜集阅读、资料的整合梳理,再到行文的框架脉络、理顺逻辑与组织语言,最后得出结论——这一整套的研究流程,其中体现出来的都有着人为的痕迹,历史学家对历史的书写必然注入了某种个人的理解。

既然如此,我们所倡导的新阶段的史学史研究,就不能仅仅满足于罗列史家的优缺点、历史编纂的风格、行文特点以及修辞手法等,而是要将目光投向其思想及背后的语境,即更关注史家历史意识与历史思想形成的过程;并进一步将历史学家的书写看作既是对当时社会思想基础的一种呈现,又是他作为一个思想家所进行的思考。由此,历史学家自身也就成为了我们试图理解的历史进程中的一部分。

所以,在不排除历史学家具有以求真为目标的"高尚梦想"的同时,也要清醒地认识到,历史学家的思想世界是其历史书写的关键。当然,为了避免后现代主义思潮将历史著作纯粹文本化的倾向,我们是不同意法国学者汉斯·凯尔纳所言"历史就是人们写作并称之为历史的书籍"这一结论的。但是,我们可以说:"一切被书写的历史都是历史学家的思想史。"换言之,作为思想史的史学史研究,其任务就不仅仅是研究和诠释史学经典文本,而是要将历史学家写作的全部思想过程作为一个广义上的"文本"来处理,力图更深刻地理解史家世界观的形成、发展及其演变的过程,并且在建构、解构或重构之中,创造出另一套宏大叙事,赋予史家一个责任,即相信或确认史家也是思想家。从而,在说明不同史学范式的建构和形成的过程中,真正理解人类历史书写的内在特质。

同时,这一研究命题的提出也是基于一种现实的研究状况。一方面,史学理论研究界的发展近五十年来十分迅猛,如利科在总结20世纪50—70年代的西方哲学主要趋势时所说:"没有任何一门人文科学像历史学那样在其本身方法论方面进行了如此彻底的再思考。"然而,另一方面,在学术界普遍存在的情况却是理论探讨与个案研究之间的脱节,这使得史学理论上的变化对史学研究的具体影响甚微,史学理论研究者与史学史研究者之间始终难以达成相互具有启发性的有效沟通。

如何解决理论与研究实践之间的隔膜、促进两者间的互动,作为思想史的史学史或许是一个可以行之有效的切入口。

传统的史学史书写通常具有清晰的研究方法,如真实性问题、史料来源、历史批判方法等。传统的思想史研究则因主要关注经典思想家的智慧结晶或某场影响深远的思想运动,其研究方法更具文本化,同时在研究的过程中强调其学理性和系统性。可见,史学史的研究进路,既在对历史书写细节的细致考察和发掘中,重置和校正某些观念的时代意涵,又能够帮助我们重新进入我们已经失去的思想曾经存在过的那个世界,去还原或是质疑某种既有的观念或理解模式。但是,这样的研究路径却使得研究者难以将史家的历史书写转换成对其思想观念的考察,且容易把历史进程简单地看成是按照某种规律发展的。而思想史的研究进路,无论是追踪思想体系的演变还是聚焦于观念的单元,大多都是以某一类的文献为主要载体,充分关注知识精英自觉的有意识的思想结晶,并力图挖掘其中的微言大义。

但研究者较易忽视历史背景、时代特性与思想之间的关联度,甚至存在不加辨析地随意使用不同类型材料的现象,且理论先行的色彩屡见不鲜。

作为思想史的史学史,面对的既有作为史著的文本,强调文本与观念的原创价值和典范意义,关注历史学家的身份意识是如何形成并成熟的,还要与社会、时代及思潮相联系,讨论史家的思想世界是如何在一个特定的历史时间和空间中形成的。这种既文本化又历史化的研究,因其用力之处和问题意识与以往作为学科史的史学史与精英化的思想史都有所不同,所以它必须要跳出单纯研究史学编纂的技术性套路,也要避免单一思想史研究中可能出现的过度解释和后见之明。

这两者结合所形成的互动式视角,能让研究者既带着问题意识,又兼顾历史维度地进行思考,从而更充分地认识到人类思想的复杂性。由此,作为思想史的史学史,一方面更强调对历史学家及其历史书写的研究是解析式的,既非提要式的,也非赏析性的,注意理论的提炼与历史化的还原并重、分层的问题与根本性的问题共举;另一方面,作为思想史的史学史研究,将着重分析历史学家与哲学家、文学家、社会学家、经济学家等之间不同的问题意识、不同的材料处理、不同的思考逻辑、不同的表达方式、不同的修辞策略、不同的思想诉求以及不同的解决方案。

当然,作为思想史的史学史,并不是要把史学史做成思想史,消解史学史研究的意义和价值,而是要通过研究历史学家的思想世界如何影响其历史书写及研究,从而把思想史融入史学史中去。由此,希望既能打破过往史学史研究在解释能力和思辨能力上的不足,又能将史学史的研究成果反过来给予思想史研究,从而补充与丰富思想史研究,实现两者之间的贯通与融合。

总之,如果我们把"作为思想史的史学史"作为中国西方史学史研究在主要的研究场域、问题意识、考察视角及方法论上的一种转向,史学史研究或将迎来一个新的转折时期。因为思想史与史学史的结合,涉及两个维度,一个是历史过程的维度,另一个是在历史过程中所生成的思想的维度。这两者的结合既确保了史学史的严谨与考究,又兼具思想史的丰赡与深刻,应该能给传统的史学史研究带来某种突破和创新。当然,我们所说的创新和突破都并非是平地起高楼,而是在前辈学者的基础上,顺应时代的需要,迈出的小小一步。事实上,"作为思想史的史学史"与之前的"作为学科史的史学史"和"作为文化史的史学史"两个研究阶段的关系既非完全是一种递进式的关系,更不是要彻底摒弃那两种研究视角。中国西方史学史研究的这三种路径虽有着历时性的顺序,也体现出不同的问题意识和学术关怀,但在史学史作为历史学之家史的根本意义上,始终都可以且应该是并列的。

这种研究思路的转换,并非是三选一的排除法。我们的希望是,在始终关注学科史之基本问题、回应史学与其他文化领域之关系问题的同时,又可以承接 21 世纪以来的各种思想挑战,为历史学家参与到现实的历史运动中提供一些思路,由此也显明历史学家的良知与理念。

本刊以《西方史学史研究》为名,在我们看来,中国史学界对于外来史学史的研究一开始就是以地理上的"西方"为主要思考对象的,为了表明学科的传承、尊重前辈学者的贡献,我们希望沿用这一名称;同时,我们更希望明确地把以"西方"为代表的广义上的外部世界当作历史思想的对象,因为思考本身就是一种比较的行为,无论我们自身是否意识到这一点,实际上我们都正在这样做着。从这个意义上我们甚至可以说,没有比较就没有认识。通过比较,我们才能更好地认识自我、了解他人。比较性的思考使得自我通过他者得以显现,但并不会归于他者。相反,比较能带来两者之间更有效的互动。

换言之,我们对"西方"这一概念的运用既包含传统意义上的以欧美国家和地区为主的"西方",同时也清醒地意识到它不只是一个地理概念,更是一个不断变动的文化概念。我们把它作为一个反思和对观的对象,当它以一种"他者"的姿态与"东方"对立之时,我们可以将其当作另一种可参照的历史经验与教训,重现我们因各自的异域想象或身处其中而被遮蔽的一些事物和思考;当"东方"的自我意识不断觉醒之时,我们可以考察在西方观念冲击下,非西方的史家是如何基于传统与现实需要有选择地吸收和改造西方史学思想的;当我们生活的世界已是全球彼此关联之时,没有一件事情或一个国家是完全孤立的,任何以自我为中心的历史观及其书写模式都在相互的碰撞中发生着变化,如何使不同的历史思想在各文化间获得理解,如何使全球史学史的撰述成为可能,就是我们不得不面对的难题和必须思考的新主题。

总之,我们希望借助这样一个关注"他者"与"自我"的平台,展示史学史研究的反思性力量,希望研究者无论面对的是哪一个历史时期的历史思想,都要有保持对话的信念,打通思想的壁垒,由此,"他们"与"我们"就可能既是各自眼中的他者,也是同一群人。这样的研究,一方面可揭示东西方历史书写中对于各自文明起源及特征的理解和追求,另一方面也有利于我们反观自身,并增进对人类文明及文明史在共时性和历时性维度上的理解。最终目的,当然不是为了达成某个铁定的结论,而是希望引出更多的思考。因为,具有思想性与批判性的史学史才是历史真实性的真正来源,它满足了历史学家的主体性意识与历史实在的客观性之间的动态平衡。

2021 年 8 月

作者简介:吴晓群,历史学博士,复旦大学历史学系教授、博导。

什么是史学史？[*]

耿 淡 如

一、概念的合浑

什么是史学史这一问题，今天还在讨论之中，尚未有满意的答复。第一，因为这是一门比较年轻的学科，还没有经过充分的研究。第二，因为马克思主义史学史截然不同于资产阶级的史学史，需要建设一个新的史学史体系。

"史学史"这个词可能是从外文译来的，或者可以说相等于英文"Historiography"、俄文"Историография"、法文"Historiographe"、德文"Historiographie"。这些词，在外文用法里有时指"史学"，有时指"史学的发展史"。比如，在菲脱（Fueter）的《新史学史》（*Geschichte der neueren historiographie*），这个词意味着"史学"。在《张伯氏百科全书》中古奇（G. P. Gooch）所写的史学史，是用"Historiography"词目的。也许为了名词上的合浑，在《英国大百科全书》与《美国大百科全书》，以"历史"（History）作为词目而没有"史学"（Historiography）这个词目的。在美国出版了三本关于史学史类型的著作，它们也都不用"史学史"这个书名。绍特威尔（Shotwell）的著作，叫作"历史的历史"。巴尼斯（Barnes）与汤普逊（Thompson）的著作都用"历史编纂学的历史"作为书名；在这些作家看来，史学史等于历史编纂学史。如果这样地了解史学史，那么史学史将变成为历史著作的目

---

[*] 本文原载《学术月刊》，1961年第10期。

录与历史家的传略了。

在苏联史学史类型的著作里,有的用"史学史"(Историография)的名称,如瓦因什坦(О. Л. Вайнштейи)所编写的《中世纪史学史》(1940 年出版);有的用历史科学史的名词,如齐霍米罗夫(М. Н. Тихомиров)主编《苏联历史科学史大纲》(第一卷于 1955 年出版)。最近苏联科学院出版了《中世纪论文集》第 18 卷,关于中世纪史学的专号,在论文中使用"Историография"这个词。由此可见,苏联关于史学史类型的著作是一向以史学(Историография)或历史科学为标题的。看来史学与历史科学两个词现在已经混用了。

于是,我们所说的"史学史"意味着什么呢?是历史科学史,还是历史学科史?这个问题的解答,须取决于对历史学的概念和史学史的内容。让我们先看看关于史学史的现有定义吧。

二、现有的定义

史学史,顾名思义,当然是以历史的发展为基础的,正像物理学史是以物理学的发展为基础的那样。可是在历史学方面,为了下史学史的定义,首先要决定什么是历史?其次要决定什么是历史学?对于历史与史学怎样理解,对于史学史也怎样下定义。反过来,历史家对于史学史的定义也可以反映出他们对这些问题的见解。

英国著名的资产阶级史学家古奇关于史学史的定义是:"史学史即历史编纂学:它是涉及那些为了教导或训示作者的同时代人或后辈而编成的并具有或多或少文艺形式的历史事件的叙述。"(见《张伯氏百科全书》卷 VII:页 16)这定义的后一部分就是资产阶级史学家关于历史的传统概念,即历史是带有文艺性并有教育意义的历史记录,因此历史家可根据自己的价值观念,选择某些史事来编写有教育意义的故事。它否定了历史发展的规律性,意味着历史是一堆"偶然现象"。因而在这个意义上,历史当然不是科学,而有些像文学而不是文学。因此,这定义的前一部分也只能把史学史归结为历史编纂学史。所以,英美作家大多直接地使用历史编纂学来替代史学史这名词,并且按照这框框儿来编写的。

苏联历史家的定义完全与此不同。瓦因什坦在所著《中世纪史学史》里说:"史学史应该——在和社会发展联系下——研究历史科学的发展,表现在历史学派、历史思潮和所有历史概念体系之合乎规律性的交替,也应该研究历史科学对制定最重要的社会观念方面之影响。"另在齐霍米罗夫主编的《苏联历史科学史大纲》内,我们看到一个较多综括性的定义:"史学史(Историография)是科学,研究人类社会发展的知识积累史、历史研究方法的改进史、各种学派在解释阶级斗争的社会现象方面之斗争史、历史发展规律的揭露史以及马克思列宁主义历史科学对资产阶级伪科学的胜利史。"

这后两个定义已清楚地指出了史学史应该包括些什么,研究些什么。它们肯定史学史是一种科学。此与古奇的定义不同者一。它们认定史学史的研究应该在和社会发展联系下揭露社会发展的规律性,因而找出史学发展的规律性。此其二。它们要求史学史应论述各个不同学者或学派在史学思想领域内所进行的阶级斗争以及他们的新陈代谢的过程。此其三。齐霍米罗夫的定义又强调指出史学史应叙述马克思主义历史科学对资产阶级伪科学胜利的过程。此其四。这样看来,马克思主义史学史与资产阶级史学史是名同而实不相同的两回事。另一方面,瓦因什坦的定义是为中世纪史学史而作,齐霍米罗夫的定义是为苏联历史科学史而作,如果应用到一般史学史或历史科学通史方面,它们还是不够的。

三、对象与任务

关于史学史的问题主要是在于确定它的对象与任务方面。苏联科学院历史研究所史学史委员会曾于1961年1月召开了扩大会议。该会议规定每个月第一个周三集会,因而定名为"史学史周三会"(Историографическая Среда)。在第一次会议上,就把这一问题提出讨论。这次讨论的综合报道发表于《历史问题》杂志 1961 年 6 月号。兹摘译其要点如下：

> 在会上主席提出两点意见：(1)史学史是属于意识形态的领域，有其自己的特征与分期，在研究苏联历史科学史上应特别注意列宁著作与党的文献以及和反马克思主义者所进行的顽强斗争。但非马克思主义的历史家著作也是研究的对象。(2)史学史研究者应注意历史科学史与一般社会史的关系、历史家的活动与世界观以及史学评价的问题。有人指出，史学史的对象是研究国家历史的发展。它的任务是研究科学发展的规律性。有人主张，史学史应在思想意识、阶级斗争与社会的物质生活联系下来研究历史家的遗产，并应指出有关历史家的阶级地位与政治面貌。有人认为，史学史著作应包括历史研究方法的发展问题。有人主张，史学史与历史科学史应作为两种不同的学科，历史科学史是社会思想史的一部分。但有人反对说：历史科学史的对象已由其名称的本身规定，用不到再作特殊的定义。史学史与历史科学史之间没有什么区别。此外，史学史与史料学也是不能分开的。还有人反对把史学史作为一门独立的科学，认为它是一门辅助性的历史学科。它的主要任务是协助解决历史科学上的问题。有人发表意见说：从马克思主义兴起以来，历史科学史是历史唯物主义和各种形式的唯心主义在社会政治思想发展领域内的斗争史。

从这些意见里，可以看出苏联历史工作者对史学史的一些分歧看法。现在让我们结合这些意见和上引的苏联学者的定义，就下列几方面来讨论吧。

（一）史学史上除按照一般通史的分期外，应另把史学发展阶段分为两大时期：前马克思主义、前科学时期和马克思主义、科学时期。

史学的发展阶段和社会的发展阶段是分不开的。毫无疑问，那按照生产关系的发展而划分的历史时期是可以应用到史学史上的。

可是在历史科学发展史上,在 19 世纪中期出现了一个最重要的转折点,就是马克思主义的兴起。从此历史在历史唯物主义的指导下,开始成为真正的科学。正像列宁正确地指出的那样,"马克思以前的'社会学'和历史学至多是搜集了片断的未加分析的事实,描述了历史过程的个别方面。"① 马克思主义的奠基人马克思和恩格斯建立了他们的科学理论并制定了在历史科学领域内的基本原则,标志着在意识形态内全世界历史的转折点,在历史知识领域内是本质上一个崭新的、不同于以前的时期。所以,为了在史学史上强调指出历史唯物主义对各种唯心主义的斗争、马克思主义历史科学对资产阶级伪科学的胜利,所说的分期似乎是必须添加的。

(二)史学史应反映出社会上的阶级斗争,但不是叙述阶级斗争的本身,而是分析历史家、历史学派在思想领域内的斗争。

史学史是以历史为基础的。"迄今存在过的一切社会的历史都是阶级斗争的历史。"②"阶级斗争,一些阶级胜利了,一些阶级消灭了。这就是历史,这就是几千年的文明史。"③ 历史是阶级斗争史,史学史也同样是阶级斗争史。历史家记录这些阶级斗争的事实或编写他们的历史时,是具有一定的世界观,站在一定的阶级立场上,绝不是像资产阶级所谓"公平无私"的。他们的著作绝不会是所谓客观的叙述。所以,社会上阶级斗争怎样尖锐,史学史上的阶级斗争也怎样激烈。但史学属于思想意识的领域,只能在和社会阶级矛盾与斗争形势结合下来研究史学流派或个别作家之间的斗争以及他们所反映出来的社会根源、阶级本质与政治面貌。有人认为史学史内也应论述阶级斗争事件的本身,这是不合于历史与史学分工之原则的。

(三)史学史和历史科学一样应阐明其自身的发展规律性。

一般认为史学开始于希腊。有人说,希腊人不是最早开始记录历

---

① 《列宁全集》第二十一卷,人民出版社 1960 年版,第 38 页。
② 马克思、恩格斯:《共产党宣言》,莫斯科外国文书籍出版局 1948 年版,人民出版社 1949 年版,第 12 页。
③ 《毛泽东选集》第四卷,人民出版社 1960 年版,第 1491 页。

史事件,但他们是最先应用批判方法的;这是他们之所以被认为史学之创始者。史学史内应说明史学的起源与发展、史学派别的新陈代谢以及唯心主义史学的破产与历史唯物主义史学的胜利。史学史的发展与历史科学的发展同样是具有规律性的。史学史一方面应研究历史的发展规律,另一方面应揭露历史科学自身的发展规律。例如,人文主义史学推翻了封建宗教主义的史学,法国启蒙时期的唯理主义史学接替了"博学派"("考证学派")的史学,历史唯物主义的史学战胜了唯心主义的史学。唯心主义史学家认为历史是一堆杂乱的偶然事件。勒尼尔(G. Renier)在其《历史的目的与方法论》(1950年出版)中,完全否认历史过程的客观规律,从而主张科学预见不可能是历史研究的结果;历史一般不是能够反映客观真实的科学。像勒尼尔这一流的历史家既不承认历史的发展规律性,自然也否定史学史的发展规律性。事实上他们是不能承认历史发展的规律性。承认这一点,即等于说,资本主义必然灭亡。因此,目前资产阶级历史家以主观的方式偷偷地换了客观的历史规律,他们妄图利用历史资料或伪造的资料来辩解垂死的资本主义制度。所以,资产阶级史学思想现已走入了死胡同。

(四)史学史应是历史科学的历史,而不是历史家的传记集和目录学。

我们知道史学的发展是合乎规律性的,所以一个学派接替另一个学派绝不是偶然事件。对于一个历史学派或倾向的形成,必须加以全面考查并说明它们兴起的条件。由于这个缘故,在史学史上不应一个又一个地叙述历史家及其著作。如果这样做,史学史会变成大历史家传记汇编或历史著作的目录学了。顺便说说,资产阶级史学史常有这样的编法。因此我们应该把有代表性的历史家归入一定的范畴,并使他们的著作系统化。但这还是不够的。应该进一步根据历史主义来揭发他们的进步性或反动性,估计他们著作的贡献,以及他们对当时代和后代所产生的影响如何。

(五)史学史应和历史哲学史或社会思想史有区别。

史学史果然是属于思想意识领域内的历史,但不是一般叙述历史哲学的或社会思想的历史。它应通过具体历史著作或历史上争论的问题来说明历史家或历史学派的思想意识,无论进步的或反动的。它和历史哲学与社会思想史有联系也有差别。史学史在叙述思想方面的主要任务是:研究历史家或历史学派对整个历史过程或个别历史事件所采的解释方法与立场观点,因而估计它们的作用。它不是一系列理论与名词的堆积。

(六)史学史应包括历史编纂与历史研究两者在内。

我们不能同意美国资产阶级史学家以历史编纂学或历史的历史来代替史学史,也不能同意瑞士资产阶级作家菲脱的说法:他在其《新史学史》序言里提出,史学史只应包括历史编纂(Geschichtsschreibung),而不是提供历史科学的其他方面,后者他称之为"历史研究"(Geschichtsforschung)。但我们并不是说,历史编纂和历史研究在史学史中不是占着重要地位。在编纂方面,历史体例不断地演变着:从纪事史到编年史再到纪事本末体等;叙述文体也同样地起着变化:从史诗到散文而散文中又从修辞叙述到朴素叙述法;又在研究方面,研究的技术、组织与领导也越来越多地改进;这一切都是可以反映出历史科学发展过程上的成就的。

(七)史学史应结合其他有联系的科学来研究。

历史科学的发展是和整个社会的发展、它的文化、它的意识形态紧密地结合着的,因而史学史的研究者应注意到其他科学领域的成绩与思潮。历史科学是研究整个社会的发展过程的。所以,就本质来说,史学史不能也不该孤立地去研究。历史科学的发展和其他社会科学一样是由社会的经济基础来规定的。生产关系的变更决定着社会思想意识的变更。"社会存在怎样,社会物质生活条件怎样,社会观念、理论、政治观点和政治制度也就会怎样。"①所以,经济、政治、法律、哲学等科学的发展,对史学的研究工作,具有重大意义。而且历史科学的研究技术、史料的数量与范围、研究工作的组织与领导

---

① 《苏联共产党(布)历史简明教程》,人民出版社1954年版,第151页。

也是依靠其他科学的成绩、整个的生产水平与政治制度的。

(八)史学史应总结过去史学的成绩。

马克思主义史学兴起前,历史不得认为是科学。但这不是说以前的历史研究上的成绩可以忽视的。马克思主义的历史科学是从利用和改造它一切过去的成绩而来的。所以,史学史应根据历史主义,就是按当时代的条件来估计过去历史家与史学派所做出的成绩,决不像现代资产阶级那样用"近代化"方法来讨论过去事件的。史学史应总结过去历史家的遗产。当然要用批判与继承的方法,汲取其精华,扬弃其糟粕。这里也应指出:史学史也和历史一样可分为国别史学史或断代史学史,也可综合地去研究,作为世界史学通史。由于各国史学的发展很不平衡,它可采用比较方法,在和社会发展状态联系下,来阐明各国或各时代史学发展的异同点以及它们之间的相互影响。例如在中古时期,阿拉伯的史学对欧洲史学的影响。

(九)史学史应以研究历史的同一方法论来研究。

史学史的对象不同于历史。但它和历史完全一样,是以历史唯物主义与辩证唯物主义为其理论与方法论的基础的。资产阶级的历史编纂学或历史的历史是以唯心主义的理论为基础的,所以它们的史学史不是属于科学范畴的。资产阶级史家不仅不谈而且反对历史唯物主义的理论与方法论,而且提出他们的所谓"方法论"。这种方法包括年代研究法(分为史前期、上古、中古、近代史)、地理研究法(分为自然地理与政治地理)、社会研究法(分为政治、军事、社会、经济史)等等(见《张伯氏百科全书》,卷VII,同名词目)。

(十)史学史对资产阶级伪史学应进行坚决的斗争。

我们在史学史中应特别强调马克思主义历史科学对资产阶级伪科学斗争之胜利过程。在19世纪90年代以后,列宁进一步发展了马克思主义历史科学的理论。在十月革命后,社会主义由胜利走到胜利。历史科学亦不断地取得辉煌成就。现在资产阶级历史家还力图作垂死挣扎,提出各式各样的荒谬理论,我们应该对他们进行坚决的斗争。1959年苏联出版了《批判伪史学》(Против Фальсификацuu Истории)一书,在那里严峻地批判了当前资产阶级的史学,特别是美国资产阶级的史学。这种批判资产阶级史学流派的工作,是当前史学史上一个头等重要的任务。

* * *

上面所谈的只是史学史的内容应该是什么,而且也谈得不深不透。至于史学史是什么这个问题依然未曾解决。要确定一个国家史学史的内容,已有困难;如果要确定世界史学史的内容,困难当然更多。可是为了提高历史教学的质量,为了批判资产阶级的伪史学,这门科学急不容缓地需要建设起来。我们应不畏艰难,不辞劳苦,在这个领域内做些垦荒者的工作。我之所以提出本问题,不是妄图解答而是希望大家来研究、讨论并共同解决这个问题。比如垦荒,斩除芦荡,干涸沼泽,而后播种谷物;于是一片金色草原将会呈现于我们的眼前!

作者简介:耿淡如(1898—1975),著名历史学家,我国西方史学史学科的奠基人之一。

中西"疫"举差异的文化渊源及共同抗疫的文化基础

于 殿 利

梳理新冠病毒从出现到在全球扩散的传播轨迹,不难发现各国政府对这一突如其来的不速之客,采取了迥然不同的态度。其中,中国在政府的强有力领导下不仅取得举国抗疫的成效,而且实施无私国际援助的义举;而西方世界先是幸灾乐祸,继而甩锅推责,失控后恐慌求援。两相比较,这种鲜明的对比不仅具有感性的认知意义,必然还有隐藏在背后的更深层次原因。世界上多数有识之士几乎众口一词地断定,新冠肺炎疫情必将给世界带来颠覆性的新变化,世界将会出现新的格局。新冠肺炎疫情在世界传播的戏剧性变化,以及同样具有戏剧性的各国对待疫情的不同态度和抗疫的不同举措,引起了各界有识之士和学术界的思考,其中不乏真知灼见。深挖历史根源,我们不难发现,中西"疫"举的差异,有着深远的文化渊源。分析这种差异的文化渊源,不仅能加深我们对全球抗疫现状的理解,更能对疫情之后如何构建一个健康、和谐的新秩序有些许启迪。实际上,疫情背后的中西文化差异及其渊源,从古代、近现代和当代三个不同但又连续的文明形态和时代中已可窥见端倪,我们的分析也正是以此为依据来展开。同时,文化的差异虽然不可消除,但文化的共通性却必须得到重视。文化差异是民族存在的条件和基础,而文化的共通性则是人类作为一个物种存在的必然性。文化的共通性不仅成为人类共同抗疫的文化基础,也必然成为构建人类命运共同体的文化基础。

一、"四海一家"与城邦至上

"四海一家"和城邦至上,是中西文化在观念上最重要的差异之一。中国自古就有"四海一家"的观念,对此刘家和先生根据《尚书》《论语》和《礼记》等文献,进行了较为深入的研究,①也给了我们诸多启示。在《论语·颜渊》中,子夏就说:"四海之内,皆兄弟也。"不仅同姓的人是兄弟,异姓的人也是兄弟;不仅华夏族人是兄弟,不同民族的人也可以是兄弟。《礼记·礼运》则从道的层面指出了"大道之行也,天下为公,选贤与能,讲信修睦",同时,还在术的层面指出了兄弟之间应该实行的具体行为:"故人不独亲其亲,不独子其子。"在具体的历史实践上,在武王伐纣建立周朝之时,各邦君主都是皇天上帝的儿子,周王则作为天的"元子",正如《尚书·召诰》所云:"皇天上帝,改厥元子。"中国古代以文化而不以血统来区别华夏族与夷狄,也与这种兄弟观念有着密切的关系,而这种观念又促进了民族融合和统一多民族国家的形成。中国自古就不是一个单一民族的国度,例如黄帝时有蚩尤,尧舜时有三苗,春秋时有华夏与蛮夷戎狄之分等,但在地域上却是多民族共处,因此民族的交流与融合构成了中国历史的主线之一,"到清朝一统中国,这时的中国各族已成一家,无复此疆彼界"②。中国众多民族能够融合,并形成"一统天下"的局面,关键在于中国传统文化中具有"四海一家"的包容精神,这种包容精神使得不同民族之间的融合变得容易。即使对于外来的宗教,中国也不决然排斥。例如佛教、伊斯兰教,都能在中国生存发展,并与中国传统文化相互交流,从而在中国形成了自己的特点。

与"四海一家""天下大同"相关的,还有"天人相应"的观念。中

---

① 参见刘家和:"关于中国文化软实力形成发展的两点思考",《文化软实力》,2016年第1期。
② 刘家和:"关于中国文化软实力形成发展的两点思考",《文化软实力》,2016年第1期,第40页。

国古人认为神是人的根源，所以又把神称为"帝""天帝"。在一般的认知中，天代表上天，代表神或神意，往往是高高在上的，但这只是一个方面；另一方面，天就是人，天意脱离不开人心。在甲骨文和金文里，"天"都是在人形上有一个突显的头，《说文解字》说："天，颠也。""颠（巅）"正是人的头顶，所以天与人是一体的。关于天意离不开人心的记载，在《尚书》中比比皆是。从中我们看到，当时人们已经注意到上天降福降祸的关键在于人的行为。例如，祖伊对纣说："非先王不相我后人，惟王淫戏用自绝，故天弃我。"再如，《尚书》中还有"民之所欲，天必从之"等语。

纵观人类文明史，国家最初都是以"城"或"邦"的形式出现的，在古代两河流域和尼罗河流域莫不如此，因此被称为城邦或城市国家（city state）。古代中国以"邑""邦"和"国"等表示"国"的概念，古代希腊也以"城邦"（polis）来表示"国"的概念，在这方面，两者并无不同。所不同的是，中国从邑或邦最终发展成了真正的国——统一的多民族国家，而希腊文明却只停留在城邦的层面，未曾发展为统一的国家。中国有国家文明，希腊则只有城邦文明，这是其狭隘的城邦观念所致。例如，古希腊最伟大的哲学家之一柏拉图，在其名著《理想国》中勾勒出了他理想的国家。他认为理想的国家是人口不能太多、规模适中的国家；哲学家是最有智慧的人，国家应该由他们来治理；他无限地强调城邦整体的利益，而鄙视个人的幸福；在柏拉图看来，下层的人民是低下的，甚至是可以欺骗的，统治者为了城邦的利益，可以对公民撒谎，甚至可以不顾公民死活。众所周知，斯巴达人有处死所谓不健康婴儿的习俗，雅典人具有相似的观念。《理想国》中指出："对于那些体质好，生活习惯健康，仅只有些局部疾病的人，他[①]教给了医疗方法，用药物或外科手术将病治好，然后吩咐他们照常生活，不妨碍各人尽公民的义务。至于内部有严重全身性疾病的人，他不想用规定饮食以及用逐渐抽出或注入的方法来给他们以医疗，让

---

① 指阿斯克勒比斯，特洛伊战争时期希腊军中的医生。

他痛苦地继续活下去,让他再产生体质同样糟糕的后代。对于体质不合一般标准的病人,他则认为不值得去医治他,因为这种人对自己对国家都没有什么用处。"①柏拉图的学生亚里士多德在其名篇《政治学》中有句名言,人是城邦的动物,人若离开城邦,要么变成野兽,要么变成神。② 在亚里士多德看来,城邦是"至高而广涵的社会团体"③。希腊人拥有狭隘的城邦优越感,他们把外邦视为蛮族,"在他们看来,世上有些人(即野蛮族)到处都应该是奴隶,本性上就是奴隶;另一些人(希腊人)到处都应该自由,本性上就是自由人"④。"希腊人以优种(贵族)自居,不仅在本国是优种,就是到世界任何地方,都应该是优种。"⑤雅典等希腊城邦及其公民所具有的优秀品质,其他民族及其城邦是不可能具备的;其他城邦及其民族身上所具有的贪婪等品性,雅典等希腊城邦及其公民身上也是不存在的。⑥ 古希腊人的这种种族优越论,与中国古代"四海之内皆兄弟",以文化而不以种族划分彼此的包容形成了鲜明的对照。从柏拉图和亚里士多德的论述中,我们可以总结出相关的三点:其一,古希腊人迷恋城邦,小国寡民的城邦;其二,过度强调城邦的集体利益,而忽视公民的利益;其三,古希腊人排斥外邦,具有种族优越感,甚至认为外邦的野蛮人天生就是供他们奴役的。这种文化观念与中国古代的文化观念存在着天壤之别,中国古人拥有更宏大的国家观;在大一统的国家观念下,重视天命也重视人事,重视人心;不仅重视本族人,也重视外族人,最后本族人与外族人合为一家人。中西文化的这种差异不仅在一定程度上代表着两种文明不同的"人本观",还在一定程度上造成了两种文明的统一与分裂的不同走向。古希腊也有"统一"的概念叫作"塞诺西辛"(Synokismos),只不过它只是形成了一些以某一城市

---

① 〔古希腊〕柏拉图:《理想国》,郭斌和、张竹明译,商务印书馆2019年版,第119页。
② 参见〔古希腊〕亚里士多德:《政治学》,吴寿彭译,商务印书馆2014年版,第7页。
③ 〔古希腊〕亚里士多德:《政治学》,吴寿彭译,第3页。
④ 同上书,第18页。
⑤ 同上。
⑥ 参见〔古希腊〕柏拉图:《理想国》,郭斌和、张竹明译,第160—161页。

为核心的小国寡民的城邦,并未形成哪怕是区域性的统一王国,即便是在所谓的城邦争霸时期,也只形成了以雅典为首的提洛联盟和以斯巴达为核心的伯罗奔尼撒联盟两大阵营。最后,一个个希腊城邦被马其顿征服,后来又纳入罗马帝国的版图。罗马本是拉丁姆地区的一个小城邦,后来发展成较为繁盛的区域共和国,到公元1世纪后更是发展成为一个横跨欧亚非三个大陆的庞大帝国。即便如此,罗马帝国是靠征服建立起来的,帝国内部充满着不平等,充满着剥削与压迫,充满着斗争与战争,矛盾重重之下,公元476年帝国分崩离析,西方又陷入分裂状态。

二、现代社会的两条道路与两种文化

从公元10世纪起,随着商业的逐渐复兴与发展,西方古典城市呈现复苏之势,经过文艺复兴,产生了新型的生产方式和生产关系,这就是资本主义生产方式,产生了新兴的阶层和阶级,这就是资产阶级,经过几个世纪的成长,最后造就了新型的现代国家形态——资本主义国家。这是人类文明演进的主流,是人类社会向着现代化迈进的主要方式。马克思和恩格斯在其不朽名著《共产党宣言》中,对资产阶级和资本主义制度给予了合乎历史实际的评价,他们指出,"资产阶级在历史上曾经起过非常革命的作用"①,"资产阶级在它的不到一百年的阶级统治中所创造的生产力,比过去一切世代创造的全部生产力还要多,还要大"②。马克思和恩格斯也毫不留情地揭示了资产阶级及其统治的本质,即"资产阶级生存和统治的根本条件,是财富在私人手里的积累,是资本的形成和增殖"③。资产阶级为了快速积累资本和财富,不惜武力征服,它们在全世界旨在掠夺财富的殖民活动,成为其他民族和国家的灾难与血泪史。对此,马克思和恩

---

① 《马克思和恩格斯选集》第一卷,人民出版社1997年版,第274页。
② 同上书,第277页。
③ 同上书,第284页。

格斯同样给予了彻底的揭露:"资产阶级,由于一切生产工具的迅速改进,由于交通的极其便利,把一切民族甚至最野蛮的民族都卷到文明中来了。它的商品的低廉价格,是它用来摧毁一切万里长城、征服野蛮人最顽强的仇外心理的重炮。它迫使一切民族——如果它们不想灭亡的话——采用资产阶级的生产方式;它迫使它们在自己那里推行所谓的文明,即变成资产者。一句话,它按照自己的面貌为自己创造出一个世界。资产阶级使农村屈服于城市的统治。它创造了巨大的城市,使城市人口比农村人口大大增加起来,因而使很大一部分居民脱离了农村生活的愚昧状态。正像它使农村从属于城市一样,它使未开化和半开化的国家从属于文明的国家,使农民的民族从属于资产阶级的民族,使东方从属于西方。"①西方资产阶级几乎用与它们的祖先建立罗马帝国同样的方式,即以武力征服加上经济剥削的方式,建立起了资本主义殖民帝国,"日不落"是它们"辉煌"的写照,同时也把它们作为杀戮者载入史册。西方资产阶级及其统治下的国家,为了掩盖自己对人类犯下的罪行,把自己描绘成上帝派遣的传播福音、普度众生、拯救其他民族的使者,堂而皇之地以这种掩人耳目的方式撰写了所谓的人类文明史,企图让全世界对它们感恩戴德。然而,无论他们如何粉饰,真相总会大白于天下,随着亚洲、非洲和拉丁美洲第三世界人民的觉醒,以及经济和文化水平的提高,被颠倒的历史注定要被颠倒过来。资产阶级对资本和财富不择手段的贪婪和掠夺行为,不仅把自己推到了殖民地人民的对立面,推到了本国劳动者的对立面,同时由于它们利己和自私的本性又把征服者和掠夺者相互之间推到了对立面。这就是资产阶级和资本主义制度所面临的境况,这种文化已经深深地根植在它们的血液和骨髓中,或者说,这本来就是它们的基因。所以,当新冠肺炎病毒出现之时,他们先是本能地幸灾乐祸,因为它们习惯于用打倒甚至摧毁别人的方式成就自己;当自身处于疫情之中时,仍然把心思放在救市而非救人

---

① 《马克思和恩格斯选集》第一卷,人民出版社 1997 年版,第 276—277 页。

上,因为"市"是他们资本和财富的根源,是它们的命根子,在它们的观念和文化里,救市就是救人,他们不仅不把救人当作头等大事,还习惯性地甩锅、指责别人,甚至还企图让别人为自己背锅;当疫情深入发展之时,它们又自顾不暇地相互封闭。

相比之下,还有另一种文明演进方式和现代化方式,即在资本主义链条最薄弱环节建立的社会主义国家的方式,中国就是其典型代表,它在对待疫情和抗击疫情方面,表现出了与西方不同的态度和价值观。中国没有像西方那样走上资本主义的现代化道路,而是走上了无产阶级革命的社会主义道路,除了中国社会现实发展的状况因素之外,其指导思想也是与中国"四海一家"的传统文化相适应和相一致的。马克思和恩格斯在《共产党宣言》里指出:"在无产者不同的民族的斗争中,共产党人强调和坚持整个无产阶级共同的不分民族的利益。"[1]"现代的工业劳动,现代的资本压迫,无论在英国或法国,无论在美国或德国,都是一样的,都使无产者失去了任何民族性。"[2]"随着资产阶级的发展,随着贸易自由的实现和世界市场的建立,随着工业生产以及与之相适应的生活条件的趋于一致,各国人民之间的民族分隔和对立日益消失。"[3]另一方面,共产党所领导的无产阶级革命运动,始终是代表最广大劳动人民的根本利益的,"在无产阶级和资产阶级的斗争所经历的各个发展阶段上,共产党人始终代表整个运动的利益。"[4]"过去的一切运动都是少数人的或者为少数人谋利益的运动。无产阶级的运动是绝大多数人的、为绝大多数人谋利益的独立的运动。"[5]中国共产党所建立的社会主义国家,是以人民为中心的、人民当家做主的国家,这与资本主义国家有着本质的不同。马克思和恩格斯早就断言:"在资产阶级社会里,活的劳动只是增殖已经积累起来的劳动的一种手段。在共产主义社会里,已经积

---

[1] 《马克思和恩格斯选集》第一卷,人民出版社1997年版,第285页。
[2] 同上书,第282页。
[3] 同上书,第291页。
[4] 同上书,第285页。
[5] 同上书,第283页。

累起来的劳动只是扩大、丰富和提高工人的生活的一种手段。"①社会主义的根本目的,始终是为了人民的利益和福祉,所以当新冠肺炎疫情到来之时,中国毫不犹豫地采取果断措施予以抗击,没有什么比人民的生命财产更重要的事情。当中国的抗疫取得阶段性成果,并积累了一定的经验后,面对疫情在世界范围内的爆发,中国一边继续国内的抗疫,一边毫不犹豫地向其他国家提供无私的医护人员和医疗设备援助。中国自己控制住疫情还不够,还不能说抗疫取得胜利,在世界范围内取得抗疫胜利,中国的抗疫才能取得真正的胜利,正如无产阶级只有解放全人类,才能赢得自己的解放一样。

三、人类命运共同体与"美国第一"

面对疫情在世界范围内的爆发与传播,以及西方各国面对疫情的分裂态度和做法,中国对待疫情的态度,采取的有力措施,以及为此付出的巨大牺牲,就显得尤为珍贵。习近平总书记多次指出:"中方始终秉持人类命运共同体理念,本着公开、透明、负责任的态度,及时发布疫情信息,毫无保留同世卫组织和国际社会分享防控、治疗经验,并尽力为各方提供援助。""病毒没有国界,构建人类命运共同体的迫切性和重要性更加凸显。"中国提出人类命运共同体的理念也不是偶然的,它既有中国古代文化传统"四海一家"的基础,也表现为马克思主义中国化的具体成果。当疫情肆虐全球之际,如何用更好的思想和办法让全世界联合起来共同抗疫,人类命运共同体的理念无疑最具感召力和凝聚力。如果全球能够在此理念下凝聚力量,最终战胜疫情,那么就可以说,全球抗疫的胜利,就是人类命运共同体理念的胜利。

与中国提出的"人类命运共同体"的理念形成鲜明对比的是,美

---

① 《马克思和恩格斯选集》第一卷,第287页。

国近几年来始终奉行的"美国第一"或"美国优先"原则。"美国第一"的原则也不是偶然的,不是凭空出现的,它是资本主义、殖民主义和帝国主义在"新殖民主义"和"新帝国主义"时代的标语和代表性符号。资本主义在殖民主义时期诞生了殖民帝国,在第二次世界大战后诞生了以军事干涉和政治压制为手段的经济或美元帝国和文化帝国,也称为新帝国主义,殖民帝国以不列颠为典型代表,新帝国则是美国的标签。实际上在资本主义殖民时期,美国也远不是安定与和平的,甚至可以说,美国本身就是资本主义殖民的产物。美国号称是人民自愿建立起来的自由国家,可偏偏它的诞生就是以剥夺他人的自由和生命为代价的。殖民者一踏上北美大陆这片陌生的土地,就把这里给"清空了",仅仅"1607 年弗吉尼亚州、1620 年马萨诸塞州的移民定居,伴随着约上千万土著被杀戮、百种土著文化被消灭"[①]。资产阶级刚刚登上历史舞台时高喊的"自己活也让别人活"的口号,看来只是自欺欺人的把戏。至于"二战"后美国建立起的新帝国,挪威学者约翰·加尔通将之形容为"四足畸胎",他把这个"四足畸胎"描绘为:"从经济上说,是剥削者与被剥削者的关系,造成苦难;从军事上说,是杀戮者和被杀者的关系,造成死亡;从政治上说,是统治者和被统治者的关系,造成镇压;从文化上说,是操作者和被操作者的关系,造成异化;践踏了人类追求健康—生存—自由—认同的基本权利。在这四个方面,美帝国的所作所为发挥到了极致。"[②]

  曾经呼风唤雨的"美国第一"原则,在面对新冠疫情时,却突然失灵了,这丝毫不足为奇。这是因为:其一,所谓的"美国第一",不等于"美国人民第一"。新冠肺炎疫情直接威胁到的是人民的生命,它首先需要国家采取严厉的封闭措施,而特朗普却说:"我们的国家,建立它不是为了关闭的。关闭这种方法可能会毁了一个国家。"这个声音

---

① 〔挪威〕约翰·加尔通:《美帝国的崩溃——过去、现在与未来》,阮岳湘译,人民出版社 2013 年版,第 5 页。
② 同上书,第 12 页。

仿佛柏拉图和亚里士多德所谓的"城邦至上"的声音在近两千年的时空中回荡,所不同的只是,雅典的城邦是代表奴隶主阶级利益的城邦,而美国国家则是代表资本家大财团利益的国家。特朗普还表示,对新冠肺炎病毒死亡病例的反应"太夸张了",他说:"交通事故死亡的人数要多得多。我们不能跟汽车企业说'停止制造汽车'。"这种说辞所表现出来的"救市不救人"的态度,与殖民时期的资本主义为资本和财富不择手段、不顾殖民地人民死活的行径何其相似。所不同的是,特朗普面对巨大的经济利益,牺牲的是美国自己的国民,从而也让国际社会感受到威胁。其二,所谓的"美国第一",也与美国所谓的盟友无关。美国所谓的盟友,只有它们符合美国的利益之时,它们才是盟友,当它们不符合美国的利益,甚至与美国的利益相违背时,它们就再也不是盟友,甚至成为了美国的敌人。当新冠肺炎疫情在美国蔓延之时,美国在甩锅中国的同时,也指责"欧洲人反应太迟,并且导致病毒进入美国"。它首先采取的措施是"断绝"与欧盟和英国的"关系",而不是大家共同商量如何采取有效抗疫措施,然后一致行动。其三,"美国第一"的新帝国主义,与传统的帝国主义一脉相承的是,依靠打压甚至摧毁其他人而获取自己的利益。当新冠肺炎疫情蔓延且呈失控的态势时,美国的习惯做法不仅是推卸责任、指责别人,甚至于企图让别人替自己背锅,更甚至于企图借此重新煽动起美国人和西方人对中国和亚洲的老一套的偏见、歧视和对抗情绪。当特朗普不再使用"中国病毒"的提法时,他仍然表示:"你看,大家都知道它源于中国,但我决定不再用这一点大做文章。我想人民已经明白了。"截至目前,美国的新冠病毒确诊病例和死亡人数,稳居世界第一。特朗普的政敌希拉里对此讽刺道:"美国第一,这下你做到了!"这种情景,我们可以借用恩格斯用莫里哀戏剧中的人物所做的比喻来表达:"那么好了,现在你们得到它了——这就是你所希望的,乔治·唐丹!"[1]

---

[1] 《马克思和恩格斯选集》第四卷,第167页。

四、构建人类命运共同体的共通文化基础

尽管中西文化存在着很大的差异,这种差异影响了抗疫的不同理念和措施,但人类命运共同体的理念和实践,却有着中西文化的共同基础,对此我们要有足够的信心。例如,中国有个成语故事叫作"同舟共济",西方也有诺亚方舟的故事,它们所传达出的理念和思想具有共通性,这种共通性指向了人类共同命运。《孙子·九地》载:"夫吴人与越人相恶也,当同舟共济,遇风,其相救也,如左右手。"世界上很多古老的民族都有关于大洪水的传说或神话故事,其中最具代表性、也是影响最大的是《圣经》中大洪水和诺亚方舟的故事。人类社会如同自然界一样,也需要和存在竞争,这就是所谓的"物竞天择"。良性竞争、相互促进是任何物种不断保持活力和生命力所必备的条件,英国哲学家罗素说,在文化方面,多样性是先进性的一个条件。但你死我活的恶性竞争、斗争甚至战争,就意味着灾难和毁灭。当疫情肆虐全球之际,如何用更好的思想和办法让全世界联合起来共同抗疫?人类命运共同体在理念上具有中西文化的共同基础,除了同舟共济和诺亚方舟之外,在世界各国和民族的文化中,都有互助友爱的思想,例如中国古代就有"兼爱",西方则有"博爱",这都可能成为在"地球村"构建人类命运共同体的共同思想和文化基础。

实际上,世界上的有识之士和相关组织,已经行动起来了,例如《"一带一路"智库合作联盟国际顾问委员会关于加强抗击新冠肺炎疫情国际合作的共同倡议》就强调,新冠肺炎疫情是当前人类公共卫生健康及世界和平发展面临的最紧迫和最严峻挑战,应积极秉持人类命运共同体理念,加强团结合作,共同开展抗击疫情斗争;反对将公共卫生问题政治化,反对借疫情对他国搞污名化,反对歧视任何国家、地区和种族的言论和做法;支持世界卫生组织在全球抗疫合作中继续发挥领导作用,共同打造人类卫生健康共同体;加大对发展中国家疫情防控工作支持力度,欢迎国际金融机构采取措施支持有需要

的国家,欢迎区域性合作机制积极作为,注重保护各类弱势群体;努力稳定贸易和投资环境,降低疫情对国际贸易和交通造成的干扰,维护全球产业链、供应链稳定;"一带一路"合作伙伴国要加强国家间抗疫合作,努力推动重大合作项目尽早复工复产,深入推进"健康丝绸之路"建设;要为在彼此国家生活、工作、学习的各国人民提供必要支出和帮助,确保他们得到公平对待和有效保护;支持智库联盟成员在前期工作基础上继续努力,倡导各方坚定必胜信念和信心,用勇气、团结、智慧共同战胜疫情,迎接人类更加美好的未来。

抗击疫情需要人类命运共同体的理念,和平发展更需要人类命运共同体的理念,在经济、社会、科技、生态和文化高度全球化的今天,世界早已连成一体,所谓的发展意味着协调发展、共同发展,任何国家或经济体不可能指望特立独行,不可能追求一枝独秀,也不可能独自陷入"万丈深渊",尤其是对于有影响力的大国和大经济体更是如此,世界真正进入了"一荣俱荣、一损俱损"的局面。我们时刻不能忘记,人类始终处于同一条"诺亚方舟"之上。世界越来越需要友爱,也越来越需要责任。

当世界性的抗疫还远没有取得胜利之时,世界上许多著名的学者就已纷纷开始对疫情过后的世界展开预测。有人温和地认为,"美国未能通过这场领导力测试";也有人给出了更"严重"的评价:"美国在专业知识方面的声誉一直是其力量的最大来源之一,然而,新冠状病毒足以将之终结。""然而,特朗普政府那迟来的、利己的、混乱的和音盲般的反应,却会使美国丧失数万亿美元和成千上万个本可被挽救的生命。""然而,这并非美国遭受的唯一损失,这种史诗般的政策失败并没有使美国'再次强大',反而会进一步损害美国作为一个行事有效国家的声誉。"约瑟夫·奈则说:"美国权力需要一种新战略。"还有学者认为,疫情过后意味着"更加以中国为中心的全球化""一个开放、繁荣与自由倒退的世界",等等。从这些预测中我们可以受到很多教益。其中,美国之所以成为美国,一个重要的因素在于,无论在任何情境下,都有"理性"的学者对自己进行反思,中国在赞誉面前必须保持冷静、清醒的头脑,面对和应对疫情。"彻底的变革已经发生",横在我们面前的不是一片坦途,我们面临的或许是更为艰难的境况。我们仍然需要坚持"四海一家""天下大同""先天下之忧而忧,后天下之乐而乐"和"德不孤,必有邻"等文化传统,秉持人类命运共同体的理念泰然处之。我们需要学的还有很多,我们需要做的则更多。我们的眼光还需放得更远,不要被各种"中心论"所迷惑,更不要被其裹挟而行,不在乎、不纠结以谁为中心,人类共同的命运才是我们真正应该关心的。各美其美、美美与共、天下太平是人类文明发展之道,中国要与世界上一切爱好和平、珍惜地球美好家园的人们一道,为此而进行不懈努力。

作者简介:于殿利,历史学博士,中国出版集团公司编审。

马克思1859年"序言"的写作背景与内在动机[*]

阿瑟·M.普林茨 著　吴英 译

内容摘要：马克思主义理论界一般都将《〈政治经济学批判〉序言》视为马克思有关唯物史观基本理论内涵的经典表述。本文作者普林茨对此提出质疑。他从马克思当时迫切希望能够在德国出版自己的著作以保持在国内的影响力、德国当时实行的严格的书报检查制度以及普鲁士当局和书报检查官对马克思的高度警惕性、恩格斯等友人的建议和马克思自己的设想等方面说明马克思为即将出版的《政治经济学批判》所写作的"序言"并不能被视为是对唯物史观基本理论内涵的经典表述，因为马克思为了著作能够顺利出版，有意略去了有关阶级和阶级斗争的内容，而它们是唯物史观基本理论的重要组成部分。

关键词：马克思　《〈政治经济学批判〉序言》　写作背景　内在动机

马克思的历史解释对我们有关历史发展进程的认识做出了开拓性贡献。就马克思的研究而言，他的历史解释构成了在他改变世界的革命热情和他有关资本主义分析之间的一种不可或缺的联系。然而，马克思在他的著述中并未给予我们任何提示，能够被视作他在努力对他的"经济"或"唯物主义"解释做出任何阐释。无疑，正是这种疏漏解释了后人赋予他的1859年《〈政治经济学批判〉序言》以至关

---

[*] 文章来源：Arthur M. Prinz, "Background and Ulterior Motive of Marx's 'Preface' of 1859", *Journal of the History of Ideas*, Vol.30, No.3(Jul.-Sep., 1969), 437-450。

重要性的原因：因为在这里——其间插入了一段他自传式的描述——我们至少可以找到他有关历史解释的某些原理的描述。因此，由于缺少更好的系统表述，这一段落被视为是对马克思历史观的"经典阐释"，尽管只包括不到两页纸的篇幅，而且没有对基本概念给出定义，还包括一些非常令人费解的内容。对这种说法的接受程度是如此普遍，以致用大量引证来证明确实如此纯粹是一项多余的工作；仅仅引述最近一位英国著作家的话就足够了，他指出，"'序言'中的命题从其写作的时代以来就一直被视为是对历史唯物主义的经典阐释"。① 据我所了解，对这种普遍接受的唯一例外，就是法国的工团主义者乔治·索列尔(Georges Sorel)。

《共产党宣言》指出，"至今一切社会的历史都是阶级斗争的历史"②。在马克思的几乎所有著述中，阶级及其经济利益、意识形态和斗争的至关重要性是非常明显的。因此，对一位马克思主义者而言，一种阶级存在被忽略的历史理论必定被认为就像一个象棋盘，包括了所有棋子，唯独缺了两个王。然而，"序言"却并未提及"阶级"一词，更别提阶级斗争了！除了索列尔之外没有人注意到并对这一致命缺陷提出异议，的确令人感到奇怪。马克思的这个敏锐而博学的学生仔细研究了"序言"，发现它的不足之处。③ 他指出，这些阐释是高度浓缩的，而且部分内容是用比喻来表达的，因此很难加以解释；"阶级"一词甚至根本没有出现。从这一点，索列尔得出结论，那些将"序言"中的段落视为是对马克思学说的经典阐释的评论者是完全错误的。④

索列尔的著作《进步的幻想》是在六十多年前出版的，也即在有关马克思的第一部严肃传记出版前十年和在经过严格审查的马克思与恩格斯通信集第一版出版前五年出版的。由于那时所能获得的资

---

① John Petror Plamenatz, *German Marxism and Russian Communism* (London, 1963⁴), 18-20.
② 中译文参见《马克思恩格斯选集》第一卷，人民出版社 1995 年版，第 272 页。——译者
③ Georges Sorel, *Les Illusions du Progrès* (Paris, 1947).
④ Ibid., 2f.

料有限,所以即使是像索列尔这样有着敏锐直觉的人也不可能做进一步的研究。不过,今天丰富的历史和传记资料能够帮助我们确定"序言"的真实面貌和写作动机。

而真正把握"序言"真实面貌和写作动机的关键首先在于仔细研究那本书——"序言"是该书的组成部分——写作的历史背景和作者个人所面临的困境。《政治经济学批判》1859 年出版于柏林,在这个特定时间点上,即在 1848 年革命失败和 1860 年普鲁士所谓"新时代"开端之间的时间点上,该书的出版自然会受到德国图书行业总体氛围和状况的影响。① 其中,最重要的就是现行的对言论自由施加的限制,这种限制的性质、程度和主要影响是我们必须要准确把握的。尽管这些方面的内容并不容易把握,因为 34 个德意志邦国中的每一个都有自己的法律、条例和官僚制度,但至少一些最突出的共同特征是能够予以确定的。

每个邦国都会任用一些书报检查官,他们的共同目标就是阻止所有那些在政治上会引起统治者厌恶的书稿的出版和销售。不被德意志书报检查官通过的书稿——大量在国外,尤其是在瑞士出版——事实上就是非法的,因此如果被发现很可能就会被没收。不管在哪里都是如此,这里需要在报纸文章、小册子和类似的短篇出版物与较长篇幅的书籍——一般被界定为"20 页或更多页的书籍"——之间作出严格的区分;实际上,主要差别在于,在上述所要求的最低篇幅之上的书籍可以免除有可能阻止其出版的书报检查。这种类型豁免的重要性并不像它表面看起来的那样大,因为甚至更大篇幅的书籍也有可能在出版后被查禁,这会给出版社、销售商和作者带来可怕的损失。然而,在当时的背景下,这种"20 页的出版自由"——正如它被如此称谓的那样——真的具有某种重要性,因为

---

① 有关德意志诸邦国书报检查制度的大量信息,参见 H.H. Houben, *Polizei und Zensur: Längs- und Querschnitte durch die Geschichte der Buch und Theaterzensur* (Berlin, 1926)。由同一作者写作的篇幅更大的著作是 *Verbotene Literatur von der klassischen Zeit bis zur Gegenwart* (Vol.I, Berlin, 1924; Vol.II, Bremen, 1928)。最后,有关对社会主义偏见的大量信息,可参见 Franz Mehring, *Geschichte der deutschen Sozialdemokratie* (5th ed., Stuttgart, 1923)中。

20 页的手稿更有可能出版和销售。因此,聪明的著作者从一开始就会计划写作篇幅更大的著作;如果它们未达到要求的篇幅,那么精明的出版商就会有许多有用的花招,其中之一就是使用特别大的字号。

不过,甚至当这种障碍被克服后,仍然还有其他障碍需要克服,而这要求高超的技巧和灵活性才能应对。有一些隐藏的羁绊只有少数最幸运的骑手才能跨越。在普鲁士,社会批判者特别恐惧刑法的某些条款,因为检查官据此可以将刑期大大延长到令人恐惧的时限。首先就是第 100 条威胁将那些煽动一个阶级对另一个阶级仇恨和蔑视的人监禁多达两年之久;此外,任何包含这种危险内容的出版物都将可能被没收。① 正是依据这一条款,费迪南德·拉萨尔(Ferdinand Lassalle)在他的《工人纲领》于 1863 年出版之后被判有罪,注意这是在所谓的"新时代"开始之后,而新时代被认为标志着向更自由的状况迈出了一大步!② 在 19 世纪 50 年代的十年中,可以毫不夸大地说,实际状况并不比革命前更好,因为国家处于强力的和残酷的警察制度的严格控制之下。③

这些政治状况无疑会对作者、出版商和读者产生深刻的影响。就读者而言,无须做过多的考察。认识到任何胆敢碰触敏感话题的作者都必须在选择用词上极其谨慎,会使读者去关注作者表述的细微之处,以努力把握每一个暗示和线索。

就书商,尤其是出版商而言,他们所从事的是一种危险职业! 大多数出版商都会被威胁不要出版那些内容或作者可能令当局感到不悦的书稿。的确有少数出版商敢于冒风险,这是因为他们在应对书报检查官和警察方面拥有一定的技巧和经验。④ 就对作者的影响而言,非常受人尊敬的爱德华·冯·希姆森(Eduard von Simson)在 1849 年抱怨道,书报检查制度催生了一种在字里行间读取作者意图

---

① 关于这一点,特别参见 Mehring, ibid., II, 210-213。
② Ibid., III, 125-129。
③ Walter Bussmann, "Das Zeitalter Bismarcks", in *Handbuch der deutschen Geschichte*(Konstanz, 1956), 9-10 and 16-17。
④ 许多有趣的细节,见 Houben, *Polizei und Zensur*, 41-51,以及他篇幅更大的著作 *Verbotene Literatur von der klassischen Zeit bis zur Gegenwart*, I, 390sq。

的阅读技巧,由此诱使作者实践一种将意图隐含在字里行间的写作艺术。① 也许这一领域里最好的专家是胡本(H. Houben),他详细描述了如何智胜书报检查官的技巧,使用障眼法等变成了一种其使用并非仅仅局限于新闻工作者的技巧。"某种程度的拐弯抹角、巧妙构思、玩弄辞藻成为时尚",因此悲观论者哀叹一种"盗贼的行话"正在流行。

任何对书报检查官的严查感到担忧的作者都会采取某些预防措施。当触碰危险论题时模糊地予以表述,以致在需要的情况下,所有论题,甚至带有愤怒抗议内容的论题都能敷衍过去,但这有可能使作者的意图被误解。当然,足够勇敢的作者在使用诸如"阶级"或"革命"等危险术语时会发现有意将其模糊化是绝对必要的。到目前为止最重要的预防手段是利用科学与学术在德国传统上享有的巨大的民众声望和特权地位。拉萨尔被较低级法庭以煽动贫穷阶级而判定有罪,永不言败的他在上诉法庭前将他的伟大演说定名为"科学与工人",他援引宪法第 20 条为自己辩护,该条款明确宣布公民有进行科学研究和传播的自由。②

当然,这些只是一些最常用的欺骗或影响当局的手段;需要使人作出创新,紧迫的需要更会使人如此。

要揭示这些状况是如何影响《政治经济学批判》一书的写作的,我们不必回溯在马克思到达英国之前,他同书报检查官和警察之间的多次冲突;因为这些都是有案可查的,每个称职的传记作家都会注意到。不过,我们必须对这些经历所产生的主要影响有清醒的认识。

一方面,现实情况非常不利。尽管仍然只有二十多岁,但马克思不仅已成为普鲁士当局所恐惧的人物,而且由于不时地受到法国和比利时政府,甚至俄国沙皇的负面关注而获得某种国际恶名。③ 最后,在 1848 年革命期间,《新莱茵报》对所有反动势力的猛烈抨击使

---

① Houben, *Polizei und Zensur*, 90.
② 拉萨尔在柏林刑事法庭所做的伟大演说,参见 Eduard Bernstein 编, *Ferdinand Lassalle's Puden und Schriften*, London, Band II.
③ Isaiah Berlin, *Karl Marx: His Life and Environment* (Oxford, 1949^2), 73f.

马克思相比从前更加"恶名昭彰"。① 不过,另一方面,他现在已经是久经考验的老手,对于他不利的多重势力以及它们的弱点,其中最重要的是普鲁士的书报检查官和警察,有充分的认识。在这方面,他不仅有自身的沉痛教训可以吸取,而且在巴黎他还享有和他一同流放的伙伴海因里希·海涅(Heinrich Heine)的友谊,后者长期以来一直是一位反对德国反动势力的最强烈、最高明和最执着的战士;如果有什么马克思必须加以学习的话,那就是有效而隐秘地同德国书报检查官进行斗争、躲闪、障眼和安抚的艺术——这里他有良师益友!② 有鉴于有如此多的之前积累的经验和私下获得的教诲,有理由相信,当马克思到达英国时,他对在国外为德国公众写作所面临的巨大困难不可能没有清醒的认识。尽管如此,但他还是义无反顾地那样做了,这是因为对他而言似乎不可抗拒的理由使然,而且从他的生活状况和所追求的目标看也必须这样。

幸运的是,我们无须去描述他极度贫困的生活,也无须去描述他极端不幸的私人生活;就这些而言,那些有才华的传记作家已经给出了可信的和感人的描述。我们这里关注的是他作为一个革命战士和著作家的情况。

在伦敦生活的头十年间,马克思几乎完全未参与英国的劳工运动,当然也脱离于该国的政治生活。在19世纪40年代产生重大革命影响的宪章运动迅速走向衰落,这大体上可以归因于英国的工业繁荣和工资水平有所增长。但除了面对愈益趋向改良主义的趋势外,马克思不可能施加任何影响,因为他当时还不被人们所接受。几乎所有描述那个时期英国无产阶级的著述都强调它对所有外国人的深刻的不信任,就知识分子而言甚至更是如此。③ 同时他明显的犹太人外貌——尽管其重要性不应被夸大——也不易于被工人阶级所接受。最后但并非最不重要的,甚至就使用母语而言,马克思也不是

---

① 参见其经典传记:Mehring,*Karl Marx*(Ann Arbor,1962),187。
② 有关马克思同海涅的友谊,参见 Boris Nicolaievsky and O. Maenchen-Helfen, *Karl Marx:Man and Fighter*(Philadelphia and London,1936),72-74。
③ 麦克斯·比尔强调了当时对外国人深刻的不信任,参见 Max Beer,*A History of British Socialism*(London,1929),II,9,11,23。

口才很好的人;①当他移居英国时,他几乎还不能说任何英语,很长一段时间他那浓厚的外国口音自然地成为他进行交流的巨大障碍。因此,在19世纪50年代尽管已经同像厄内斯特·琼斯(Ernest Jones)等宪章运动的领导人或诸如反俄罗斯的狂热分子戴维·厄库哈特(David Urquhart)等政治流亡者有了接触,但马克思仍几乎未产生任何政治影响,这并不令人感到奇怪。②

人们不可避免地会问,在这样的状况下,马克思为什么还要待在英国。他为什么不像其他成千上万的流亡者那样离开英国去往海外?那些人当尽早返回故土的希望消失时往往会这样做,答案是明确的。他并未离开英国,因为那时远洋航行仍然是缓慢的,远距离迁移仍然是令人生畏的;而且,一旦流亡海外将会使他从欧洲的政治舞台上消失,或至少会阻止他在一场新革命爆发时迅速返回。从数百封信件中,我们可以了解到他是多么渴望回到德国在一场新爆发的革命中发挥领导作用,他是多么不知疲倦地找寻新的理由来论证一场革命为什么很快就会爆发。③ 不管他是如何经常地因为形势的变化而感到失望,不管他是如何为无数次预测的失败而遭到无情的奚落,但在这十年的大部分时间里他都从未放弃过希望,也未放弃过马上回国投入战斗的决心。

不过,随着时间的流逝,他更多地关注一个问题。只有在德国,他才拥有许多忠诚的追随者,他们是一个政党的核心力量。他愈发地为一种恐惧所困扰,那就是长期远离德国的政治舞台会严重地损害他作为一位领导人的政治声望,以致当他好不容易回国时,甚至他的崇拜者或许都已经是在倾听他对手的言论,一般公众也许早已忘记他的名字。如何才能阻止这种灾难发生呢?对于一个博学的著作

---

① 甚至连威廉·李卜克内西都在他的回忆录中承认这一点,参见 Wilhelm Liebknecht, *Karl Marx zum Gedächtnis*(Nürnberg,1896),41。

② 许多细节可以参看权威著作:*Karl Marx*:*Chronik seines Lebens in Einzeldaten*(Moscow,1934),esp.143-145。这部著作是由马克思恩格斯列宁研究院编写的,以下简称 *Chronik*。

③ *Chronik*,85 and 82。

天才而言,答案似乎是不言而喻的:只有写作令人印象深刻的著作才能使他的名字印刻在公众的脑海里,甚至在他不在国内时也会增加他的声望。不过,这条路似乎已经被他的老对手德国政府所堵死,后者在革命之后重新掌握了权力,而且拥有比以前更强的报复心。在这种背景下,他通过什么样的机会才能让他的作品为德国读者所读到呢?

他一直在努力。甚至在移居英国之前,他就有出版一份新的德语刊物的计划;在伦敦,他义无反顾地投入到这一计划当中,充满热情和创造力。① 在一定程度上,他的努力是成功的;在延误许久之后——这部分归因于马克思自己习惯性的拖沓——一份杂志《新莱茵报》在汉堡出版了,汉堡那时并不是普鲁士的领土,但被普鲁士军队占领。不过,困难很快就出现了,而且不断加剧。出版那份杂志的书商要么是不太把它当回事,要么是害怕得罪占领当局;总之,他并未达到目的。② 合计起来,《新莱茵报》停刊之前仅仅出版了六期。

不久之后,就有《路易·波拿巴的雾月十八日》创作完成。它是马克思在个人境遇极其恶劣的背景下创作的,而且几乎未能出版!因为缺钱,马克思的朋友魏德迈计划在纽约出版的一份周刊在第一期出版后就必须停刊,仅仅是因为一位德国移民的慷慨相助,这篇名著才得以出版。③ 但这远非是麻烦的结束,因为在德国即使是较为激进的书商也不敢将这种"不合时宜"的出版物出版。一本已经完成的英译本不可能出版。甚至更为糟糕的命运落在一本名为"对共产主义者科隆审判揭秘"的小册子上,马克思在其中揭露了检查官用警察伪造的证据来起诉他在莱茵兰地区的支持者。④ 这本小册子是在瑞士出版的。估计当偷运进边境时,部分出版物会被没收,出版商印了 2000 册;不过,这种估计被证明是过分乐观的;结果全部出版物都

---

① *Chronik*,77.也见马克思 1849 年 8 月 23 日致恩格斯的信(见 MEGA)。
② *Chronik*,78—84.
③ 见 Mehring,*Karl Marx*,213—218;*Chronik*,116。
④ Mehring,*Karl Marx*,218—224.

被警察没收。

一种更为残酷和全面的受挫也许难于想象。然而确实发生了臭名昭著的邦亚上校事件。① 简而言之,马克思被一个匈牙利线人欺骗,后者诱使他写作一个小册子,并承诺将它匿名出版。结果,它被邦亚卖给了他的幕后老板,最终被存放在普鲁士某个警察局的档案室中。

所有这些的最终结果就是勤奋的工作、痛苦的个人牺牲,以及就《路易·波拿巴的雾月十八日》而言,优秀的作品未能获得任何的回报——不管是在经济收益、政治,还是在马克思的个人声誉上都是如此。在这种背景下,在国外出书明显已毫无意义;由在德国的合法出版商出版其著作是最好的选择,但他们都在书报检查官和警察的控制之下。

难道真的没有什么出路了吗?难道对马克思而言,真的不可能写作什么内容或重新编排某些旧的材料,让它能在德国合法出版吗?在他的脑子里有很多写作计划,其中最重要的就是写作有关政治经济学的多卷本著作。事实上,这个写作计划并不是新近才产生的;早在1845年,他就提到了这个写作计划,甚至已经同一个出版商达成了出版协议。② 到1850年,他的许多朋友和追随者都听说一部伟大的著作即将诞生,有鉴于作者无可置疑的才华,他们都热切地期待它的完成。在这种"热切期待"的鼓舞下,③马克思1850年9月恢复了他对经济理论的研究,但他大大地低估了研究该论题的困难。几个月后,他请两位在德国的朋友帮助他寻找一位出版商。但很快地,他听说著名的科塔(Cotta)公司拒绝出版他的著作。④ 在接下来的几个月中,找到一位愿意合作的出版商的前景变得越来越渺茫;由于他在莱茵兰的许多朋友被捕和一些有可能指控他有罪的材料被发现使得

---

① Chronik,118-131.也见 E.H.卡尔写作的传记:*Karl Marx:A Study in Fanaticism*(London,1934),139-140.
② Chronik,26,29-32.
③ Ibid.,105.
④ Ibid.

他更为政府所憎恶。结果就是,尽管马克思一直在请求他的朋友和支持者在德国寻找一位愿意合作的出版商,或者出版他有关政治经济学的著作,或者出版他较次要写作计划中的著作;尽管几个人都尽了最大努力,但他们接触的所有出版商都拒绝出版马克思的著作,这暗示了这些出版商受到来自政府的巨大压力。① 书商也同样害怕销售马克思的任何著作,因为仅仅是"同这个名字发生联系就足以使他们陷入可怕的麻烦之中"②。

因此,人们也许不得不同意学识渊博的弗兰茨·梅林(Franz Mehring)的观点:德国的图书行业已经对诸如马克思和恩格斯这样的人关闭。甚至那些有着最激进言辞的出版商也会对印刷他们的著作的不合时宜的建议恐惧万分。③ 结果,1852年由于对自己著作完全不可能出版的前景感到气馁,马克思停止了书稿的撰写工作——这一中断将至少持续四年之久!

1856年秋,马克思恢复了他的政治经济学研究工作,他这样做的根本原因在于形势的变化。一方面,有许多迹象表明,预计将会产生引人注目政治影响的经济危机即将来临;另一方面,他有关竞争对手在即将到来的革命中会掌握领导权的担忧不断加深,到这个十年末时就变得更加难以释怀。在法国,他过去的论战对手蒲鲁东成为引人注目的中心人物,蒲鲁东同他的门徒诸如经济学家阿尔弗雷德·戴瑞蒙(Alfred Darimon)等一道成为对马克思权威地位的明显威胁。的确,有消息说,蒲鲁东的著作《交易所投机者手册》的德译本即将出版,这促使马克思开始写作他的著作,尤其是写作有关货币的一章。在马克思的头脑中,蒲鲁东构成的威胁究竟有多大可以从他在《政治经济学批判》出版之前所作的断言中明显看出:"……在这两章里从根本上打击了目前在法国流行的蒲鲁东社会主义……"④

---

① Chronik,26,121.
② 这是马克思的追随者瑙特(Naut)在科隆的报道,参见 Chronik,127。
③ Geschichte der deutschen Sozialdemokratie,II,237.
④ 中译文参见《马克思恩格斯全集》第二十九卷,人民出版社1972年版,第554页。——译者

但更令马克思感到愤怒的是费迪南德·拉萨尔这个正在冉冉升起的政治明星的许多做法,此时马克思已将他视为最危险的政治对手而充满敌意。不过,由于认识到拉萨尔还有利用价值,马克思一般会隐匿感情,假装友谊,只是在给恩格斯的信中发泄他的强烈愤怒。① 具有讽刺意味的是,拉萨尔的毛病既不在于小心眼,也不在于猜忌心过重,反而一直在敦促马克思尽快完成他的"政治经济学"著作,但他并未认识到,该书的主要目标就是确立马克思在社会主义阵营中无可争议的权威地位,由此消除拉萨尔作为竞争对手的地位。

因此,当马克思恢复他的理论研究时,有一组奇怪结合的动机在影响着马克思。但这一次再没有什么能阻止他继续他的研究;始于1856年9月,直到第二年他都专注于研究工作。1857年4月,他开始写作有关资本的一章;在春夏两季,他集中于写作经济理论部分,但从1857年10月到1858年1月,我们发现他在经济理论研究和经济危机研究两者之间分了心,后者引起了他的强烈兴趣。作为最能说明问题的方面,危机本身增强了他完成手稿的渴望。12月18日他向恩格斯吐露:

> 我的工作量很大,多半都工作到早晨四点钟。工作是双重的:(1)写完政治经济学原理。(这项工作非常必要,它可以使公众认清事物的实质,也可以使我自己摆脱这个讨厌的东西。)
>
> (2)当前的危机。关于危机,除了为《论坛报》写的文章外,我只是做做笔记,但是花费的时间却很多。我想,到春天,我们可以合写一本关于这个问题的小册子,以便重新提醒德国公众:我们还在,还和过去一样。②

---

① 有关马克思同拉萨尔不断变化关系的公正而完整的描述,见古斯塔夫·迈耶(Gustav Mayer)为《马克思拉萨尔通信集》所写的序言,收入 *Ferdinand Lassalle: Nachgelassene Briefe und Schriften*, Vol.III(Berlin,1922)。
② 中译文参见《马克思恩格斯全集》第二十九卷,第 226 页。——译者

这段话,再加上其他一些信件表明,①朋友们是多么热切地期待他们能够在动乱时期重返德国;在动乱的背景下,很明显他们的每一部已经完成的手稿都不仅能够毫无障碍地印刷出版,而且能够成为他们争夺领导权的有力武器。

在1857年的最后几周和新年的头几周,朋友们的兴奋之情达到了顶点。但很快坏消息从曼彻斯特传来。一直密切关注纺织业发展的恩格斯报告了一些非常令人困惑的消息:价格和就业都在上升!最初,马克思努力为它们提供一种乐观的解释,将其解释为危机之间的间歇期;但事实很快就变得非常清楚,一场非常温和的危机已经过去——让位于新一波的繁荣;根本未产生什么可能引发革命的反响!

从政治方面看,1858年对马克思而言是不幸的一年,充满失望和挫折,但这一年也给他带来了实际的补偿。1858年2月,当他的革命热情开始消退时,他收到拉萨尔的来信,后者尽最大努力为他有关"政治经济学"的书稿找到了一家出版商。② 这个好消息来得有些令人吃惊,因为拉萨尔本人刚刚从与普鲁士官僚机构和警察的长期斗争中脱身,他们还在试图禁止给这位仍然受到怀疑的1848年革命的参与者颁发在柏林居留的临时许可证。在运用智慧和谋略进行不屈不挠斗争后,拉萨尔获得了六个月的居住许可,条件是禁止从事政治活动!③ 但他无视自身所面临的危险,立即着手帮助在伦敦的流亡者;他利用多方面的关系为马克思找到了一位出版商。尽管一再对拉萨尔的所说、所写和所为表示极大的愤怒,但他立刻认识到这个消息的重要性,并很快接受了拉萨尔的提议。④ 通过促成马克思同受人尊敬的出版商弗兰茨·敦克尔(Franz Dunker)达成明确的出版协议,拉萨尔被证明是言而有信的。这次成功签约对马克思的印象

---

① 马克思致恩格斯的信,1858年1月7日和2月4日;恩格斯致马克思的信,2月11日。
② 拉萨尔致马克思的信,1858年2月10日;参见 Chronik,170-171。
③ 详细情况见 Ferdinand Lassalle:Nachgelassene Briefe und Schriften,Vol.II.
④ 马克思致拉萨尔的信,1858年2月22日;另见马克思同一天给恩格斯的信。

是如此深刻,以致后来他也勉强承认:"多亏拉萨尔的异常的热心和雄辩的口才,才说服了敦克尔同意这样做。"① 因此,在付出数年的无效努力后,马克思突然地有机会重新合法地作为德国作家而出版著作。这是多么大的变化和多么好的机会!

但这次弥足珍贵的成功机会很有可能被葬送掉。有鉴于作者的名声,检查官肯定会仔细检查这本书的,如果他们能够找到一些合理的理由,尤其是任何能够被理解为煽动阶级仇恨或——不管多么微妙——倡导革命的内容时,肯定会马上将其查抄的。因此,要通过普鲁士当局这一关,这本书必须既是博学的,又是在政治上温和的。但如果由此而避免被查抄,那它难道不会使他的追随者感到失望、吓跑或惹恼公众,以在政治和经济上的失败而告终吗?对像马克思这样处境下的人而言,冒这样的风险是令人难以想象的。但无论如何,有一点是非常清楚的:所有危险中最糟糕的是惹恼普鲁士政府;因为如果这本书被查抄,不仅他目前的努力将付之东流,而且他寻找另一位德国出版商的前景——在可预见的未来——将变得渺茫。相反,如果他这次的努力能使普鲁士政府批准他出书,也许就意味着向好的方向发展的决定性转机;因为他将不再被官方视为是无赖,不再被出版商视为是无可救药的作者;由此他也许还能获得更多的行动自由。因此,获得作为德国作家的合法地位的目标就具有了压倒一切的重要性;尽管处于令人绝望的经济困境中,但马克思指示拉萨尔不要因为经济方面的要求而危及获得一个出版商支持的机会。如果需要,他乐于放弃任何报酬,至少是在开始阶段。② 他写信告诉恩格斯,如果在德国出书获得成功的话,那么也许很快就会有一个英译本,那时通常会真正拿到钱!③ 因此,在不止一个方面,他都将这本书视为是逐渐改善的开端。

---

① 中译文参见《马克思恩格斯全集》第二十九卷,第553页。——译者
② 马克思致拉萨尔的信,1859年3月11日。
③ 马克思致恩格斯的信,1859年1月21日。

正是在这样的心态下,马克思设想了分册出版该书的计划。①这种设想有几个方面的优点。首先,存在一个尴尬但重要的事实,即尽管他从1846年以来就一直谈及要撰写一部有关"政治经济学"的著作,而且也做了大量准备性工作,然而,当1858年2月拉萨尔联系敦克尔时,这些被视为已经存在的手稿至多仍处于草稿状态。② 在这样的背景下,他认识到,他既没有时间,也没有财力支持他在一个设定的时间段内完成整部著作,因此他认为分册出版是比较稳妥的。

而且,如果被查抄的话,出版独立分册也限制了风险,对作者和出版商而言都是如此。首先,它能够使马克思先写作一部学术性强、不会危及出版的分册,它能够通过书报检查官最严厉的审查。③ 此后,一旦最初对他的怀疑至少被部分消除后,他就可能变得更加勇敢;因为很明显,如果当局禁止一部它已经同意出版的书的后续分册继续出版的话,那将是尴尬的,而且也会引起一些公众的阅读兴趣。

难道我们真的只能归因于这些动机和私下的考量吗?1859年1月马克思的信令恩格斯大吃一惊,因为前两分册并不包括任何有关资本的内容,而是仅仅涉及货币和商品的论题。马克思接着写道:

> 这从两方面来看都是好的。如果事情顺利,那末第三章《资本》可以马上接着出版。其次,根据书的性质,这些狗在对已出版的部分进行批评时,不能单纯地随意谩骂了,而且全书看起来都非常严肃、科学,因此我迫使这些坏蛋今后也要十分严肃地看待我对资本的见解。总之我认为,撇开各种实际的考虑不谈,论货币的一章会引起专家们的兴趣。④

这个聪明的设想也告知了拉萨尔,并附加了如下的话,即马克思

---

① 马克思致恩格斯的信,1858年3月29日;马克思致拉萨尔的信,1858年2月22日。
② 马克思致拉萨尔的信,1858年3月11日。
③ 在马克思的头脑中,书稿被查抄的危险究竟有多大,尤其可以见他致拉萨尔的两封信,1858年2月22日和3月11日;也可见恩格斯致马克思的信,1858年10月。
④ 中译文参见《马克思恩格斯全集》第二十九卷,第369页。——译者

承认"从政治上考虑,我认为这是适当的,因为真正的战斗正是从第三章开始,我认为一开始就使敌人感到害怕是不明智的"①。稍后,他甚至通知拉萨尔,"第二部分有直接的革命任务"②。但如果第一册被查抄的话,就不可能有"以后的各分册";因此需要最大的谨慎。"叙述(我指的是叙述方式)是完全科学的,因而按一般意义来说并不违犯警章。"③他在另一封信中向拉萨尔做了保证。

尽管采取了这些预防措施,但马克思仍然充满疑虑,而且极度紧张——这种状况甚至未能由1858年秋的普鲁士选举和成立更自由的国会而稍加改善。尽管恩格斯竭力安慰他愁眉不展的朋友,一再敦促他尽快完成手稿,但他还是耽搁了一些时间——至少三个月!当他最终将手稿寄出时,他处于一种极度烦躁和兴奋的状态。他担心手稿可能被普鲁士官员没收、甚至毁掉,同时也对出版后的著作的命运感到忧虑。④难道就不能再做些什么以保护它免遭厄运吗?

正是在这样的背景下和处于一种病态的恐惧当中,马克思于1859年2月写作了"序言"。序言通常的用途是众所周知的。但对在受迫害或压迫之下工作的马克思而言,它通常具有一种重要的附加价值:正是著作的这部分内容要确保吸引检查官的注意,甚至使这些官员中最懒惰的人也乐于阅读。因此,它要努力"博取好感"(captatio benevolentiae),要使作者去迎合那些地位高的人,或至少使他的意图以一种讨人喜欢的面目出现。像马克思和恩格斯这样的人当然认识到这种可能性。马克思在对观点做模糊化的阐述方面非常熟练,他有时还指导恩格斯如何在写作有关普鲁士军队的组织时避免文章被查禁。

---

① 中译文参见《马克思恩格斯全集》第二十九卷,第568页。——译者
② 中译文参见《马克思恩格斯全集》第三十卷,人民出版社1974年版,第563页。——译者
③ 中译文参见《马克思恩格斯全集》第二十九卷,第531页。——译者
④ 马克思致恩格斯的信,1859年2月2日、8日、9日;马克思致拉萨尔的信,1859年2月2日。

由于考虑到会没收,你应该以第一篇论文的序言的形式非常简短地指出,你准备:第一,从军事观点阐明这个问题,第二,批评资产者,第三,批评反动派等和说明工人政党在这个问题上的立场等等,这样只要寥寥几笔就已经能把倾向暗示或预示出来。这样做一开始就使政府难于没收。①

有鉴于《政治经济学批判》的这些写作背景和马克思对他的著作可能被查抄的恐惧,我们不大可能想象他会错过这样的机会,即通过精心构思"序言"来避免被查抄的危险。当然,这绝没有排除下述可能性,即它也将被用于更常见的目的,例如提出本书的总体写作计划、它对预期读者的益处等。进一步地,作者也许会被诱使对他们的政治支持者发出一些特别的暗示;但这并不容易,因为任何可能点燃他们热情的内容都有可能引起检查官的怀疑;因此,他必须小心处理。的确,内容的阐述必须满足不同的、有时甚至是相互矛盾的目的,这通常就像是在走钢丝——政治家对此非常熟悉:既需要天赋,又需要平时的练习。马克思无疑拥有这两方面的能力。因此,只有仔细地阅读"序言",而且要时刻地想着作者所处的情势和所要达成的目标,我们才能获得对它的充分理解。

"序言"基本上是由内容非常不同的两个部分构成的,自传式的简介——占据超过一半以上的篇幅——,以及对马克思历史解释的框架性表述。让我们首先浏览一下自传部分。

马克思有关他成长阶段的大部分陈述不仅在事实上是正确的,而且有时还会给人留下诚实而且坦率的印象,这的确令我们感到意外。比如他坦率地谈论他早期同莱茵兰当局的冲突,同恩格斯合作撰写《共产党宣言》,甚至编辑《新莱茵报》。但这种坦率并非是不明智的,而是经深思熟虑和做了很好设计的。充分预想到臭名昭著的警察总监威廉·施蒂贝尔(Wilhelm Stieber)先生已经收集了大量有

---

① 中译文参见《马克思恩格斯全集》第三十一卷,人民出版社1972年版,第49页。——译者

关他的资料,马克思认为,试图隐瞒对方知道的东西是无益的。而且在普鲁士人的眼中,明显的坦诚会增加他的信誉和给人留下较好的印象。与此同时,每每提及过去所作斗争的辉煌时刻也会加深马克思和他的政治追随者之间的情感联结。看,这是一本由他们过去领袖写作的著作!因此,他是在使用一石二鸟之计。

然而,传记部分绝非全都是诚实和坦率的!在涉及19世纪50年代这十年的最后两段就存在一些失实。首先,在描述他在伦敦恢复经济研究时,马克思列举了"决定"他"重新开始研究并批判地研读新材料"的各种因素。[①] 他并未指出,这意味着与他之前信念的决裂。但他难道真的不打算表明已经发生这种思想上的转变了吗?不过,明显不诚实的是在提及他八年间为第一流的英语美国报纸——《纽约先驱报》——供稿时所带有的骄傲之情,但实际上他对这份报纸明显是讨厌的和瞧不起的。但仅仅是一直在为这样一家可敬的而且远离革命主张的报纸写作的事实,难道就会给普鲁士官员留下深刻印象,就像如此多的前革命者后来都改邪归正的那样,这位以前过着波西米亚式生活的革命煽动者也发生了转变,专心于为一家正派的外国报纸勤奋工作和从事严肃的研究吗?

所有这些都在"序言"的结尾处达到高潮。在介绍了他的著作是"多年诚实研究的结果"后,马克思摆出了英雄般的姿态,庄严地宣布"在科学的入口处,正像在地狱的入口处一样,必须提出这样的要求:这里必须根绝一切犹豫;这里任何怯懦都无济于事"[②]。

因此,马克思在同恩格斯和其他人充分讨论了这本书的各种"实际用途"之后,以严肃的态度宣布它仅仅是对真理的追求!这是多么天才的设计!尽管许多其他被怀疑的作者也都在努力通过强调他们的著作在学术上的价值以使它们免遭查禁,但除了马克思之外还有谁能拥有如此高的技巧、博学和胆量来用这种宏大设计实现目标

---

① 中译文参见《马克思恩格斯全集》第二十九卷,第97页。——译者
② 中译文参见《马克思恩格斯选集》第二卷,人民出版社1995年版,第35页。——译者

呢——像引用但丁不朽的诗文？

现在回到这篇著名的作品上，我们会问，马克思对其历史观的表述是否会受到写作《政治经济学批判》内在动机的显著影响。首先通过将"序言"中的表述同马克思在没有理由担心书报检查制度或类似危险时做出的相关表述进行比较；其次通过考察这些表述是否是非常适合消除书报检查官的怀疑，我们就能够回答这个问题。

"序言"中对历史观的表述展现了同自传部分内容的相似性。在自传部分，马克思首先只是陈述事实，然后逐渐转向一些不符合事实的表述，最后将事实和虚构结合在一起；类似地，他对历史观表述的前半部分只是包括那些在较早时期已经反复和充分地表述过的思想，即在没有对书报检查制度的任何担忧下写作的。在前四句中，①他介绍了他早期的研究成果，他描述了社会的经济基础与法律和政治的上层建筑之间的关系。同马克思以前在不同背景下说过的，尤其是在《德意志意识形态》和《路易·波拿巴的雾月十八日》中说过的相比，这些句子并未增加什么新的内容。② 在所涉及的论题上也没有什么会引起书报检查官怀疑的内容。因此，这些句子将被视为是对一些思想的纯粹表述，这些思想的逐渐形成可以追溯至很远——甚至可以追溯到马克思从中学毕业前所写作的一篇文章。③ 不过，对那些涉及社会革命的——占大约一页篇幅——句子，则必须另当别论。当"社会的物质生产力发展到一定阶段，便同它们一直在其中运动的现存生产关系或财产关系发生矛盾。……那时社会革命的时代就到来了"④。这里是暗藏危险的地方，必须格外谨慎；的确，仅仅使用像"社会革命"这样的词汇就肯定会刺激检查官的神经！但作者立即用高超的技巧解释道，他所设想的那种革命既不可能被阻止，也

---

① 这四句从"人们在自己生活的社会生产中"开始，到"是人们的社会存在决定人们的意识"结束。

② 在《德意志意识形态》中有几段相关的、在某种程度上是天才般的论述。在英文版（New York，1947）中，尤其见 13—15、38、70—72。《德意志意识形态》和《路易·波拿巴的雾月十八日》都不是在作者必须担忧书报检查制度的背景下写作的。

③ Edmund Wilson，*To the Finland Station*（New York，1940；1953），Ⅲ.

④ 中译文参见《马克思恩格斯选集》第二卷，第 32—33 页。——译者

不包含任何危险内容。整个描述听起来是那么的抽象、遥远、深奥，然而却是令人放心的。了解到"无论哪一个社会形态，在它所能容纳的全部生产力发挥出来以前，是决不会灭亡的；而新的更高的生产关系，在它的物质存在条件在旧社会的胎胞里成熟以前，是决不会出现的"，这难道会令人感到不舒服吗？"所以人类始终只提出自己能够解决的任务。"① 在这一段落中并未使用令人不快的"阶级"一词，也没有任何暗示暴力将会在"社会革命"中发挥作用！

但这种充满乐观情绪的决定论式的理论真的反映了作者的实际思想吗？在他较早期的著述中，尤其是在《德意志意识形态》中，有关生产力和生产关系的段落往往是伴随着对阶级和阶级斗争的根本作用的有力表述的，要求并预测了用暴力推翻现存的阶级社会。因此，在《德意志意识形态》中一个颇具代表性的段落描述如下：

> 生产力在其发展的过程中达到这样的阶段，在这个阶段上产生出来的生产力和交往手段在现存关系下只能造成灾难，这种生产力已经不是生产的力量，而是破坏的力量（机器和货币）。与此同时还产生了一个阶级，它必须承担社会的一切重负，而不能享受社会的福利，它被排斥于社会之外，因而不得不同其他一切阶级发生最激烈的对立；这种阶级形成全体社会成员中的大多数，从这个阶级中产生出必须实行彻底革命的意识，即共产主义的意识。②

作者进一步提出，"一切革命斗争都是针对在此以前实行统治的阶级的；……而共产主义革命……消灭任何阶级的统治以及这些阶级本身"。③

同较早期著作中的这些段落相比，"序言"中表述的内容似乎是

---

① 中译文参见《马克思恩格斯选集》第二卷，第33页。——译者
② 中译文参见《马克思恩格斯选集》第一卷，第90页。——译者
③ 同上书，第90—91页。——译者

如此软弱无力,以致马克思是否在此期间已经改变他的观点的问题仍然存在。不过,对任何此类假设都能够不予理会;因为在《政治经济学批判》出版的同一年,在伦敦发行的一份德语报纸《人民报》上,马克思发表了一篇充满煽动内容的文章《斯普累河与明乔河》,其结尾如下:

> 对革命的要求和革命的自然必要性,就像你们把自己的宝座建立其肩上的被奴役的各国人民的绝望状态一样普遍存在,就像你们那样得意洋洋地利用其贫困状况来趁火打劫的被掠夺的无产者的仇恨一样普遍存在。只是当革命像闪电一样,像只有在无法防止的致命的雷击发生以后你们才能听到霹雳声的闪电一样,成为无法估计的和无法防止的自然力的时候,革命的爆发才会成为不可避免的。至于这个爆发可能在什么地方发生以及如何发生,这没有多大的意义。主要的是它一定要发生。看来普鲁士这一次要违反它自己的意愿,成为普遍革命要求的表达者。①

有鉴于这篇来自马克思笔下的充满煽动内容的文章和其他丰富的资料证明他一生都充满革命热情,再相信他已经沉溺于"序言"中的那段话所表现出的天真的乐观主义是违背常理的。② 相反,那些未表达真实意图的言论的真实目的从这本书的写作背景看就变得非常清楚。最紧迫的任务是蒙混过普鲁士当局的检查!在这方面,对各种材料加以聪明编排的"序言"被证明是有效的;《政治经济学批判》既未被查禁,也未被没收,以致作者能够重新合法地出版著作供德国公众阅读!

不过,这次成功出版的代价明显是高昂的。在图书市场上,《政

---

① 中译文参见《马克思恩格斯全集》第十三卷,人民出版社 1962 年版,第 436 页。——译者

② 在那些马克思不受对书报检查官担忧影响而写作的著作中存在的某些不一致,很明显不可能在目前这种框架下予以探讨。

治经济学批判》遭遇了失败,有鉴于它枯燥的论题和抽象的论述风格,这并不令人感到奇怪。① 出版英译本的希望在马克思活着的时候并未实现。他在德国的一些最坚定的追随者表达了他们的困惑和极度失望,因为他们未能看到他们领袖的著作在以何种方式推进他们的共同事业。② 不过,马克思掩饰其真正意图所付出的最沉重代价却是"序言"所产生的持久影响。尽管这本书的读者并不多,但"序言"却被视为是对历史的经济解释的"经典阐释",在全世界被人们研究和引用。由于唯恐会损害自己的声誉,而且不会冒失去他在德国③和其他国家追随者的风险,所以马克思不可能去否定、收回或放弃他在"序言"中所作的解释,因此也就无法阻止那些高调的言论去遮蔽未来几代人对他真正意图的理解。

作者简介:阿瑟·M.普林茨,美国狄金森学院经济学教授。
译者简介:吴英,中国社会科学院历史理论研究所研究员。

---

① 马克思就他的著作在德国不受重视所做的抱怨,见马克思致拉萨尔的信,1859年7月初和11月6日。
② 马克思致恩格斯的信,1859年7月22日。
③ 甚至在德意志帝国成立后,马克思在德国的追随者仍然受到迫害。这方面的内容见 *Der Hochverraths prozess wider Liebknecht, Bebel, Hepner vor dem Schwurgericht zu Leipzig vom. 11. bis 26. März 1872* (Berlin, 1894)。

韦伯"社会科学的与社会政策的知识之'客观性'"导读(一)

胡 昌 智

内容摘要：马克斯·韦伯1904年撰写"社会科学的与社会政策的知识之'客观性'"论文作为其所主编杂志的发刊词。论文首先将经验知识与价值判断截然区分为两种不同领域的活动；然后，在这基础上，它论述经验知识的目的，并提出理想型的方法学。韦伯所作的区分具有革命性，他揭露了传统德意志知识阶层的意识形态。他的论文反映出知识阶层及市民阶级在19世纪下半叶急速工业化过程中陷入危机；同时更自觉地推动传统知识阶层信念——自认为是真理的代言人——的崩解。韦伯在社会力量兴起所呈现出的多元价值中，强调知识活动无法替生活中的人提出价值的应然。他背弃了19世纪人文与社会科学学界相信价值判断出自所谓的客观知识。从这样的基本认知出发，韦伯申述经验知识的目的：它除了协助生活中的个人或团体思考价值判断问题，以及协助他们执行所作的抉择。此外，它主要的功能在于，替生活中的人建立意义的时间脉络。他整合唯心及实证科学的方法，建构理想型的方法学，作为追求这样的经验知识的工具。

关键词：马克斯·韦伯　价值判断　德国传统知识论

一、前言：关于韦伯的这篇论文

韦伯(Max Weber, 1864—1920)1904年发表"社会科学的与社

会政策的知识之'客观性'"①（以下简称"客观性"）论文。这篇论文是他替学术刊物《社会科学与社会政策文库》②发刊定调的专论。文章中韦伯对文化科学总体的反省与建议，让该文在思想史上有里程碑的意义，它终结了一个学术与政治关系的传统，并开启了新方向。笔者尝试介绍这篇论文，作为导读。

1903年韦伯的学生雅飞（Edgar Jaffé）从社会主义出版家布劳恩（Heinrich Braun）手中买下其学术刊物《社会立法与统计学文库》③（1888—1903年）。更改名称为《社会科学与社会政策文库》（以下简称《文库》）后，以新刊姿态由韦伯、桑巴特（Werner Sombart）以及雅飞本人共同编辑出版。当年韦伯病况逐渐好转，六年以来的精神性疾病——忧郁症——让他无法教学、无法读书写作与接见学界访客。昔日健谈、善饮、工作至深夜的韦伯，由夫人马莉安娜·韦伯（Mariannne Weber）陪伴，长期在阳光充足的意大利静养。④ 1903年他终于辞掉海德堡大学的教授职位，完全放弃了教学与大学行政的工作，成为一位自由学者。⑤ 新的刊物给他学术上驰骋的场域，给予他机会，让他激发讨论，引导整个学界思考社会政策学术问题。韦伯压抑多年的创作力，包括对知识与价值判断两者关系新的看法，也在1904年的"客观性"论文中爆发开来。

1903年韦伯婉拒了自由党友人瑙曼（Friedrich Naumann）邀请他编辑政治杂志，替病后的生涯选择了不走政治的职业道路。"客观

---

① 原名 Die "Objktivität" sozialwissenschaftlicher und sozialpolitischer Erkenntnis, 载 Johannes Winkelmann ed., *Gesammelte Aufsätze zur Wissenschaftslehre von Max Weber*, J.C.B. Mohr Tübingen, 1982. pp.146-214。

② 原名 *Archiv für Sozialwissenschaft und Sozialpolitik*。

③ 原名 *Archivs für soziale Gesetzgebung und Statistik*。

④ 本文使用马莉安娜·韦伯：《马克斯·韦伯：一生的绘像》（Marianne Weber, *Max Weber, Ein Lebensbild*, J.C.B. Mohr Tübingen, 1984）。该版是1926年初版的重印版。第八章"崩溃"（Absturz），第239—277页，讲述1897年到1903年之间韦伯与其父亲的冲突，发病、疗养与病情的起伏，以及1903年勉强写《罗雪尔与克尼斯以及历史学派国民经济学的逻辑问题》（*Roscher und Knies und die logischen Probleme der historischen Nationalökonomie*）与阅读李凯尔特（H. Rickert）。

⑤ 韦伯的住家成为学者定期聚会的场所。尤其是美国之旅后，1906年春搬家到内卡河（Neckar）南岸，其住所更是年轻学者汇集之处。参见马莉安娜·韦伯《马克斯·韦伯：一生的绘像》第十一章"开展"（Ausweitung），第362—364页。

性"这篇论文可以说是韦伯个人的告白,说明在康复的曙光中,他替未来生命在政治与学术间所做的抉择。① 这份个人的告白里,有他对19世纪学术与政治合一传统的反省。他以无比清澈的思维,将学术知识的特质与政治行为所需的价值判断,截然区分开来,并且重新定义文化科学的主旨、根本的任务以及可用的方法。

"客观性"这篇论文在韦伯过世后的第二年,由夫人马莉安娜将它与其他文化科学的方法学文章集结成《韦伯方法论文集》于1922年出版。之后,又经温克曼(Johannes Winkelmann)两次考订。笔者使用的是1982年的第五版。② 使用这个版本,因为它是中文译本所根据的版本。中文版《韦伯方法论文集》③译者张旺山将这个版本原书的页码附在中译文之侧。读者可以轻易地根据中文译本找到译文的原出处。④ 或者反过来,将自己对德文原文的了解,参照中文译文做检验。笔者这篇导读所使用及引述的与张旺山所用的是同一版本,目的在方便读者检阅。

张旺山给中译本写了研究性质的导读。他的导读是分段的,他将《韦伯方法论文集》全书章节加以分组,分别给各组文章撰述介绍文。"客观性"与"弁文"以及"文化科学的逻辑"三篇论文合为一组。⑤ 张旺山在这部分的导言里有两个重点:第一,韦伯各时期方法论文章具有系统性。第二,韦伯1904/1905年的经典历史论述《基督新教伦理与资本主义精神》与他的方法论文章有内在的一致性。他强调,阅读《基督新教伦理与资本主义精神》必定要参考他在方法论

---

① 其中对学术与政治差异的论述显示出他做了抉择,并设定出未来作为一个学术思想家(geistige Persönlichkeit)的态度。1904年的抉择与他后期自传式自我剥白的演讲《学术作为志业》(Wissenschaft als Beruf,1917)相互辉映。
② 参见第55页注①。
③ 韦伯:《韦伯方法论文集》,张旺山译注,台北联经2013年版。以下正文中笔者若引述德文原书 Gesammelte Aufsätze zur Wissenschaftslehre von Max Weber 时,将以WL简称标示,譬如,引文出自原书第153页,笔者将标示(WL 153)。若笔者引述中文译文,将标示《韦伯方法论文集》及页码。
④ 张旺山翻译时,忠实依据韦伯句子的断句。即使韦伯的句子(经常)非常长,有附加子句以及子句的子句作为修饰与补充,译者也试图让韦伯以中文将其思绪脉络表达出来。参见译者"关于本书之翻译",《韦伯方法论文集》,第16—22页。
⑤ 这部分的导读,刊于上引《韦伯方法论文集》之"中译本导读"小节,第48—63页。

中揭示的思维方式,才能不曲解该书。我们可以说,张旺山的导言凸显的是:韦伯方法学与他的经典历史研究之间的"思维内在理路"。

本文的导读与张旺山的导言有两点不同。首先,笔者不把"客观性"文章与韦伯其他方法论文章合并介绍。相反,笔者把"客观性"论文,依韦伯自己做的分段,拆成两个部分,分开介绍。而目下这篇"导读(一)"焦点在该论文的第一部分。笔者如此做,是因为在简短的第一部分里包含着韦伯突破性的信念。这信念是他接下去在第二部分撰写理想型(Idealtyus)方法学的基础。第一部分哲学性的问题需要从它的背景出发,充分地加以介绍。

首先,我们说明一下韦伯如何区分他论文的两个部分。

"客观性"论文共69页(WL 146-214),分成两个部分。第一部分里(WL 148-161)韦伯开门见山表白他主编《文库》的基本信念:科学知识与价值判断两者分别属于不同的范畴。科学是逻辑思维的活动,它不能跨越界限进入价值判断的领域。它无法评论各别价值的高下,也无法用学术的论述保证一个价值的有效性。知识活动是"不具价值判断的"(werturteilfrei,或译为"价值中立"),因为价值判断是属于信仰的事。第一部分篇幅14页,较之于第二部分54页(WL 161-214),它相当简短。但是在这里所做的逻辑思维与价值判断两者的区分,是之后第二部分方法论论述的基石,更是他说明社会科学、社会政策知识客观性的出发点。

经验知识既然无关价值判断,无法提供生活中行动者的价值方向,那么追求经验知识为了什么呢?第二部分里,韦伯说明社会科学知识的目的在于追求现实世界中现象的文化意义。在这个知识目的定义之下,他提出所有知识出于片面性的观点,也必须由片面性的观点出发,借由严谨的概念、逻辑、理论的协助,提出对经验世界的解释——解释出人们生存所需的文化意义。这些对过去世界的历史解释有它的学术上的客观性。然而,也更有其主观性:这些解释给予人们的文化意义会随着时代的变化而消逝。在追求文化意义的需求下,人们会提出新问题,会有新观点。新的世界解释也会再度赋予时间洪流中人们赖以生存的新的文化意义。历史科学是随着时代变迁不断有新观点新解释注入其中的学术,它是拥有永恒"青春"的学术。这个部分里韦伯首度提出理想型的方法学架构。利用这个理论架构为工具,他将观点的片面性与思维的系统性融合而为一,追求客观性的知识。

"客观性"论文两个部分前后相扣。第一部分是第二部分的哲学基础。在第一部分的世界观之上,韦伯建构了第二部分的方法学。目下这篇本文导读的是第一部分。第二部分的内容将以另文介绍。

除了将"客观性"论文拆开为两个部分分别介绍,这点与张旺山的导读不同;此外,笔者的导读将采取思想史的取向,尝试从19世纪德国学术脉络里了解"客观性"论文。这点与张旺山以韦伯本身"思维内在理路"的解说也不相同。同时,学术脉络有它时代中社会变迁的背景。这背景也必须要被指出。本文的导读兼采知识社会学的取向。

在下文中,笔者将首先(第二小节)简述韦伯在"客观性"论文里所关怀的知识与价值判断的问题,提出他的论点。其次(第三小节),笔者要说明韦伯所讨论的这些问题是处在怎么样的一个思想史的大脉络里,在他之前的知识界是以何种态度处理这些问题。接着(第四小节)笔者要指出,韦伯自己充分地意识到"客观性"这篇论文在历史脉络里的位置与意义。他自觉地背离了传统。发刊词是他对当时学界的活传统下了"战书"。最后(第五小节)笔者认为韦伯对学术、价值关系的基本信念与19世纪德国巨大的社会变迁有关。他的论点与对传统的批判,可以放在社会变迁的框架中获得更多了解。

以下我们将介绍"客观性"论文的第一个部分。

二、韦伯论文第一部分的论点:经验知识与价值判断是两个截然不同的领域

韦伯绵密的思绪表现在他行文时几乎把每个句子都拉得很长。

当他提及一个论点，他会同时用子句附加解释所有可以想到的附加条件，确保论述的精准。他的思绪出自不同角度，彼此交叠，构成紧密的论述之网。我们阅读时必须在诸多繁复的论述中掌握贯穿其中的主轴。

第一部分里韦伯说明他主编《文库》杂志的任务。杂志将做什么，不做什么，对抗什么？他回答自己的问题说，作为学术杂志，它的任务在说明经验世界"是如何"（das Seiende，或译为"实然"）？杂志不讨论社会生活中的人或政策"该如何"（das Seinsollende，或译为"应然"）？（WL 148）"是如何"与"该如何"这两个基本概念的区分，是这第一部分的开场白，也是这部分论述的主轴。

环绕着这个主轴问题，他在这部分里以三段式的论述展开说明。第一，人会以逻辑的手段追求目的，会运用理性思考获得知识，打造手段（WL 149）。① 同时，第二，为了有意义地活着，人（Persönlichkeit）会选择理想价值，这方面的抉择是靠着信仰支撑（WL 152）。一个人的尊严，以至于他生命的意义，都来自于他相信了某个价值。② 既然生活中的人，都身兼求知与信仰这两种彼此矛盾的特质，那么作为一个学术人，该怎么办呢？这两种特质该如何并存？第三，他讨论这个问题并提出论点。笔者顺着他这样三段式的思路，来呈现论述的内容。

《文库》杂志是有关社会科学与社会政策的杂志，它讨论知识与政策。韦伯让知识与政策问题回归到人的特质。在第一个段落里，他说，如果人的意识行为离不开目的与手段的关系，那么经验知识的

---

① 用韦伯的话说：Jede denkende Besinnung auf die letzten Elemente sinnvollen menschlichen Handelns ist zunächst gebunden an die Kategorien "Zweck" und "Mittel"（思考人类意义行为里的最终因素时，不论如何，都会触及"目的"与"手段"两个范畴）。（WL 149）他从一切有意识的行为出发，设定人的这些行为里，一定都有"目的"与"手段"的因素。"目的"与"手段"是他给文化人（会追求意义的人）的第一个基本定义。

② 韦伯的原文是：Und sicherlich liegt die Würde der "Persönlichkeit" darin beschlossen, daβ es für sie Werte gibt, auf die sie ihr eigenes Leben bezieht,……（一个"人"的尊严无疑地正在于他有一个跟自己生命息息相关的价值）（WL 152）。韦伯用"Persönlichkeit"指一个人物，指一个"像样的"人，或者说一个文化人。这里他给人下的定义是，他会追求生命意义，他有价值理想。这个追求价值的定义与前面"目的"与"手段"的定义，是他给人设定的两个基本定义，也是他展开论述知识与价值判断关系的基础。作为一个人，同时会是追求知识的人，以及会是有尊严有特定价值方向的人，两个有时候会造成矛盾的因素聚于一身。

任务就在于检视,在一个特定目的下,所实际采用的手段合适不合适,它能不能达到预期的目的?诸多所采取的手段之间,它们彼此有无相互矛盾?在预定的目的下,还有哪些其他可以采用的手段?同时,经验科学也能够说明,追求这个特定目标,它所带来的后果是什么?有哪些后果是真正期望的?或不想要的?也就是说追求这个目标的代价会是什么?(WL 149-150)韦伯将这些社会科学与政策相关的经验知识工作定义为"技术性的批判"(technische Kritik,或译为"技术层面的批判")(WL 150)。"技术性的批判"是知识活动,它会使生活中的行动者了解他们的目的,协助他们获得适当的手段,让他们采取合理的行动。至于行动者或决策者在了解了批判的内容之后,要不要选择这个目标,那就不是学术工作的事。那是社会生活中"意愿着的人"(wollende Menschen,或译为"意欲的人")的决定,那是属于价值判断的领域(WL 150)。①

除了进行"技术性的批判",经验科学在面对手段与目的关系现象时,它可以探讨一个期待中的目的,它的真正意义是什么?它是在如何的历史社会情境中发展出来的?它背后更深一层的理念是什么?而众多理念彼此之间,它们的区分何在?这也都属于经验知识活动的范围。经验知识可以整理出它们之间的协调性并排除抵牾之处,协助生活在欲望中的行动者——有意向性的人——了解自己终极的原则,进而协助行动者清楚地跟其他的终极价值区分开来。这是经验知识活动可以提供作抉择的人针对价值理念作"批判性的判断"(kritisch beurteilen)(WL 151)。② 经验知识协助行动者、决策者

---

① 韦伯说,做完技术性批判后,一个人直接面对的,就是要掂酌对特定目的的取舍。而掂酌取舍这行为超出了学术任务的范围。他这么说:Jene Abwägung selbst nun aber zur Entscheidung zu bringen, ist freilich nicht mehr eine mögliche Aufgabe der Wissenschaft, sondern des wollenden Menschen.(掂酌取舍的事,当然就不再是学术的任务,而是意愿着的人的课题。)(WL 150)这里他用"意愿着的人"(der wollende Mensch)是相对于知性的人(der denkende Mensch)或强调思维秩序(denkende Ordnung)的人而言,回应他凸显人的基本特质中的两个面向。

② 这价值的批判有两个步骤,第一,看历史里有哪些有关价值判断的往例,借着意向行为的实例,检视其内在是否有矛盾,其一致性如何?第二,帮助做抉择的、有着意欲的人想好他最终的价值准则(WL 151)。

有意识地抉择终极价值。韦伯强调价值抉择是意欲着的人的领域,不是经验知识的任务。①

从人行为中的目的与手段关系的特质,说明经验知识的任务之后,他接着提出人之所以为人的另外一个特质,将其作为论述的基点。作为第二个段落,他说,一个人的人格里有个重要部分,那是他的价值信念。一个人之所以能够有意义地、有尊严地活着,都是因为他相信某些终极的价值规范,因为他有对某些价值理想的信仰。这个人格里的内在成分,决定我们的行动,并赋予我们人生意义(WL 152)。② 行动是一个价值判断的外现。一切有意识的个人行为,事实上,都出自心中理想和价值判断。个人的意义行为有理想规范在它背后,而集体行为、政策行为也是如此。平常我们所见社会生活里的作为,譬如,工人卫生、工厂稽查、紧急纾困等,这些看似理所当然的事,其实都出自于政策制定者的理想,它们蕴含有特殊的文化价值(WL 152)。韦伯这里所举的例子,是从经济政策范围中撷取。实际上,他所见的人的"作为"包含所有的范围,包含历史研究。他认为没有任何一个叙事是理所当然的,即使它数据周全,考订翔实,它们叙事中呈现的意义都出自研究者的价值信念。

价值信念是人之为人无法割舍的部分。对一个人及群体而言,它甚至具有神圣性。它让人们在纷争的世事中能够立足,在面对别的信念时能够挺身相争。而他人的价值理想,同样地也会被视为神圣(WL 154)。世界是由多元的价值理想组成,它们彼此永远互不归属,无法跨越与交融(für alle Zeit ein unüberbrückbarer Unterschied)(WL 155)。③

一个人同时具有手段和目的关系的理性思考倾向,同时又在生

---

① 韦伯的名句之一,替经验科学的任务领域做一总结:Eine empirische Wissenschaft vermag niemanden zu lehren, was er soll, sondern nur was er kann und—unter Umständen—was er will.(一门经验科学无法教任何人他应该如何,而只能教人,他可以怎么做,以及在某些情况下他想要的是什么。)(WL 151)

② 参见前文第 59 页注②。

③ 多元价值之间的对立与斗争,如同希腊神话中的诸神一般永无止休。在 20 世纪初,韦伯对价值世界这样的基本看法,也在这一段中露其端倪。

活中追求生命的价值理想。理性逻辑与感性信念两种不同特质集于一身。从追求科学的角度而言,他表示,这是人之为人不可免的"弱点"(menschliche Schwäche)(WL 151)。①

在第三个段落里韦伯给自己提问:《文库》杂志该如何面对这个现象呢?主编该如何要求与期望参与《文库》杂志的学者呢?面对这个"弱点",首先韦伯强调《文库》杂志不做寻找不同价值理念"实践用的公分母"(der praktische Generalnenner)(WL 154)的工作,不做价值理念彼此折中综合的工作,也不寻找中庸之道。这些为了实践而做的妥协是政治领域的作为。从科学工作的角度而言,这样的做法不只是隐藏,而且是扭曲各别价值理念,误导人们对它们真正的认识(WL 154)。相反地,韦伯提出,《文库》的参与者必须清楚地意识到自己的价值信念是什么,他认为参与者应该在行文时将自己的价值信念裸露出来。不隐藏"弱点"是他为科学活动提出的解决方式。

《文库》杂志的参与者既然一定有其自身的价值判准,那么就必须将问题的论述与自己的价值取向一并地呈现出来。论述的部分要做到有根据、有条理,让信念跟他不一样的人都能接受他的论述。这里他举例说,逻辑的论述必须能让中国人都接受(WL 155)。他的意思是,让一个遥远异域异文化的人,即使不同意论述者的价值取向,也必须能接受论述本身。这样的论述就是科学的工作。不隐藏"弱点",将自己的价值信念摊开来,这样的基本做法,甚至对科学活动有助益,因为它不至于混淆事实知识与价值抉择。它也不会借着事实知识之名,夹带价值取向,以不知不觉的方式,暗地展开影响。自觉自己的价值信念,并且将它摊展开来,在科学活动上,还有另外的功能。尤其在检讨别人的作为(政策)时,在掌握与分析其政策背后价

---

① 人不是纯粹的秩序思维的人。人有追求价值取向的特质,这特质他"戏称"为人的弱点。这里他要做的对比是要指出:传统的历史学派国民经济学认不清这个弱点。参见本文第四小节。韦伯在论文中接下去的论述是,只有认清这"人之所以为人的弱点",承认它、面对它,科学知识才有出路。他甚至详细论述坦然面对这个弱点,对知识的追求有助益,而且坦诚是必须的。他说:"面对弱点不只是无害,反而有助益,是的,是戒律。"(nicht nur unschädlich,sondern direkt nützlich,ja,geboten sein.)(WL 156)

值取向时,还可以进一步透过建立它与自己价值信念的对比,呈现关联,来了解它(WL 156/157)①。所谓的"弱点"在科学活动中反而具有它的积极面,有建设性。《文库》参与者在行文时必须自觉自己什么时候在进行科学的论述,什么时候又转而做了品评价值的判断。总之,参与者应该坦诚地面对自己的价值取向,并且将它摊现开来。所谓的"没有观点看法"(Gesinnungslosigkeit,或译为"无心志性")(WL 157),如果有人这样宣称自己没有默认价值立场,这样的宣称是在逃避,它完全没有触及、更没有解决科学的客观性的问题。

从知识里无法获得价值理念判断的标准,那么知识活动的目的何在?学者在面对社会实践活动时,他们如何了解自己的身份?知识所追求的客观性,在价值取向无法割舍的情况下,这客观性又该如何解释呢?什么样的研究方法能够同时回答这两个问题?韦伯在"客观性"论文第一部分里提出的这些问题,他接着在第二部分加以论述。我们先检视韦伯之前的德国知识与价值判断关系的传统,来进一步了解韦伯论文第一部分在思想史上的位置。

三、19世纪传统的信念:经验知识里蕴含价值判断的准则

现在,我们回顾19世纪学者兰克、德罗伊森、罗雪尔、克尼斯以及施穆勒的看法,回顾一个知识与价值判断关系的传统——韦伯所背离的传统。

1831年11月在柏林大学任职的兰克收到普鲁士外交部长克里斯提安·贝恩斯托夫爵士的信,邀请他主编一份新杂志《历史政治杂志》,目的是要以历史角度评论当代政治。② 部长希望兰克在当时的

---

① 韦伯举例说,若要剖析一个立法案例背后的价值理想,最好的办法是跟其它的价值信念作对比,而拿自己的信念跟它作对比,会是最好的方法(WL 156/157)。
② 有关兰克1832—1836年主编《历史政治杂志》(*Historisch-politische Zeitschrift*)的过程与论点,参阅李孝迁、胡昌智:《史学旅行:兰克遗产与中国近代史学》,上海人民出版社2021年版,第58—68页。

左派与右派之间指出第三条路线,并借以捍卫1830年全欧革命风潮中普鲁士政府的政策。兰克迟疑了很短的时间就答应了这项任务。他迟疑的原因不是思考学术论述与政治方向抉择是否矛盾的问题。事实上正好相反,兰克深信两者是一致的。兰克感谢部长对他的肯定与信任,他说道:"对抗一波从完全不一样的环境以及从虚构理论所产生的、外来异类思想的挑战,保卫我们自己本土的发展,能够在这方面对祖国、对好的事物有所贡献,这会是我最大的幸运。"① 他所说的外来异类思想,主要是指法国七月革命的思潮,以及相随而来的自由主义、社会主义的价值理想。

杂志邀稿不易,大部分由他自己撰稿。其中他所写的文稿"列强"(Die grossen Mächte)描写欧洲近世史的开端。② 他叙述英国、法国、奥地利、俄罗斯以及普鲁士的兴起。他所见的近世世界史的面貌在这篇文章中呈现。"列强"这篇文章最能彰显兰克的信念,它认为历史知识指引现实政治中价值抉择。文章中他认为每一个国家的强大,都源自它意识到自己的独特性。普鲁士从18世纪一个地方诸侯,发展成强权国家的过程,正是因为执政四十六年的腓特烈二世认清自己国家新教的特质与国民性。腓特烈二世虽然赞助法国的启蒙哲学家,保护他们,与他们谈论哲学和文学。但是,兰克说:"尽管他是法国哲学家们的恩主,与他们谈经论道,但他从来没有想过,要依据他们那些理论来重建其国家。"③ 他甚至认为法国哲学家的理论是替法国国家服务的。兰克描写腓特烈二世,说他摆脱法国的影响,专注自己国家的意图,了解自己的个体性,然后向追逐北斗星一样,把持自己国家的原则,在一切危险中坚定不移。

兰克赞扬腓特烈二世将普鲁士从法国影响中提升起来,他的叙

---

① 参阅 Walter Peter Fuchs, *Briefwerk von Leopold von Ranke*, Hamburg 1949, p.243。

② "列强"的中文译文刊于《世界历史的秘密:关于历史艺术与历史科学的著作选》,易兰译,复旦大学出版社2012年版,第169—202页。易兰的中译本译自 Roger Wines, ed., *Leopold von Ranke*, *The Secret of World History: Selected Writing on the Art and Science of History*, New York, Fordham University Press, 1981。

③ 上引易兰中译本,第199—200页。

述里强调,个体性的自觉是关键。他讲述这段历史是为了要在19世纪30年代,在法国社会主义革命波及普鲁士时,提出斥拒的理由。"列强"一文描绘出各个民族的发展都呈现它们自己的个体性,它是价值方向之所寄。而个体性的价值理念是在发展过程中浮现出来的:在发展过程中,它越来越清晰,越来越强烈。这个发展过程的故事蕴含着现实政治价值方向的指引。兰克认为,史家的任务在忠实地呈现这个发展所显示的个体性。

兰克1836年辞退了《历史政治杂志》的主编职务。这一年他发表教授就职演说。他借着演说题目"历史与政治的区别和联系",[1]总结了作为《历史政治杂志》主编的信念。在他的拉丁文讲词中,他说,领导一个国家的人"必须是非常了解自己国家本质的人"。[2] 然而认出并呈现出国家族群的个体性,那是历史学家知识上的责任。他说:"这种知识如果没有对过去时代的了解,则是难以想象的——而历史研究正是这样的知识,……从过去所发生的事物中得出对国家本质的认识,并指引我们理解国家本质,这是历史(学的)任务。"[3]

经验知识与政治走向所需的价值判断在兰克的观念中是合而为一的。他终生与普鲁士、巴伐利亚、汉诺威以及其他欧洲王室维持密切关系,引导他们。考证求真以及虔诚地相信神引导一切世事,这两者巩固着他的信念,让他理所当然地认为客观的历史知识里蕴含着价值判断的终极准则。

德罗伊森(J.G. Droysen)对历史知识的反省远超过兰克。历史知识出自观点与立场,这个信念让他与兰克大不相同。兰克将历史知识与政治该有的走向,两个问题合而为一,因为他相信历史知识有明确的客观性。研究与叙事可以建立在自我的消弭或提升之上。事实上,在现实政治里,兰克是欧洲主义者。他不支持德意志的政治统

---

[1] 该文中文节译刊于《世界历史的秘密:关于历史艺术与历史科学的著作选》,易兰译,第144—155页。
[2] 引文出自上引易兰中译本,第150页。
[3] 同上书,第151—152页。

一运动。他从整个基督教欧洲形成与交融的观点，从一个超越国家的、客观的高点上俯视各国历史。研究历史的客观高点，他认为是符合神意，而且也是为了了解神意。而德罗伊森是民族主义者，他只要"祖国"给他的立场。① 德罗伊森认为历史知识是从研究者主观立场上建构起来的。他的历史知识理论细密地讨论主观性的问题，也不惜针对他的老师兰克发言，② 但仍然走向相信知识里蕴藏有价值判断的准则。

德罗伊森认为人的观点是外塑形成的。从孩童时期起，一个人就开始接受环境、家庭、教会、国家，这些所谓"伦理团体"（sittliche Mächte，或译为"道德团体"）的价值观。③ 他说，这个成长时期是"知识占领我们"，不是"我们拥有知识"。直到自己与外界完全融合为一，形成"整体"（Totalität），一个人才开始拥有追求知识的立场与主体（Subjekt）。他强调的主观性，事实上同时具有正当性，因为它出自当下制度中的价值。④ 这个经由成长、教育以及祖国所赋予的主观性是了解历史的出发点，它是历史知识的因。同时，因为环绕着人

---

① 他说："我不想让我观点下得到的相对的真理——我的祖国、我的宗教、我的政治信仰、我的时代所给我的相对性的真理——增多一分或少掉一分。"参见笔者翻译的德罗伊森《历史知识的理论》，台北市联经1986年版，第98页。

② 他讥讽兰克不站在民族的立场写历史，他说："使用超乎民族、世界的大观点最后看到的，只是各种事物的头盖。"（上引《历史知识的理论》，第98页）他没有指名兰克，但以欧洲民族交融的世界史观点巨观地俯视历史，那是兰克1825年早年成名作《罗曼与日耳曼族群史1494—1514》以及之后作品一贯的做法。引言可见德罗伊森在当代及在后世出了名的讥讽力。同样地，兰克撰写《英国史》曾刻意与英国史家麦考莱相竞争。麦考莱不看好他，甚至藐视他作为一个外国人如何能写自己已经写过而且成了名的那段历史。兰克以强调客观有别于麦考莱以辉格党（Whigs）观点的历史解释，他在书中说"愿自我消融，只让史实说话"应该就是针对麦考莱的偏党性而发。然而，德罗伊森在论述历史知识主观性时，却肯定麦考莱代表"真正的英国式思考写作"，同时自省说，"我们却真正缺乏这种民族的片面性与硬度，这种自信"。"凡事没有立场……而称其为客观及无偏党""事件本身不会说话；是我们让它说话"，这些句子都针对性十足。参见上引《历史知识的理论》，第97—98页。有关兰克向威廉四世国王讲述想以王权观点而非以"光荣革命"观点写英国史，以及兰克在伦敦西肯辛顿拜访麦考莱，参见李孝迁、胡昌智：《史学旅行. 兰克遗产与中国近代史学》，第125—127页。

③ 上引《历史知识的理论》，第69页。

④ 德罗伊森将孩童融入的伦理团体分为三种类聚，自然的类聚如家庭、氏族、族群，理想的类聚如语言、美学、科学，以及现实的类聚如法律、社会与国家。孩童的成长与主体性的形成是在这三者以辩证的方式展开的，而且是在国家的层面达到综合性，完成他的主体。参见上引《历史知识的理论》第63—86页德罗伊森关于三种伦理团体的区分与论述。

们成长的制度、法律、组织本身也是发展出来的,所以这个主观性也是历史的果。

　　有了主观性,一个人开始可以深一层地了解自己所属的伦理团体。了解它们如何发展形成？了解它们曾经经过哪些转折？走往什么方向？伦理团体里的各种组织、制度、规范,它们都是前人的理念经历世代传递、更新创造的结果。所有伦理团体中的制度、法律都出自前人的理念。而在历史中肩负理念的是做出功业的大人物。他举路德为例:他对待农民革命、对待贵族的态度,抗拒天主教天父为中心的人性观,对贫穷的看法与做法,都是他的理念与其他的理念的冲撞。德罗伊森认为观看路德,该掌握他的核心理念——对神圣的看法,观察它如何落实在后世的教会组织、政治制度与社会福利上。德罗伊森因此也强调,对现实制度的了解也包括应该知道,在这些制度与规范背后,曾经牺牲掉哪些在冲撞中落败并因而消逝的理念。①

　　掌握了伦理团体的发展背景,一个人能深入地了解现实,获得更宽广的视野。他说:"如果我们越是能够明白历史过程中诸理念的内涵,那么我们了解事物的立场就越高。"②这个更高的视野再度赋予人们历史了解的能力。我们可以说,在德罗伊森所见的主观性概念里,人们在历史知识与现实生活中,辩证循环地提升自己。在这个了解活动的循环里,个体融入伦理团体,然后进一步以历史的方式了解这些团体,了解他自己之所属,并更紧密地与它结合。历史研究里的主体本身成为客体的一部分,并且消失在客体里。德罗伊森认为,没有历史知识,一个人才会只有原初的主观性,历史的真实具有消融我们主观性的力量。在循环提升中的自我,其小我消融于历史巨流中。他说:"我是高高地站在超乎小小自我之上,我是从一个更高的自我思考问题。在这个更高的自我中,我小小的个人的躯壳是完全消融了(hinweg geschmolzen)的。"③

---

　　①　参见上引《历史知识的理论》,第53页。
　　②　同上书,第44页。
　　③　同上书,第101页。

在他强调主观性的知识理论里，"伦理团体"的概念，说明了历史延续的机制。历史延续性的媒介是"伦理团体"，是家庭、教会、国家等这些有价值取向的机构。延续的机制是个人的融入，以及了解历史带来的历史意识。贯穿在这个延续过程里的是历史学家所要揭示的理念。德罗伊森的历史知识理论里，蕴含着强烈的延续性的要求，①而历史的延续性对现实政治的发展具有"诫命式"(imperativ)的语态。

德罗伊森1857年在耶拿大学讲授历史知识理论，他要回答的是他自己所提的问题："历史解释要如何才能找到国家的理念？"②我们可以说，他的知识理论呈现的信念是：经验知识提供政治价值抉择的判准。如他所说："这种国家导向的知识，只有以历史的途径来了解当代的事实及其实际的进行，才能获得。"③具体而言，历史知识有能力也有使命，让人们知道普鲁士负有领导各邦国完成德意志的政治统一责任。④ 他说，只有认识了普鲁士历史中的国家理念，在道德团体中行动的人才不会走向反动、反潮流的方向。⑤

相对于兰克与德罗伊森作为正统历史学者，韦伯1893年在弗莱

---

① 作为黑格尔的学生，德罗伊森强调贯穿历史发展的内部线索。但是，他的眼光不是放世界史玄思的发展过程里，而是放在微观的个人及伦理团体关系上。Hans Michael Baumgarter, *Kontinuität und Geschichte：Zur Kritik und Metakritik der historischen Vernunft*, Suhrkamp Verlag, Frankfurt a.M. 1972 认为，德罗伊森在历史知识理论中提出的"伦理团体"概念，弥补了黑格尔玄思的世界历史发展里的空隙，以知识理论中论述的个人与伦理团体的具体关系，补充了黑格尔历史哲学延续性的论述里的空泛之处。参见上引《历史知识的理论》，第69—75页。

② 参见上引《历史知识的理论》，第41页。

③ 德国学者维尔弗雷德·尼佩尔(Wilfred Nippel)在德罗伊森两百年冥诞时出版《德罗伊森：学术与政治之间的一生》(*Johann Gustav Droysen：Ein Leben zwischen Wissenschaft und Politik*, C.H.Bech München, 2018)，分析德罗伊森身后名实不符的声望鹊起的原因。尼佩尔列举他的学生不实的推崇，并尝试还原德罗伊森真实的一面。他讽刺德罗伊森的政治狂热，甚至在第六章里质疑历史知识理论是纯粹的理论探讨。他认为德罗伊森所提出的历史知识理论只是政治运动的"副产品"。虽然尼佩尔的论点低估了德罗伊森理论系统的贡献，但也正凸显出德罗伊森以历史知识理论来巩固自己的政治信念。参见上引《历史知识的理论》，第116页。

④ 1871年建国之前，德罗伊森就在普鲁士史中揭示百余年前普鲁士国王就已有此理念企图。这样的历史解释被引为笑柄，然而正符合德罗伊森的历史知识理论。

⑤ 1857年他在耶拿大学授课的讲稿文字，影射德国统一之前的各种政治立场，包括反对统一、以奥地利为首的大德意志统一方案等，是他所认为的反潮流作为。参见上引《历史知识的理论》，第42页。

堡以及 1895 年在海德堡的教职都是国民经济学的职位。严格地说，韦伯所在学术传承的名称应该是历史学派的国民经济学，这是德国 19 世纪的经济学主流，它与历史学有依存的关系。

德国历史学派国民经济学的始祖是罗雪尔（W.Roscher,1817—1894）。1843 年他以 26 岁年轻奇才的姿态就任哥廷根大学教授。当年的授课讲稿《国家经济学课程讲授大纲，根据历史的方法》①，在学术史上被视为历史学派国民经济学的创始宣言。作为兰克的学生，他讲授兰克在自己家中所开的研究实作课。他的经济学取向是历史学的，一切经济行为的研究都要根据考订的史实来论述。而且与兰克一样，强调综观以及广面的角度整合现象。在授课讲稿中他开宗明义说，国民经济学的目的不是要单纯追求如何让国家致富，国民经济学的目的不只是为了片面的经济目的。他扬弃了英国古典经济学的出发点，他说，国民经济学的目的在了解"民族在经济方面想些什么？冀望什么？以及感受什么？他们所争取的、所得到的是什么？为什么他们要争取那些？为什么会得到那些？若国民经济学要陈述出这样的知识，它必须与国民生活密切相关的其他学科，尤其是法律史、国家史与文化史紧密结合。"②

罗雪尔要在真实的历史现象里，了解人民与经济相关的行为。他要了解他们的欲望、动力、感受等非理性的特质。他放弃以经济目的片面性的方式观察经济行为。他强调经济行为受到人们对家人以及对社群的爱所推动。经济行为受风俗与对神的敬爱所驱使、引导。它们呈现出的是整体关联的伦理现象。罗雪尔进一步认为，在各项因素彼此关联中，经济行为呈现出整个民族是一个有机体的现象。

---

① W.Roscher,*Grundriss zu Vorlesungen über Staatswirtschaft. Nach geschichtlicher Methode*,1843,张旺山书中译为《根据历史的方法之关于国家经济学的讲演之纲要》，所指的是同一本书。

② 罗雪尔上引书，第 IV 页。本文引述 W. Hennis Eine,"'Wissenschaft von Menschen'.Max Weber und die deutsche Nationalökonomie der Historischen Schule",刊于 W. Mommsen/W.Schwentker ed.,*Max Weber und seine Zeitgenossen*, Vandenhoeck & Ruprecht Göttingen.Zürich,1988,pp.41-83. 引文参见 Die Volkswirtschaftslehre als "politische Wissenschaft"小节。

有机体里，不只各种风俗、法律、文化、经济行为有彼此相依存的关系，而且整个有机体因各种行为的彼此互动，更具有整体成长、发展、衰老甚至死亡的过程。在这个有机发展的过程里，伦理精神贯穿其间。这个独特的伦理精神代表着民族有机体的独特性。罗雪尔刻意地将历史取向的国民经济学当成一门政治性的科学。所谓的"政治的"(politisch，或译为政治性的)这一词被后来历史学派沿用，它是针对不讲独特性只强调"普世精神"(cosmopolitisch)的英国古典经济学。①

跟兰克一样，罗雪尔认为研究者不具立场的超然状态是政治性的历史学派国民经济学的出发点。历史中经济相关行为的伦理精神，可以透过历史现象如实地呈现出来。罗雪尔以"无我"的信念保证他的知识的客观性。国民经济历史学派始祖与兰克对历史学的态度一致(WL 22)。尤其作为虔诚主义的基督新教徒，他认为知识所显示的伦理，它的效力有着神的性质，具有指导现世价值走向的绝对性。一切经济政策背后价值判断的正确性，受着"诫命式"伦理的检验及保证。

直接影响韦伯的不是罗雪尔，而是小罗雪尔四岁的克尼斯(Karl A. Knies, 1821—1898)。克尼斯没有罗雪尔洋溢的才气，但他继承了罗雪尔的基本精神。他坚守的信念也是：历史学派国民经济学是追求有关一个民族经济行为独特性的知识。目的在呈现经济相关的行为，了解一个民族在历史中显示出的伦理精神，并借以作为制定社会政策的价值判断准则。

1853年克尼斯的《立足于历史方法上之政治的经济学》出版。② 克尼斯用"政治的经济学"词汇标示他的经济学继承罗雪尔的传统，是追求德意志伦理精神的经济学，不是"普世性"的经济理论。这本

---

① 政治性(politisch)这概念的相对词，不能说是无政治性(apolitisch)。在罗雪尔当时的情境，他说自己的经济学是政治性的，它的相对词是 cosmopolitisch，即跨国之上的、普世的，指亚当·斯密的理论经济学。参见亨尼斯(Hennis)上引文，第53—60页。

② K. Knies, *Die politische Ökonomie vom Standpunkt der geschichtlichen Methode*, Braunschweig, 1883, 2th. ed.

书成为 19 世纪后半叶的德国经济学教科书。1883 年韦伯进入海德堡大学,上克尼斯的课,当年该书发行第二版。在韦伯传里,夫人马莉安娜追述说,韦伯觉得克尼斯的课枯燥,但却仔细研读该书中的经济学基本概念。① 克尼斯在书中陈述了基本信念:"一个民族的所有经济活动都与该民族其他的生命现象密切关联;若要特别检视经济生活,一定得先有能力掌握住既往实际经验中的真意,盯住整体的脉络,然后才能在整体国民生活发展的地基上,替未来国民经济发展提出一个前瞻性的建议。"② 韦伯在这样的传统中接受教育。知识活动与国家政策两者被视为一体的两面。经济活动里,国家必须站在整体伦理的高度,随时展开干预,不容有放任的、自由的、为经济而经济的片面行为。19 世纪末期,德国历史学派经济学家的信念,仍然如同世纪初期:经验知识在社会政策、经济措施上具有价值指导的客观效力。

跨入 20 世纪的历史学派国民经济学学者施穆勒(G. Schmoller, 1838—1917)奉克尼斯的《立足于历史方法上之政治的经济学》为圭臬。从经验知识与价值判断两者关系的角度而言,他与前人的差异在于,他将知识引导价值判断的信念,更积极地以组织的力量展开其影响力。

1873 年德国刚完成统一建国,他创立"社会政策协会"(Verein für Sozialpolitik)③集结社会科学学者,塑造组织的力量。当时左派社会主义与自由主义都强力批判建国后的政策。施穆勒以该协会的力量推动国家主导的社会主义改革,以釜底抽薪的办法反制左右两翼。1877 年施穆勒又接掌《德意志帝国之立法、行政与国民经济年报》。在他领导下,社会中有关经济政策的舆论都由协会或年报主导着;同时,"社会政策协会"与《德意志帝国之立法、行政与国民经济年

---

① 韦伯夫人追述韦伯大学生活,参见马莉安娜上引书,第 41、71 页。
② 参见 W.亨尼斯上引文。亨尼斯的论点是:克尼斯的政治的国民经济学是一门"政治学"。笔者引述克尼斯的文字出自亨尼斯上引文,第 55 页。
③ 英文名称 German Economic Association,是以经济学家为主要成员的学术协会。

报》也是他用来接近政治核心的工具。他除了在柏林大学担任教授,也是普鲁士国家委员。施穆勒将知识行为与政策方向两者做了紧密的结合。学术与政治被视为一体的传统在施穆勒身上有清楚的实践。

1893年未满30岁的年轻韦伯,首度在"社会政策协会"里报告协会的委托研究:《东易北河农业劳动者之处境》[①]。短期间内所完成的900页的巨作,以其"思虑的丰富以及观点的深刻"震惊协会会员。施穆勒也立即把韦伯推荐给普鲁士政府中负责教育事务的阿尔托夫(F. Althoff)长官。[②] 推荐信显示出施穆勒对学术与政治关系的看法,他说韦伯:"他结合了他的知识以及很合宜的政治立场,普鲁士的爱国主义,毫不追逐如布伦塔诺门生所说的那种英国风,虽然他认真而且全力主张一切健康的社会改革,但其中完全没有社会主义的苦涩杂味。"[③]推荐信里,他强调的是韦伯学术的"政治性"。当时施穆勒领导"社会政策协会"成员,推动以民族伦理为终极判准的社会经济政策。他在韦伯作品里见到伦理判准的运用,也以这样语气写出他的推荐信。

当时施穆勒以及协会会员与年报作者被左派与右派都讥称为"讲席社会主义者"(Kathedersozialisten),认为他们的思想出自学院,自限于象牙塔之中,没有活生生社会真实生命的联系。"讲席社会主义者"这讥词,以负面的语气刻画出学院知识与价值判断合而为一。讥词显示,在社会变迁中,旧传统的信念逐渐失去了与社会的衔接点。施穆勒的努力在讥词对照之下,反映出一个思想史传统末期的状态。

四、韦伯的论点是对传统信念宣战

1904年韦伯接掌《文库》杂志,以"客观性"论文为发刊宣言。他

---

① 原文为 *Die Lage der Landarbeiter im ostelbischen Deutschland*。
② 这段年轻的韦伯在学界崛起的故事,参见马莉安娜上引书,第136页。
③ 参见 Manfred Schön,"Gustav Schmoller und Max Weber",刊于 W. 蒙森、W. 施文特克(W. Mommsen/W. Schwentker)上引书,第84—97页,引文见第90页。

宣示杂志的任务，明确地将经验知识与价值判断区分开来，强调经验知识只提出"是如何"的讯息，无法告诉读者"该如何"。他揭示《文库》杂志将确守这个原则。韦伯的发刊宣言充满了战斗气息。

韦伯撰写这篇论文时，充分地意识到他所在的学术传统。从兰克、德罗伊森、罗雪尔、克尼斯到施穆勒，这些他的师长，师长的师长，以及他们无数的学生构成一个长期的学术社群。他们一贯的信念是：在历史知识里蕴藏着民族的核心价值与终极的伦理精神。历史相关的客观知识会呈现价值判断绝对的准则。然而，他在发刊论文中无畏惧地说道："不断地混淆从科学角度对事实的解说与为评价而做的论理，这是我们这门专业研究工作迄今固然始终流行最广，但也危害最烈的特性之一。"（WL 157）①他用重话"流行最广，危害最烈"描写当时整个社会科学界的传统信念。而且，他的《文库》杂志直接面对的，正是社会科学中领衔的、施穆勒的《德意志帝国之立法、行政与国民经济年报》老牌学术杂志。"客观性"论文显现出韦伯的决心。

韦伯了解这种知识与价值判断的混淆，它源远流长。他在论文一开始就指出德国历史学派国民经济学的"……学术活动，原本就出自国家实际需求，替它制造价值判断的理由，……众所周知，这个情势慢慢改变了"②（WL 148）。韦伯毫无遮掩的文字，显示他完全自觉到他所处的学术传统的问题。传统的学术寄生在国家的需求之上，然而，这些学术却宣称它们的知识有客观性，彰显民族伦理的诫命，指导着政治，其知识活动处于错误的意识中。韦伯勇于拆穿这错误的意识。

尤其是在传统学术里，学者把学术的客观性建立在对神的信仰之上。神是它们知识客观的最后保证，也合理化了其意识。兰克或

---

① 韦伯的原文：Die stete Vermischung wissenschaftlicher Erörterung der Tatsachen und wertender Raisonnements ist eine der zwar noch immer verbreitetsten, aber auch schädlichsten Eigenarten von Arbeiten unseres Faches（WL 157），充满悲壮之气。

② 文字中，韦伯将批判的焦点局限在国民经济学，撇开以政治为内容的历史学不论。这样的做法是精确的，因为本文是替经济学刊物《文库》写发刊词。然而，笔者认为他在文字中礼貌性地提及政治内容的传统历史学，正唤起类比的效果。

罗雪尔,以宗教信仰中的神意,保证研究所呈现的个体性或终极伦理的价值效力。韦伯不接受一切自称知识中具有普遍客观性,或具有"绝对"与"诫命式"伦理价值的看法。这种看法,对韦伯而言正是混淆事实、制造神话,最是他所痛恨。韦伯在"客观性"论文中直言:"只有那些'实定的宗教'(positive Religionen)——谨守教条的教派——才会对文化价值内涵,赋予它绝对有效的伦理诫命的尊严。"①(WL 154)这是他对传统基督教教义之下,文化科学的知识与其中的伦理诫命被赋予尊严、被神圣化的革命性批判。他没有指名基督教,而是泛指包括基督教的实定的宗教。同时他也没有指名兰克、德罗伊森、罗雪尔。但是,将知识视为对神的认知、亲近神的工具,在经验知识里期待窥见神意,深信经验知识里有神所规范的伦理诫命,这些都是兰克、德罗伊森、罗雪尔他们的信念。韦伯上述引言所批判的也就不说自明。韦伯对基督教信仰融入知识活动的大传统做了鲜明的批判。

  他知道人有替目的寻找手段,逻辑思维的特质,同时人又有维持尊严追寻价值理想的意向。人之所以为人,这两种理性与非理性特质合而为一,给学术带来"弱点"。他认为德国传统学术,一直以宗教信仰来掩盖这个"弱点"。② 坦然承认这个"弱点"或者掩盖它,这两者有着天渊之别。他直指历史学派国民经济学的传统说:"对人的弱点的承认,与把国民经济学当作'伦理的'科学来信仰——相信由材料可以制造出理想或运用伦理令式在材料上可以产生规范——,两者差距不可以道里计。"③(WL 151)在"客观性"论文中,韦伯从人之所以为的两个特质出发所展开的论述,表达了他从宗教与制度中衍

---

  ① 韦伯的原文是:Nur positive Religionen-präziser ausgedrückt:dogmatisch gebundene Sekten-vermögen dem Inhalt von Kulturwerten die Diginität unbedingt gültiger ethischer Gebot zu verleihen.

  ② 参见前文第 62 页注①。

  ③ 原文为:Aber von diesem Bekenntnis menschlischer Schwächeist ein weiter Weg bis zu dem Glauben an eine "ethische" Wissenschaft der Nationalökonomie,welche aus ihrem Stoff Ideale oderdurch Anwendung allgemeiner ethischer Imperative auf ihren Stoff konkrete Normen zu produzieren hätte (WL 151-152)。这一段笔者的翻译跳脱字面意义,目的在更清楚地呈现韦伯的语意。

生出的学术传统解脱的决心。

在1904年的"客观性"论文里,他以宣示的信念的方式,背弃德国文化科学的大传统。对此信念,他坚持不已。之后,他与施穆勒在"社会政策协会"展开激烈的价值判断论战(Werturteilsstreit),几乎分裂了协会。同时又因为批判了老师克尼斯,肩负了"弑父"之名。①1904年"客观性"论文第一部分里,他所揭示的论点,确实终生服膺。之后他所提出对知识目的的看法,也全然由此信念引导而出:历史的知识是追求文化意义,而非追求理论或价值准则。价值的抉择、生命的意义以及国家政策的方向都不是经验知识能够指导的。价值判断的课题必须由人们自己面对。回应"客观性"论文开场所说"……情势慢慢改变了"。他描绘自己所处的时代说:"在一个从知识之树取食的文化时代里,必须知道,我们的命运是:不管研究的成果再怎么完备,人无法从彻底研究世事变化里取得意义,意义必须由一个人自己要有能力去创造……"(WL 154)他所见的知识的目的与传统对知识的认知大不相同。他的方法学、理想类型的建构,以及相关的历史研究都建立在这信念之上。

五、从社会变迁角度了解韦伯对经验知识与价值判断所做的区分

韦伯本身不是哲学家。"客观性"论文第一部分里他的方法学底层基础中的信念是哲学性的。② 毫无疑问,他的信念受到尼采(F. Nietzsche,1844—1900)哲学的影响。学术史上难以归类的尼采哲学,不论从生命哲学或存在主义的角度,它都把一切认知归之于生活中的人的观点。③ 尼采强调生命意志的现象,认为一切既有价值都

---

① 参见 M.舍恩(Manfred Schön)上引文,刊于 W. 蒙森、W. 施文特克上引书,第90—94页。
② "客观性"论文第一部分是哲学信念,第二部分是方法学,笔者做此区分。
③ 韦伯"客观性"论文论述的方式一直是以人之所以为人的特质以及其抉择为出发点,有十足的尼采色彩。

必须经由生活中的人,以自己的意向加以评价。宗教信仰中神的概念,历史真理的概念,传统伦理这些既有的,在他的观点主义(Perspektivismus)眼里,都是制造出来,不是真实本身,是必须由生活中的人重新评价的对象。在1886年《善恶的彼岸》书中他说,一切的外在事物,它本身没有规定一定要如何,它没有提出心理学上的约束,也不存在因果现象。"那是我们,那个把原因、先后、彼此、相对性、必要性、数目、法则、自由、理由、目的等编造出来的,是我们自己;如果我们把一个描绘出的世界当成'物自身'混入编造中,那么我们就又做一次我们一直做的神话一样的事。"①"描绘出的世界"包括一切市民阶层的世界观,他们的历史叙述。这些对他而言,都不是真实本身。"描绘出的世界"中所蕴含的价值不能视为理所当然。一切必须回归到生活中人们自己的理解与决定。②

韦伯研究专家沃尔伏冈·蒙森(Wolfgang Mommsen)认为,早在1895年弗莱堡大学就职演说中,韦伯就有否定历史中有一个客观价值的倾向。③ 他认为,韦伯受尼采的影响很早就存在,观点主义的信念在1895年之后,一直都有迹可循。韦伯借着尼采的哲学,坚信在社会生活里意识到的多元价值;也坚信学术活动无法替社会生活中的人们提出任何客观的终极价值,它的活动有另外的领域与目的。1904年在"客观性"论文中知识与价值判断的区分论点爆发出来之

---

① 这一段具有代表性的引文出自 F. Nietzsche, *Jenseits von Gut und Böse*, Leipzig 1886, S.21。

② 市民阶层(资产阶级)在19世纪末一方面受左翼马克思社会主义思潮冲击,另一方面又受崇尚古典贵族人格的尼采思想的批判,两者共同之处在于它们都否定奠基于基督教文化的市民阶层的价值观。马莉安娜在《马克斯·韦伯:一生的绘像》里描写韦伯接触尼采思想时,强调了市民阶层陷入危机时的两个思潮。参见该书第333—339页。

③ 李凯尔特价值哲学中,认为历史里有"客观的文化价值"(objektive Kulturwerte)存在,这是韦伯接受李凯尔特价值哲学时所舍弃的部分。韦伯早年就从尼采哲学里接受了价值多元观,以及相信价值是生活中的人主观建构的。在这个基础上,他自然无法接受30岁之后才接触到的李凯尔特提出的客观的文化价值。有关韦伯与尼采及李凯尔特,参见 Wolfgang Mommsen, *Max Weber. Gesellschaft, Politik und Geschichte*, Surkamp Frankfurt a. M.,1974,pp.212—217。韦伯夫人在《马克斯·韦伯,一生的绘像》中追述,1893年韦伯接受弗莱堡大学教职后,她自己在学校听李凯尔特的课,韦伯通过夫人接触到李凯尔特的文化哲学。

后,他的立场终生未曾改变。①

韦伯"客观性"论文中方法学的哲学基础——世界观——来自尼采。指出这个韦伯的思想渊源,并不足以充分解释何以韦伯背离一个思想史的大传统。笔者认为韦伯作为一位学者,他处在社会变迁里,是社会变迁的一部分。从社会变迁的角度我们可以对韦伯"客观性"论文中哲学论点的出现有更多的了解。

韦伯在文章一开始就说,德国的"……学术活动,原本就出自国家实际需求,替它制造价值判断的理由,众所周知,这个情势慢慢改变了"。我们可以看到韦伯的直率:在他心中,德国的经验知识其实自始就没有"指导"国家政治。如兰克、德罗伊森、罗雪尔等学者所相信历史中的理念或伦理是国家政治的指导,在他看来那些都是错误的意识,它们颠倒了本末。事实是,如韦伯所说,这些学者只是在替国家"制造价值判断的理由"。暂且不论本末究竟如何,他认为社会情势改变了,昔日学术与价值判断合一的状态无法再继续下去。这句引言里韦伯一笔带过的"情势改变",所涉及的就是社会的变迁。社会变迁使得旧的学者的意识无法再继续下去。笔者认为,林格(F. Ringer)1969年出版的《德国士大夫的没落:德国学术社群,1890—1933》②替所谓的"情势改变"做了最切身的诠释。

林格借用传统中国士人阶层与王室共享政权的模式,叙述德国统一之前,以普鲁士为首改革运动中形成的教育阶层文化精英。如同传统中国士官合一,儒学伦理与政治权力结合,林格认为德国教育阶层与普鲁士国家也全然合而为一。他用韦伯的概念,认为德国的这个教育阶层可以用"士大夫"理想型的逻辑框架来了解。③ 林格在书中描写这些"德国士大夫"在18世纪里兴起的原初状态,并凸显在

---

① 参见 W. 蒙森(Wolfgang Mommsen)上引书,第 210—211 页。
② Fritz K. Ringer, *The Decline of the German Mandarins. The German Academic Community*, *1890-1933*, Cambridge, Mass., 1969. 本文引用克劳斯·拉尔曼(Klaus Laermann)翻译的德文译本 *Die Gelehrten. Der Niedergang der deutschenMandarine. 1890-1933*, Stuttgart, 1983。
③ 林格在其上引书第一章之前的导言以"士大夫的类型"为标题,仿效韦伯理想型的方法学将德国 18、19 世纪学术社群定义为德国士大夫社群。

19世纪急速工业化带来的社会变迁中,他们失去原先优势的政治经济客观条件。到了1890年到1933年期间,危机意识下保守的德国士大夫,特别在魏玛共和国时期,他们走入了纳粹意识形态的方向。这本书属于二战后反省纳粹崛起历史原因的先驱作品。它分析德国学界在20世纪初的思想趋势,显示学界如何集体走向非理性、保守的场域。虽然这本书解释的是20世纪30年代纳粹何以获取政权。但是,他解释的大框架有助于我们了解韦伯1904年"客观性"论文论点的出现。

林格的书对我们有助益之处,在于他描述受教育知识阶层的崛起。腓特烈大帝(即腓特烈二世)在长期执政期间,逐渐地打造出一个全然服从的文官组织,不断地减少其中原有的贵族成员,提拔秀异知识平民担任文官。形成的新文官组织排除了封建特权与贪腐传统,也排除了贵族透过全欧联姻而有的跨国意识。新文官的效率、服从与对德意志文化的忠诚,使腓特烈的普鲁士王朝成为一个主权明确、有近代性质的国家。林格指出,到了18世纪末年,普鲁士的文官几乎已经全部出自哈勒大学。① 基督新教,尤其是虔诚主义的新教教派,把教育视为人们获得救赎的潜力。这些新教牧师、神职人员的子弟,与人文主义倾向的学者,都融入了有强烈知识性的新文官组织中。林格的研究指出,从1790年到1820年,这趋势更以制度化的方式确定下来。各级文官专业考试制度,升迁与考核准则,都落实在法律条文中。普鲁士地区的大学在1817年之后统一归属政府的"神职、教学与医学事务部"管辖,②同时,大学也肩负执行文官国家考试的大部分责任。大学与国家公职人员互通,彼此紧密结合。

---

① 参见林格上引书,第25页。1694年创立的哈勒大学在18世纪里扮演德意志知识精英摇篮的重要角色。
② 1825年兰克从任职的中学申请转往研究职位时,他将新出版的著作《罗曼与日耳曼族群史1494—1514》送给神职、教学与医学事务部部长及司长,在附带的信中他提出研究职位的请求。该"申请案"由政府中负责教学的部门处理。最后兰克在柏林、哈勒、波恩等普鲁士大学中选择柏林大学。他的教职不是向柏林大学申请,更不是向该大学的哲学学院提出,而是向政府官员提出。之后他的移地研究经费、请假,以及升迁都是由政府的神职、教学与医学事务部长官决定。参见李孝迁、胡昌智上引书,第37—72页。

林格描述知识阶层在政治上的崛起，提供了我们了解18世纪德国意识形态的基础。他们一方面替普鲁士国家制造价值判断的理论，同时也替他们自己制造参与政治权力的理由。"文化"(Kultur)的概念被提出，用来贬抑贵族以及英国、法国经济力量的优势，衬托出他们只重视物质的"文明"(Zivilisation)。"文化"是18世纪与19世纪交替之际，德国知识阶层创造出的最当红的概念。① "文化"有德意志精神价值的内涵，且有"物自身"(an-sich)性质，其客观存在不容置疑。"文化"的概念是教育知识阶层的意识形态，是他们参政的武器，因为教育阶层是文化的肩负者，德意志精神附着在他们身上。同样地，以"个体性"(Individualität)概念以及以理念(Ideen)解释历史，并赋予它们客观性，成为有诫命尊严的民族伦理，它们所构成的澎湃的历史主义史学，也提升并确保知识阶层的社会地位。经验知识与价值判断合而为一这个思想传统，正是这德国士大夫意识形态的一环。林格对德国知识阶层崛起的叙述，提供了我们对这些思想传统的了解。而这些思想在19世纪后期激烈的社会变迁中陷入了危机。②

德国建国之后，工业化急速展开。林格描绘1890年与1900年间，工厂在德国如雨后的春笋，纷纷从地表冒出。它们所属的那些大财团拥有无比的经济力。重工业与轻工业分别组成协会，并垂直联结。工人势力相对应地也兴起，组织工会。工会成员1900年有100万人，到1910年就增加了一倍。传统大地主容克(Junker)在1893年也成立"地主协会"捍卫自己的利益。商人与工匠师傅组织，传统上，他们的利益由知识阶层代言，此时也开始自行走向政治舞台。而

---

① 汉斯-奥托·迪尔(Hans-Otto Dill)从人类学的角度讨论文化与文明两个相对概念的缘起、产生的社会背景、社会功能，并以德国历史作为范例。笔者认为清末中文世界中道与器对立概念的出现，在迪尔的论点下也获得解释。参见 Hans-Otto Dill, "Kultur vs. Zivilisation—Genesis zweier anthropologischer Grundbegriffe, Vortrag im plenum dei Leibniz-Sozietät der Wissenschaften am 10. März 2011", 刊于 *Sitzungsberichte der Leibnitz-Sozietät der Wissenschaft zu Berlin*, III(2011), pp.131 – 158.

② 林格在其著作第六章"论学术危机的新生命 1890—1920"里讨论韦伯在危机时代里拒斥了延续着传统思维的李凯尔特的客观文化价值理论，接受尼采哲学。参见林格上引书，第300—303页。

文官体系,在群起的社会力量之下,它作为国家骨干的角色被相对化了。① 当社会现象变得广大而且强有力时,政府行政成了整个社会系统中的一环。而且,林格强调,文官体系在德国 1871 年统一后注入了俾斯麦首相出身的阶层——大地主阶层——的成员,它本身不再具有代表全民族的性质,很明显,它带有农业利益的色彩。原本替国家文化与价值准则定调的知识阶层,在社会的多元状态下,逐渐出现游离现象。而且,教育机构本身也多元化,实业大学、工业学校、职业学校纷纷成立。知识阶层的多样化,让他们失去附着于文官体系的必要性。知识阶层与国家行政两者在传统中紧密的结合,逐渐地崩解。

施穆勒于 1873 年创立"社会政策协会",1877 年又接掌《德意志帝国之立法、行政与国民经济年报》。在协会内部分歧状况下,他努力地营造学界一致性的假象,②持续要维持着如同有内在一致性的传统士大夫群体,增强对文官体系与国家的影响力。在林格《德国士大夫的没落:德国学术社群,1890—1933》的对照下,我们看见这努力像是士大夫最后的挣扎。而韦伯 1904 年"客观性"论文表现出出自内心的自省。他所说"对'事实性科学的说明'与'评价性的论理'之经常混淆,乃是我们这门专业研究工作迄今固然始终流行最广,但也危害最烈的特性之一",是对施穆勒努力的一记痛击,也是背离德意志思想传统、从意识形态中解放出来的开端。在这革命性的信念上,他重新定义经验知识的目的,同时提出方法学上研究工具——"理想型"。

作者简介:胡昌智,华东师范大学世界历史研究院兼职教授。

---

① 参见林格上引书,第一章第三小节,第 47—61 页"机器与'群众'的兴起 1890—1918"。
② 有关"社会政策协会"内部的矛盾:传统历史学派、自由主义及理论经济学派各据立场,面对大财团、国家、地主及其他利益集团与伦理集团的冲突,参见 Eberhard Demm, *Max und Alfred Weber in Verein für Sozialpolitik*,刊于 W. 蒙森、W. 施文特克上引书,第 119—136 页。

历史书写的"真"

张 耕 华

内容摘要:历史书写的"真",可以有两个视角的讨论:一是讨论知识产品是否能"真",二是认识方法能否帮助我们获得"真"。前者讨论的是史实之"真"与叙事之"真"。其实,"真"的本质就是符合说的一致认可,只是大家习惯于符合说而已;而叙事之"真"是历史书写的底线,至于其是非高下之别,只能在"善"和"美"的层次上做比较。后者讨论的是理解与解释,学界也有不同的看法。就方法的效果而言,理解所得的"真"太过个体化;而解释之"真",取决于解释的工具是否可靠,工具不可靠,就会犯"强史就我"的错误。

关键词:史实之"真" 理解之"真" 解释之"真" 叙事之"真"

本文所说的历史书写,就是通常所说的历史著述,如史学论文、论著、历史教材、历史类的通俗读物的撰写。历史著述的撰写,要用各种历史的素材,如有关人物史事的陈述,有关史事的理解、解释和评价等。这些素材的取用,总以"真"为选材的标准。通常认为,历史书写与文学创作不同:前者选用的素材要"真实",后者则可以是"虚构"。本文想要讨论的是:历史书写的素材,何以称它是"真"?它究竟是不是"真"?我们如何知道它是"真"?

一、史实之"真"

历史书写中最基本的素材,就是有关人物、事件发生的时间、地

点等单个史实的陈述。此类书写,大都用日常用语来表达,故下面的讨论,也从日常生活中的事例开始:

在日常的交流中,当我们说"真"或这是"真"的时候,这个"真"是指什么,通常无须说明而彼此明白。比如,同学聚会,同桌甲见到我便说:"大三那个学年,你还真'跳忠字舞'了。"(下文简称 a 句)那时,考试分"优、良、中、及格、不及格"五等,得个"中",同学便戏称"跳中字舞"("忠"与"中"谐音)。我笑着说:"真是!真是!(下文简称 b 句)你的记性真好!"(下文简称 c 句)同桌乙也说:"真是!真是!(下文简称 d 句)不错!不错!(下文简称 e 句)。"在这些话语中,a、b 句中的"真",表示那件史实的确实发生,指史实的"真";虽然它也带有"我记得"那种含义,但言说的重心是肯定史实的确实发生。c 句、e 句中的"真",指记忆的"真",即通常所说的历史认识之"真"(历史记忆与历史认识自不可相提并论,但此处不加讨论,暂且混为一谈);虽然它也有"那事确实发生"的含义,但言说的重心是在肯定记忆的不误。而 d 句的"真",既可指史实的"真",也可指记忆的"真",即使混淆,也不会引起误解。之所以如此,那是因为言说双方所使用的概念术语都是大家习惯通用的。这时候,当我们肯定记忆是"真",也就肯定了史实是"真";而某个记忆之所以称之为"真",也是因为大家都认为它"符合"史实。这就是"真"的符合说。如果你在这时想对同学论说"真"还有融贯说,说"真"其实只是我们的一致认可、一致同意,他们就会感到不可理解,甚至怀疑这么说的目的是要想否认那个"跳忠字舞"的事实。

回到历史著述里,如"秦始皇死于公元前 210 年 7 月的某一天""鸦片战争爆发于 1840 年"等陈述,我们通常是用"真"的符合说来肯定它的。换言之,不是因为我们意见一致才说它是"真",而是因为它符合史实才说它是"真"。那么,我们能不能说"秦始皇死于某某年"的"真",只是我们大家的意见相同、一致认可呢?这自然不是想否认"秦始皇的死",而是想探究一下,为什么"真"也可以解读为我们的意见一致。

如果我们想推究"秦始皇是否死于公元前210年7月的某一天",那么,首先要有一个对"死亡"的确切的界定。什么才算"死亡"?这在今天已有好几种界定法,似乎都不太完满:"呼吸停止"说,但抢救之后"缓过气"来的事例不在少数;"心脏停止跳动"说,但经过抢救,也有好多人又重新恢复了心跳;有一种叫"脑死亡"说,说只有"脑死亡"才算是真正的"死亡",但"脑死亡"者的心脏仍在跳动,并不能径直宣布他已死亡。于是我们就要追问,说"秦始皇死于公元前210年7月的某一天",究竟是按"呼吸停止"说、"心脏停止跳动"说,还是按照"脑死亡"法所下的断言?因为不同的界定,有不同的时间节点,有不同的相"符合"的史实。还有一种说法:死亡是一个过程,有些甚至是一个很缓慢的过程。如按"死亡是过程"的界定法去描述某人的"死亡"史实,那么只能表述为"某甲从公元前210年7月某一天开始一直死到7月某一天"。这是否就是符合史实之"真"呢?如果这才是"真",历史书写应当以这样的方式来陈述史事,那么历史著述的书写怎么能完成?即使书写完了,恐怕读者也难以卒读。

　　当然,上述情况,在实际的历史写作中是不会出现的,因为我们对"什么才算死亡"有约定成俗的说法,没人会推究秦始皇究竟是死于"呼吸停止","心脏停止跳动了",还是"脑死亡"了。然而,这也让我们看到事情的另一面:当我们大家都认可"秦始皇死于公元前210年7月某一天"时,我们使用了一种简捷有效但难免有些粗暴的方法化解了问题。这就是李凯尔特所说:"与现实本身相比,认识总是一种简化。"①关于秦始皇的死,我们使用了大家一致公认的概念术语在陈述它,至于它是否"真"的符合史实,实在无法验证。

　　在历史书写中,也有一些史事,大家一时还没有达成一致认可的处理办法,只能两说(或多说)并存。比如,有关秦朝的灭亡年代,我

---

① 〔美〕H.李凯尔特:《文化科学和自然科学》,涂纪亮译,商务印书馆2000年版,第30页。

们在中学教科书中会看到二种不同的写法：①一种是完全按照公元纪年来书写，将秦之灭亡写在公元前 207 年，因为秦二世的三年换算成公元，是公元前 207 年，整个这一年内发生的史事，都算在这一年内。另一种是按公元纪年又兼顾古人岁首的方法来书写，将秦之灭亡写在公元前 206 年，因为秦历以十月为岁首（一年的第一个月），二世三年到九月底为止，十月岁首已进入新的一年，故写为公元前 206 年。同一个时间节点之所以有两种不同的写法，那是因为彼此使用的是不同的纪年方式，两者都符合大家心目中的"真"。这样的讨论当然不是想否认"秦朝灭亡"的史实，而是想说明某一史事的陈述之所以被称为"真"，不仅在于它"符合"史实，还在于书写者使用了大家普遍使用的、一致共享的概念术语。

总之，无论是日常生活的交流，还是历史的书写，关于单个史实的素材，只要大家使用的概念、术语是共同一致的，大家在认识上就不会出现分歧，大家也很自然地把它称之为"真"判断。这里所说的"真"，就是符合史实，就是"真"的符合说。这样的处理，不仅易于理解，也有实际的必要。这是因为"真"的"符合论"几乎同我们是与生俱来，它根深蒂固地融化在我们生活的每一件事中。倘若每一件事都重新来做"一致认可"的解读，我们的日常生活岂不大乱！这就是金岳霖所说的："常识中的真最为基本，也最为重要"，"常识虽可以为我们所批评，然而它不能为我们所完全推翻。"②关于历史书写之"真"的讨论，不管如何深入，总不能与常识相悖。史学界有一种说法，认为只有史实的考证才能经久不变，具有永恒的价值。按上文的分析，此类陈述或判断之所以能经久不变而有永恒的价值，原因不在于它是否"符合"史实，而在于陈述或判断所用的概念、术语是广泛而

---

① 如果历史书写的纪年，只写到年而不写月，那么，有关秦朝灭亡的年代，就有公元前 207 年（参见瞿林东、叶小兵主编：《义务教育教科书·中国历史七年级上册》，人民教育出版社 2017 年版，第 49、99 页）和公元前 206 年（参见苏智良主编：《九年义务教育课本·中国历史七年级》，华东师范大学出版社 2006 年版，第 50、173 页）两种写法，粗一看相差一年，还以为是刊误或误写了。

② 金岳霖：《知识论》，商务印书馆 1996 年版，第 907、952 页。

持久不变地为我们所通用。概念、术语一旦经久不变地为人们所使用,我们就会产生一种错觉,即感觉不到它的存在,也体会不到它在我们认知活动中的作用(如同我们感觉不到"空气"的存在及其重要性一样)。于是,我们自以为是在一种"无我之境"的状态下反映着史实,我们相信,陈述或判断的"真",就是"符合"史实的"真"。

有关史实的历史素材,有些偏重于对史实本身的肯定,有些在肯定史实的同时,又掺入了对史实本质、影响、意义的评价。只要涉及后者,大家选用的概念术语就会出现差异。比如:《资治通鉴》写某年某月"诸葛亮入寇",这是因为司马光以"魏"为正统,书写为"入寇",符合司马光眼中的"真"史实。然而,朱熹读到这样的书写便感到不满、不"真"。朱熹视"蜀"为正统,他批评司马光是"冠履倒置,何以示训?"故他的《通鉴纲目》改书为"诸葛亮入关中",这样书写才是他眼中之"真"史实。朱熹撰史,主张春秋笔法。《通鉴纲目》写"某官某人卒",那是表示好官某某死了;写"某人卒",那是表示坏人某某死了;写"某官某罢",那是表示此人原不配做这个官,朝廷罢免正当;写"罢某官某某",那是表示此人配做此官,朝廷罢之是乱命。某某死了,这是容易达成共识书写一致的;而他是好人还是坏人则不易达成共识,也不易书写一致;某某罢官了,这也是容易达成共识书写一致的,但他该不该罢官却不易达成共识、不易书写一致。虽然书写的是同一件史事,但各人眼中的"真"是不同的;彼此没有共通一致的概念术语;即使使用了相同的名词术语,其含义也会大相径庭。

二、理解之"真"

要书写历史,首先得理解历史、读懂历史;否则"以其昏昏,使人昭昭",历史如何写得明白呢?然而,如何才算是理解历史、读懂历史呢?

说到理解或读懂历史,论者常引用陈寅恪的一段话,陈氏说:"寅恪侨寓香港,值太平洋之战,扶疾入国,归正首丘……回忆前在绝岛,苍黄逃死之际,取一巾箱坊本《建炎以来系年要录》,抱持诵读。其忻京围困屈降诸卷,所述人事利害之回环,国论是非之纷错,殆极世态诡变之至奇。然其中颇复有不甚可解者,乃取当日身历目睹之事,以相印证,则忽豁然心通意会。平生读史凡四十年,从无似此亲切有味之快感,而死亡饥饿之苦,遂亦置诸度量之外矣。"①陈氏的《陈述辽史补注序》跋又云:"辛巳冬无意中于书肆廉价买得此书。不数日而世界大战起,于万国兵戈饥寒疾病之中,以此书消日,遂匆匆读一过。昔日家藏殿本及学校所藏之本虽远胜于此本之讹脱,然当时读此书犹是太平之世,故不及今日读此之亲切有味也。"②

读这两段话,我们知道,南宋史家李心传的《建炎以来系年要录》,陈氏在早年已经读过一遍,但尚有"不甚可解者"。直到太平洋战争爆发,往来于大陆与香港间,以自身经历及目睹之现状与书上所述"忻京围困屈降诸卷"相印证,他方才"豁然心通意会",获得了读史的"真"理解。由"不甚可解"到"豁然心通意会",陈氏不是借助训诂、注疏的方法,而是通过古事今事的类比推理来达到。今天,如果我们也来读《建炎以来系年要录》,并以陈氏的论述为理解的参照,是否能像陈氏那样对"忻京围困屈降诸卷,所述人事利害之回环,国论是非之纷错,殆极世态诡变之至奇"获得"豁然心通意会"而有"亲切有味之快感"呢? 恐怕很难。这不是训诂、注疏上的困难,而是我们缺乏类似的"身历目睹"的经历以资印证。这似乎表明,前人、旁人的"真"理解,并不能在阅读之后转化为你我的"真"理解,正像李心传的书写不能为早年的陈氏所"真"理解一样。

历史学家布洛赫曾说:"我多次读过或叙述、描绘过战争,可在我亲身经历可怕而令人厌恶的战争之前,我又是否真正懂得'战争'一词的全部含义呢?军队被包围,国家遭惨败,究竟意味着什么呢?在我亲身感受到1918年夏秋胜利的喜悦之前,我是否真正理解'胜利'

---

① 陈寅恪:《金明馆丛稿二编》,上海古籍出版社1980年版,第234页。
② 陈寅恪:《讲义及杂稿》,生活·读书·新知三联书店2002年版,第445页。

这个美好的词所包含的全部意义呢？"①布洛赫的这段话，见之于他的《历史学家的技艺》一书，当时他正在法国参加抵抗组织，字里行间弥漫着他对胜利的渴望和期盼。古人云："纸上得来终觉浅，绝知此事要躬行。"特殊的境遇，促成了他对史事有新的体会、新的理解；故而对自己此前的历史书写产生了怀疑——在此之前，"我又是否真正懂得'战争'一词的全部含义呢"。如果布洛赫最终能走出集中营，再来写一本有关战争和胜利的史学著作，那么后者一定与前者大不相同。这或许表明，历史的理解之"真"，是随着作者自身的经历而不断地更新。这岂不成了"昨日是而今日非"，或"今日是而后日又非"？历史的"真"理解似乎只能处于一种未完成态。

说到对历史的"真"理解，陈寅恪还有一段话也常见引用，陈氏说："凡著中国古代哲学史者，其对于古人之学说，应具了解之同情，方可下笔。盖古人著书立说，皆有所为而发。故其所处之环境，所受之背景，非完全明了，则其学说不易评论。而古代哲学家去今数千年，其时代之真相，极难推知。吾人今日可依据之材料，仅为当时所遗存最小之一部，欲藉此残余断片，以窥测其全部结构，必须备艺术家欣赏古代绘画雕刻之眼光及精神，然后古人立说之用意与对象，始可以真了解。所谓真了解者，必神游冥想，与立说之古人，处于同一境界，而对于其持论所以不得不如是之苦心孤诣，表一种之同情，始能批评其学说之是非得失，而无隔阂肤廓之论。"②

此段话见之于《冯友兰〈中国哲学史〉审查报告》，按字面来理解，那是就中国哲学史、思想史一类的研究而言的。陈氏认为："所谓真了解者，必神游冥想，与立说之古人，处于同一境界。"我们不妨追问：对哲学史、思想史资料的理解，能否达到"神游冥想""与立说之古人，处于同一境界"呢？比如，研究朱熹思想中的"理"，我一边需要阅读他留下的各种文字资料，一边开动我的思维工具——

---

① 〔法〕马克·布洛赫：《历史学家的技艺》，张和声、程郁译，上海社会科学院出版社1992年版，第36—37页。
② 陈寅恪：《金明馆丛稿二编》，第247页。

我慢慢理解到朱熹的"理"有多方面的含义：一、理是先于自然现象和社会现象的形而上者。二、理是万事万物的规律。三、理是伦理道德的基本准则。为了使自己（他人）明白资料的含义，我必须使用"形而上""规律""基本准则"等现代人的概念术语。使用了这些现代的概念术语，还能不能说是"与立说之古人，处于同一境界"？如果回答是否定的，那么，在哲学史、思想史的研究领域，要"与立说之古人，处于同一境界"，就必须将我的头脑中的理论、概念、术语全都"清除""归零"，然而清除了这些概念术语，也就清除了我的思维能力，我就无法开动我的思维工具去理解朱熹的概念术语。上述分析如果不误，那么哲学史、思想史要成为一门可读、可讲、可理解的学问，终离不开我们用今日通行的概念术语对它进行诠释解读，而不是用设身处地的方法去体验理解。这也表明，在历史学中，理解方法的使用自有它一定的限度。

总之，历史理解之"真"，往往只是此时此刻此人之"真"，难以成为普遍共享、一致公认的"真"；即使你自以为与古人处于同一境界而达到了"真"理解，那也是你一时的判断，稍后时过境迁，或遭遇另一番刺激，你就会有新的感受、新的体会，你会发现以前的理解并不"真"，这会儿才达到了理解之"真"。而此所谓认为的"真"理解，是否与古人之"真"相符合，实在无从验证。对此，何兆武有一个解释，他说："人文科学（历史学）认识的主体（人）是要了解人自己的思想和活动（历史），这种了解彻头彻尾受到他自己的生活体验、心灵感受和价值观的制约的。""如果他是积极进取的，他所描绘的历史图象也必然是美妙动人的；如果他是消极悲观的，则他所描绘的历史图象也必然是阴暗惨淡的。"[①]然而，如果每个人都根据他自己的境遇去体验历史，或从他所处的位置去阐释历史，这难道不是把历史真实性消解在感知的多元性之中吗？如果每个人都赋予历史一个意义，那么何来历史的唯一意义？众多的意义与众多的观察者和众多的阶级联系在

---

① 何兆武："对历史学的若干反思"，《史学理论研究》，1996年第2期，第39、40页。

一起,那么某一种阐释或某一种感知的真实性建立在什么之上？这是法国哲学家雷蒙·阿隆的问题。① 另一位学者亨佩尔在"普遍规律在历史中的作用"一文中对理解与解释做过比较,他不否认历史认识活动中也有"移情的方法",但他认为"解释方法"可以比"移情方法"做得"更出色""更可靠"。② 事实是否像亨佩尔所说？这就需要讨论一下历史解释的"真"。

三、解释之"真"

解释一词,在历史学中有两种含义:广义的解释,包括训诂、注疏一类的研究;狭义的解释主要是说明历史的因果关系。本节主要讨论后一类情况,即面对众多的历史因果解释的成果,我们如何鉴别它们的"真"。

一进入历史的因果解释,你便会发现,历史原因的解释实在是没有边际。比如,1851年起事的太平天国,仅十余年就遭覆灭。近百年来,有关它覆灭原因的探讨,几乎已是题无剩义。然而,近来有学者又找出一个新原因,他说:太平天国对科举制度的改革"使太平天国不仅没有网罗到栋梁之才,还遭到了当时文人士子的强烈反对和抵制,成为太平天国最后覆灭的又一重要原因。"③说这是"又一重要原因",可见前此的研讨,已经提出了许许多多的原因。如果科举制度的改革失误确是太平天国最后覆灭的"又一重要原因";那么与之类似的原因似乎可以找出许许多多:如它的后宫制度、男女别营、婚姻制度、法律制度、礼仪制度、文书制度,等等等等;只要与天国的覆灭有关(不管是直接、间接,或是间接又间接),我们是否都该承认它

---

① 参见〔法〕雷蒙·阿隆著、〔法〕西尔维·梅祖尔编注:《论治史:法兰西学院课程》,冯学俊、吴泓缈译,生活·读书·新知三联书店2003年版,第119、115页。
② 参见〔美〕亨佩尔:"普遍规律在历史中的作用",载何兆武主编:《历史理论与史学理论》,商务印书馆1999年版,第870页。
③ 华强、马洪涛:"太平天国科举制度是太平天国覆灭的原因之一",《探索与争鸣》,2007年第9期,第79页。

(们)是"真"原因？这种横向的原因追寻,哪里才是它的边际？又如,关于工业革命的起因,也有过各种各样的解释。罗素的解释略带嘲讽,却不无道理,他说:"工业制度缘自现代科学,现代科学缘自伽利略,伽利略缘自哥白尼,哥白尼缘自文艺复兴,文艺复兴缘自君士坦丁堡的陷落,君士坦丁堡的陷落缘自突厥人移民,突厥人移民则缘自中亚的干燥。因而,寻求历史原因的根本在于研究水文地理学。"① 在这里,原因的原因还是原因,纵向的因果追踪也是茫无边际。难怪英国学者詹京斯要有所质疑,他说:"为了要令人满意地分析1789年事件的必要和充分原因,需要回溯到什么时候？需要谈到多远呢？"② 既然原因之原因也是原因,那么,我们总是可以用前一个原因解释后一个原因。这样的追踪解释,哪里是它的边际？

文学名著《悲惨世界》的主人公冉·阿让,为了不让他姐姐和侄儿遭受饥饿的折磨而偷了一片面包,被捕入狱；又因几次越狱加刑,在监狱内服苦役十九年。作者雨果想要告诉读者的是,造成冉·阿让悲惨命运的原因,既不是他的偷窃面包,也不是他的几次越狱,而是那个罪孽深重的法国社会以及它一系列不合理的政治制度等。如果一位辩护律师以这样的方式去为偷窃者做辩护,那他一定会被轰出法庭。显然,文学的原因不是法学的原因；不同学科,各有属于它们自己的(学科)原因。在这里,史学与文学相似。它们对因果关系的解释大都是推论,虽然它也列出了许多史实作为依据。

或说历史因果关系的解释,应该在因果律之下找"真"原因。凡事都有因果关系,但有因果关系不等于有因果律；若能找到历史的因果律,就能避免因果追寻上的茫无边际。然而,历史因果律的提炼也有特殊的困难。阿克顿的名言"权力使人腐化,绝对权力使人绝对腐化",说的是权力与腐化间的因果关系。如果我们想进一步将它提炼为因果律,那就要辨析"权力"与"腐化"之间有哪些因果项,如权力过

---

① 转引自〔英〕尼尔·弗格森:《未曾发生的历史》,丁进译,江苏人民出版社2001年版,序言第19页。

② 〔英〕凯斯·詹京斯:《历史的再思考》,贾士蘅译,台北麦田出版社2006年版,第166页。

于集中、监督机制缺乏、个人道德修养的败坏、思想品行以及社会的一般状况等,它们都可能是导致腐化的条件。但是,哪些是必要的条件?哪些是充分条件?这些条件如何界定:何谓权力过于集中了?监督机制之缺乏达到何种程度会腐败丛生?我们都难以清晰地厘定,难以对条件项做出确定性的界定。有时,缺少某一、两个条件,或者某一、两个条件极度的发展,某一现象(腐化)也会产生;有时各种条件似乎已经具备,但某一现象却并不出现。正如有学者说:"与许多自然领域不同,社会有机体的演变具有自己明显的特点,这就是社会演变的进程不决定于初始条件,社会更多地决定于机遇、环境和相互作用的即时状况所作出的选择。这植根于社会行动者——人的能动性和创造性。"①说历史演变"不决定于初始条件",自不能误解为不要"初始条件",但"初始条件"具备之后,其如何演变常常需要由"机遇、环境和相互作用"。这就限制了提取历史因果律的可能性。

不能提取出清晰的因果律,也给历史理论命题的检验带来麻烦。我们知道,一个论断要能通过检验,论断本身必须是清晰和确定的。否则,检验就无从下手。比如,有人说"水在很冷很冷的情况下会结冰",这个论断就难以验证,因为论断没有清晰和确定地告诉我们如何才算是"很冷很冷"。这就是我们生活中的常识之"真"。对于这一类"真",我们往往是依据事态的结果来推断它的原因——看到水结冰了,那必定是"很冷很冷"了;看到水还没有结冰,那一定还未达到"很冷很冷"。一般说来,历史的因果关系大都属于这一种情况。如上文所引的"权力使人腐化,绝对权力使人绝对腐化"这一条因果关系,理论陈述本身是不清晰的,它既没有列出导致腐败的条件项,也没有对条件项做出清晰和确定的界定,更不用说确定"权力"导致"腐败"的临界点,我们只能依据结果来推论它的原因。又如"生产力的发展最终会引起生产关系的变革",也是我们经常运用的一个因果命题。但什么是生产力的发展?生产力发展到什么水平、什么程度会

---

① 王锐生、陈荷清等:《社会哲学导论》,人民出版社1994年版,第184页。

引起生产关系的变革？命题本身并没有给出确定的、可操作性的界定。于是,我们便用"最终"两字来"等待"结果的出现。这样的因果命题很容易通过我们的"检验",它通常有两种方式:其一,凡是生产关系变革了,我们便说这是生产力发展的结果;其二,凡是生产关系还未变革,我们便说是生产力发展水平、程度还不够。运用第一种方式,我们可以从结果来推断原因,可以从古今中外的历史中,举出大量生产关系改变的史实来为命题做佐证。运用第二种方式,我们借助"等待"的托词来应对任何对命题的质疑和诘难。通常的做法当然是两种方式的交替使用或相辅相成,这也给历史学者造成了错觉,似乎因果命题已经通过了史实的验证。其实,这种验证的有效性是非常有限的,也难以令人信服地证明它是"真"。

或说历史因果的解释,不是罗列原因,而是找出主要原因、根本原因,或最终原因。确实,历史学中的因果分析,更多的是辨析原因(条件)的深浅、远近、轻重、主次等差异。这也是历史因果研究的特有问题,自然科学的因果分析不存在这类问题。比如,关于水的形态变化的因果式,可以表述为:液态之水,在具备了 C_1、C_2、C_3……Cn 条件,就会转变了 E(固态,或气态)。如果这里的 C_1 是指温度,C_2 是指压强,那么就导致某一结果 E 而言,这里的 C_1、C_2、C_3…… 都是同等重要的,没有轻重、主次的差异,也不能区分出根本、最终的原因,也不存在原因之原因仍是原因的问题。但在历史原因的书写时,情况正好相反。从学术史的角度来说,历史因果关系的研究,往往会按照强弱、主次、深浅等原因的梳理辨析来不断推陈出新。

然后,即使罗列了许多史实为证据,有关因果关系中主次、轻重等原因的判断,总是与判断者的角度、立场而因人而异。科林伍德曾以"汽车在某处转弯时撞上街沿翻车事故"为例,列举不同的角度如何判断事故之原因的:从司机的角度看,事故原因是转弯太快;从地方检察官的角度看,原因在于道路表面的拱弧不易防滑;从汽车制造商的角度看,原因是车子设计有缺陷。[1] 这就是因果关系的相对性。

---

[1] 参见〔英〕科林伍德:《形而上学论》,宫睿译,北京大学出版社 2007 年版,第 233 页。

卡尔也有这样的看法,他说:"法国历史学家勒费弗尔有意开脱法国革命对拿破仑战争中的灾难与流血应负的罪责,而把这些灾难归咎于'一位将军的独裁……这位将军的脾气……就是很难于接受和平与克制的'。德国人今天很欢迎对希特勒个人的邪恶进行谴责,认为这就很满意地代替了历史学家对产生希特勒的那个社会作道德上的判断。俄国人、英国人以及美国人也都欣然参与了对斯大林、张伯伦或者麦卡锡的个人攻击,把他们当作了大家的集体错误行动的替罪羊。"[1]显然,历史因果关系的追寻,往往因其强烈的主体意识(国家的、民族的、阶级的、集团的,等等)而众说纷纭,它已不是一个单纯的事实问题,在事实背后还牵连着这样那样的利益关系。因为牵涉各种各样的利益关系,肯定或否定某一个因果关系,揭示或掩盖一个历史原因,不只是是否符合历史实际的问题,而是纠缠着对谁有利、对谁有害的问题。[2] 这又如何让人相信它是历史的"真"原因?

讨论历史因果的"解释",实在就是讨论历史研究中的演绎方法。早在20世纪80年代初,吴泽主编的一本《史学概论》就设有"历史研究中演绎对归纳的补充"一节,该书特地指出"演绎法不能作为历史研究的主要方法",它"只能作为归纳的一种补充方法",因为历史学是一门具体科学,不能"用简单演绎来代替具体研究,让复杂的历史事实适应一般原理和公式"。"用简单演绎来代替具体研究,让复杂的历史事实适应一般原理和公式",这就是人们通常批评的历史解释上"强史就我"的错误。究其产生的原因,大都是因为用作解释的理论工具本身就不能成立。解释的工具不"真",解释的结果怎么能"真"?

四、叙事之"真"

收集了各种历史"真"素材,就要进行历史叙事了。此时,你又会

---

[1] 〔英〕爱德华·霍列特·卡尔:《历史是什么?》,吴柱存译,商务印书馆1981年版,第83页。
[2] 参见马克思:《资本论》第二版跋,载《马克思恩格斯全集》第二十三卷,人民出版社1972年版,第12页。

遇到一个难题：你不可能写成一部掺和所有这些事实的历史。你不得不进行选择，即使把所有事实都转载出来，你也只能突出一些事实，并简化另外一些事实。① 你还会发现，选取不同的"真"素材，可以写出不同的"真"故事。这种情况，在新闻报道中最为常见。下面是一起矿难事故所拟的两则新闻稿：

其一，某月某日，某地有一煤矿发生瓦斯爆炸，有关部门第一时间赶赴现场，组织抢救。目前各类抢救人员及机械都抵达现场，营救工作即将展开，有关事故的原因还在调查之中。

其二，某月某日，某地有一煤矿发生瓦斯爆炸，当班的矿工被困井下。目前井下仍有明火燃烧，情况复杂，营救工作无法展开。焦急的矿工家属在矿区外守候了一天一夜，而有关事故的原因众说纷纭，有关部门仍未给出确切的解释。

假定以上两则新闻稿所写的都是"真"事实，那么我们不难看出，事实经过筛选、组合和编排，可以给读者带来完全不同的阅读效果，而书写者的目的与意图也是显而易见的。历史书写也是如此。下面是有关辽朝"南北面官制"的两种写法：

其一、辽朝的官制实行"南北面官制"，北面官管理契丹及其他游牧民族的政事，南面官管理汉人的事务。辽朝不仅官分南北，刑律也分番汉。番律实行于契丹和其他民族，汉律适用于汉人和原渤海人。

其二、辽朝的官制实行"南北面官制"。北面官管理宫帐、部落、属国的政务，南面官管理汉人州县、租赋、军马等政务。史称"因俗而治，得其宜矣"。

两种历史叙事，所用的素材都是"真"，整体的叙事也是"真"，但叙事的重心、目的、意图却不相同。这不是笔者有意设置的两个案例，而是历史书写的常态。读钱穆的历史著述，你会发现他最喜欢书写传统社会中的士大夫。如《国史大纲》的西汉一章，标题就有"统一政府文治之演进""西汉初年的士人与学术""士人政府之出现"等。

---

① 参见〔英〕阿诺德·汤因比、〔英〕厄本：《汤因比论汤因比——汤因比与厄本对话录》，沈晓虹、王少如译，上海三联书店1997年版，第14页。

为什么要突出这些史事呢？因为按钱先生的看法，自西汉开始，便从平民社会里选出它的优秀分子——士大夫，由他们来组成政府，领导社会。这是中国文化的特色，也是它的长处，怎能不大书特书？读吕思勉所写的汉代历史，着墨最多的是汉代的社会改革。在他的书里，你会看到许多同类史书不太提及的人和事，如写眭弘、盖宽饶劝汉帝求贤人，禅以帝位；写贡禹建言朝廷废奢侈之事，而多行宽恤民力之政；至于贾谊之禁奢言论，董仲舒言汉代社会习俗之薄恶，也是一般写汉史所不甚留意的。为什么要特显这些人和事呢？因为按吕先生的看法，中国至迟到秦汉之后，社会已进入了病态，非有一番改革更新不可，而汉儒都抱有改革社会的志向。自王莽改革失败后，"治天下不如安天下，安天下不如让天下安"遂成金科玉律。然而，病态之社会如何能听其流迁，而不尽力去改革它呢？故汉代的改革，应该在历史著述中大加书写。20世纪50年代出版的各种秦汉史，钱、吕书中大书特书的史事几乎无一着笔，写得较多的则是"秦汉时代的阶级构成""两汉的生产力发展水平""阶级矛盾与农民起义"等。在这里，与其设法去鉴别这许多历史书写的"真"和"假"，毋宁老老实实承认它们都是"真"。

然而，当书写者的目的是有意遮蔽掉某些历史的真相，尽管他使用的素材全是"真"，你却不肯承认他书写的历史叙事也是"真"。比如，九十年前，身为东北地方的守土长官的张学良，居然在日本人挑起"九一八"事变、发动侵略的时候，不做任何抵抗。对此，张鸣撰文写道："当时，东北军虽说在关内有十余万人，但根据地东北依然有二十余万，发动事变的关东军，事先并没有得到日本政府的同意，因此只有一万多兵力。事变后统计，东北一共损失飞机300余架，战车26辆，各种火炮300多门，其中重炮200多门，轻重机枪5864架，步枪15万支，手枪6万支；有这样强大的武力，无论如何都堪一战，居然拱手把大片国土让人，实在是不可思议。纵使不论家仇国恨、生灵涂炭，经此事变，作为军阀的他，老家没了，家底没了，就算没有父亲被人炸死之仇，为了自己的根据地，为了自己的财产也该一战，可是他却没有。(有材料说,九一八事变,张学良家产损失金条 80 000 余条,超过了当时东三省的官银行的全部损失,一方面可见损失之惨重,一方面则表明,张氏父子在东北搜刮之烈)这样的军人,我们说他什么好呢?"①张学良的弃守东北,在我们的历史书里往往是略而不提的,他的出现是要到西安事变的时候。此时,张学良俨然已是一个正面人物而进入到我们的历史书写里。没人会承认说这样的历史书写是出于某种欺骗的目的,但不管有意无意,不管我们该不该称它为谎言,对于读者来说,都会起到一种误导的作用。所以,张鸣说:"这样的历史书写,对所有想要了解历史的人来说,都是毒药。"②

更有甚者,美国学者詹姆斯·洛温写过一部题为《老师的谎言——美国历史教科书中的错误》的书,他在书中批评美国的中学教科书把政府美化为一个英雄的形象。他说,美国的教科书似乎告诉人们,今天的这个国家与 1789 年所创建的那个国家没什么不同,联邦政府依然是人民的公仆,易于管理,易于驾驭。教科书所塑造的是一个英雄的国家,它与它的其他英雄人物一样,完美而不带任何瑕疵。至于它的一些不太体面的事实,如援助伊朗"沙阿"派,废黜首相摩萨德;参与推翻 1954 年危地马拉民选政府;操纵 1957 年黎巴嫩选举;卷入 1961 年谋杀扎伊尔卢蒙巴行动;一再企图谋杀古巴领导人卡斯特罗;参与推翻 1973 年智利民选政府等,要么语焉不详,要么干脆回避。于是,教科书所刻画的美国基本上是个理想主义的行动者,把大多数的成功都归功于政府。③ 洛温批评美国的历史教科书"站在政府一边,引导学生得出结论:批评政府是与公民身份不相宜的",从中可以看出问题的症结,这些教科书是为美国政府而写,而不是为美国人民而写。这就难怪洛温要把美国的历史教科书称为"历史的谎言"了。在讨论后现代主义理论的"叙事虚构"问题时,伊格尔斯多

---

① 张鸣:"张作霖父子头上的光环",《历史学家茶座》,2007 年第 1 期,第 20—21 页。
② 同上书,第 23 页。
③ 参见〔美〕詹姆斯·洛温:《老师的谎言——美国历史教科书中的错误》,马万利译、刘北成校,中央编译出版社 2009 年版,第 234、249 页。

次强调历史学有着自己的批评标准,历史学家有其共同遵循的学科准则。① 但是,当某一种历史史学实质上只是"用真实包裹着的历史谎言"时,共同遵循的学科准则、学科规范并不能有效地鉴别出"真伪"或"是非正误"。

雷蒙·阿隆曾说:"历史是由活着的人和为了活着的人而重建的死者的生活。"②历史叙事自然是为了重建历史,但是它是"为了活着的人"而重建历史,这就决定了它的书写一定受到来自过去与当下、史实与史家两方面的影响:一方面是过去的、史实方面的影响,史事及其关联性总会对我们的历史叙事形成制约;另一方面是当下的、史家的影响,这就是现实社会对我们的历史叙事产生制约。两种作用相互制约、相互制衡,书写者需要在过去与当下、史实与史家之间寻得一个平衡。这里并没有什么神秘之处,每一个能够正常言说的人,都可以体会自己是如何在这两者的平衡调整中进行言说叙事的。历史书写如果纯粹为了"过去"而重建过去,那它只有一个"真"的目的;但它毕竟是为了"当下"而重建过去,那就一定加入了"善"与"美"的目的。这样,我们就可以明白:同一历史主题的不同甚至截然相反的历史书写,不全是"真"上有差异,更多的是在"善"与"美"上有差异。换言之,某些历史书写之所以令人不满,不在于它的不"真",而在于它的不"善"不"美"。

长久以来,我们一直相信历史书写追求的是"真",至少以"真"为她的底线。然而,只要你认真思考反思,你就会发现:无论是有关历史的单个判断,还是有关史事的理解、解释,或者是组织素材,进行历史叙事,你都会发现她的"真",远非我们以前所理解得那么确实、那么单纯。如果你是一位历史书写者,你是否遇到并思考过上述有关

---

① 参见〔美〕伊格尔斯:《二十世纪的历史学——从科学的客观性到后现代的挑战》,何兆武译,辽宁教育出版社2003年版,第138、160页。

② 〔法〕雷蒙·阿隆:"历史哲学",载田汝康、金重远主编:《现代西方史学流派文选》,上海人民出版社1982年版,第95页。

历史素材的"真"问题？你如何解决这些问题？对此，笔者是经常思考却未能解决。现梳理问题与症结，抛砖引玉，向学界同人请教指正，也望学界能就此问题做进一步的讨论。

附记：关于历史书写的"真"，笔者曾撰有好几篇文章，做过一些较系统的讨论，本文只是将相关文章的一些核心内容整合起来，以便能集中反映出讨论的主要问题及其症结所在。本文原是为2017年9月在东北师范大学召开的第十一届历史学前沿论坛"认知与阐释：历史认识的客观性与真理性"会议提交的论文。近日，吴晓群教授因主编《西方史学史研究》而来信索稿，便想起这篇数年前的旧稿，遂将它做较大的修改，并增补了近年来学习的心得。希望拙文未辜负晓群教授的美意，也不至于让读者扫兴失望。

作者简介：张耕华，华东师范大学历史学系教授。

西罗马帝国灭亡:一个史学观念的沉浮*

李 隆 国

内容提要:西罗马帝国灭亡是一个长期具有历史魅力的话题,但直到最近,随着罗马帝国转型论的风行,学术界才大规模地研究西罗马帝国灭亡这个历史论断是否成立,由此引发了有关西罗马帝国灭亡观念如何被制造的研究。中外学者逐渐认识到查士丁尼的再征服运动与西罗马帝国灭亡观念之关系。本文从长时段的角度,更加全面地梳理了公元前2世纪至12世纪的相关史书,发现在查士丁尼时期不仅兴起了西罗马帝国灭亡观念,而且罗马帝国转型的观念也由此而生,从此以后两种历史观念大体并行不悖。大体说来,在6世纪之前,自由观念与(西)罗马帝国衰落密切相关;而随着9世纪加洛林复兴西部罗马帝国,帝权转移理论被用于解释(西)罗马帝国的灭亡。

关键词:西罗马帝国灭亡 自由 帝权转移论 查士丁尼

"历史学家、古典学家和人类学家一直都对罗马帝国衰落怀有浓厚的学术兴趣。"[①]近年来,围绕罗马帝国衰落而发生的学术范式转

---

* 马克垚、王晴佳、刘群艺老师,张一博、林漫、屠含章、修毅、杨晶晶、李玥彤、刘泽辉、刘洁等同学提出了很多修改建议,谢谢他们! 本文颇类似于读史札记,按照时间的顺序,梳理了各种历史叙事中有关罗马帝国衰落尤其是西罗马帝国灭亡的叙述。旨在为学术界进一步讨论提供相应的素材。梳理之后所得的一些粗浅的看法,列在文章的结尾部分;不成熟之处,请读者批评指正!

① Peter S. Wells,"Review of *The Fall of the Roman Empire* by Peter Heather", *The Classical Journal*, vol.102, No.4(Apr.-May,2007), pp.396-399.

移,强烈地刺激了相关学术争鸣和出版热情。① 随着古代晚期研究的兴起,罗马帝国转型论或者罗马文明延续论与原本流行的罗马帝国衰亡论和古典文明断裂论进行竞争,历史学家们也在对西罗马帝国是否灭亡,古代罗马帝国是否衰落,进行着重新评价。有部分学者倾向于认为,罗马帝国衰落似乎是一个现代叙事。不仅有史家断然否定存在"罗马帝国衰落","罗马帝国衰落?根本就没有这么一回事"②;而且认为从史学史和学术接受史的角度,"罗马帝国衰落"命题似乎属于一种现代"迷思",与历史真实没有什么实质性联系。"对古代晚期和西罗马帝国灭亡的当代研究业已挑战了这一观念的历史确凿性……对历史分析和学术分析而言,从这一角度分析4—5世纪的历史,业已没有任何价值可言。"③

为了尽可能客观地评估围绕罗马帝国衰落所发生的当代学术争论,我们有必要重新梳理这一观念的来龙去脉,庶几可以超越学术争鸣的即时性视野,从史学史的长程来观察某些长时段性现象,这样不仅可以发现当下主要学术观点的源头活水,而且可以明了当下似乎针锋相对的不同观点在学术史上曾有过不同的相互关系,甚至于共生一体关系。罗马(帝国)衰落④的观念并非出现于西罗马帝国消失之后;在西罗马帝国灭亡之后,西罗马帝国灭亡的观念也曾有过销声

---

① 相关介绍,请参见刘林海:"史学界关于西罗马帝国衰落问题研究的述评",《史学史研究》,2010年第4期,第83—94页;李隆国:"从'罗马帝国衰落'到'罗马世界转型'——晚期罗马史研究范式的转变",《世界历史》,2012年第3期,第113—126页;刘寅:"传承与革新:西方学界关于欧洲早期中古史研究的新进展",《世界历史》,2018年第1期,第107—122页;陈志强:"古代晚期研究:早期拜占庭研究的超越",《世界历史》,2014年第4期,第14—19页;侯树栋:"晚期古代和中世纪早期史研究中的新价值取向",《北京师范大学学报》(社会科学版),2019年第4期,第93—105页。

② J.P. O'Malley,"A Q & A with Mary Beard", *New Humanist*, Monday, 28th Dec. 2015, https://newhumanist.org.uk/4979/there-is-no-such-thing-as-the-fall-of-the-roman-empire. 访问时间:2021年5月20日。

③ J. Theodore, *The Modern Cultural Myth of the Decline and Fall of the Roman Empire*, London: Palgrave Macmillaan, 2016, p.2.

④ 罗马衰落与罗马帝国衰落似乎难分彼此,因为在罗马历史文献中,罗马城邦、罗马共和国与罗马帝国通常使用同一个词汇——respublica。史料中有关西罗马帝国的提法,往往是指罗马人在西部的统治。为了与史料用语一致,也为了更好地在长时段中处理西罗马帝国灭亡这一主题,本文将统一使用罗马(帝国)衰落这一术语。

匿迹的时期。至 12 世纪，教会和蛮族的胜利导致西罗马帝国灭亡的历史叙事业已基本定型。本文将按照时间顺序梳理自公元前 2 世纪以迄 12 世纪有代表性的历史叙事，分析它们各自表达的西罗马帝国灭亡观念，并辨析西罗马帝国灭亡与罗马帝国衰落之间的关系。

一、作为西方史学史母题的罗马（帝国）衰落

帝国兴衰是历史上不断上演的戏剧。记录历史的历史学家原始察终、见盛观衰，对兴衰之道多有关注，从而为后人留下了丰富的相关历史叙事。随着罗马共和国大规模的扩张，有关罗马（帝国）衰落的忧虑随之而生，作为史学观念的罗马衰落也悄悄地出现在历史叙事中。公元前 2 世纪的著名历史学家波利比乌斯（一译波里比阿）就曾间接地提出过罗马衰落的问题。波利比乌斯的《历史》或者《罗马史》（中文选译本用《罗马帝国的崛起》为名），其写作主题是罗马城邦缘何在短短的 53 年间崛起并控制了空前庞大的地域。在罗马崛起中标志性的胜利是第三次迦太基战役，也正是在叙述相应的庆祝仪式之时，波利比乌斯提到了罗马衰落。目睹迦太基的灭亡，罗马统帅小西庇阿（Scipio Africanus the Younger，公元前 185—前 129 年）不无慨叹，他预感到罗马也将会有衰落的那一天。"波利比乌斯，这是一个伟大的时刻，但是我却有种可怕的预感，某一天，类似的命运也会降临到我的祖国。"①

与其说这是小西庇阿的历史预感，还不如说是波利比乌斯的历史洞见。他以希腊世界流行的政体演化模式来解释政治体的衰落。"所有存在的东西都会经历衰落，这是一个几乎不证自明的命题，因为自然界无法违逆的进程，便足以让我们接受这一原则。我们或许可以说，每种类型的国家都会从两个方面经历衰落，其一是外来因

---

① 波利比乌斯是借此证明小西庇阿是一位伟大的政治家。Polybius, The Histories, lib.XXXVIII, 21, trans. W. R. Paton & S. D. Olson, vol. vi, Cambridge, MA: Harvard University Press, 2012, pp.488-489.

素,另一则是内部的演化。对于第一项我们不能列出任何固定的因素;但是第二项,则是会依循有规律的顺序。我已经指出哪一种国家整体是最先演化出来的,何者会继之而来,以及每一种会如何转化到下一种,所以那些可以将我的论证的首尾综合而观的人,便能够对于未来做出他们自己的预测。"①

波利比乌斯认为,长期的繁荣会使生活越来越脱离其最初的简朴状态,人们对荣誉的追逐也会越来越激烈,追求功名、炫耀财富和铺张浪费随之流行,由此带来衰落。但是,波利比乌斯却将衰落的责任推给了普通群众,认为他们会两极分化,导致群众不愿意服从各自的领导人。而为了迎合他们,宪制就会变成名义上最动听的自由和民主政体,其实质则为恶劣的暴民政治。波利比乌斯创造性地将亚里士多德的政体理论与政治史的演化相结合,不仅指出了罗马衰落的必然性,也对古代西方政治体的发展规律做出了总结。

在波利比乌斯之后不到百年,罗马共和国陷入严重的社会政治危机之中,关于罗马衰落的说法和分析在史学叙事中大量涌现。例如萨鲁斯特(一译撒路斯提乌斯)的《喀提林阴谋》。萨鲁斯特通过记录一次贵族叛乱来说明罗马的衰落。"既然在这里我谈到了罗马的风气,我回溯到更早的时候,并且简略地说一下在和平与战争年代我们的祖先生活在怎样的体制之下,他们怎样治理这个共和国,他们把共和国留给我们时共和国是何等伟大以及通过逐步的演变,它怎样不再是最崇高和最公正的城市而变成最坏、最邪恶的城市。"②

萨鲁斯特并没有像波利比乌斯那样基于政体理论来说明罗马的衰落,而是以罗马人民丧失德行来做评价。在获得自由、摆脱王政之后,罗马人渴望荣誉,吃苦耐劳,以便获得名声。罗马人作战勇敢,司法公正,社会和谐。但是在命运的作用之下,随着罗马城邦的繁荣富

---

① 〔古罗马〕波里比阿:《罗马帝国的崛起》第六书,翁嘉声译,广场出版社 2012 年版,第 308 页。
② 〔古罗马〕撒路斯提乌斯:《喀提林阴谋 朱古达战争》第 5 节,王以铸、崔妙因译,商务印书馆 1995 年版,第 111—112 页。

强,罗马人不再保守昔日的美德,而是渴求金钱、权力,引发了无数的罪恶。贪欲使得罗马人骄纵残忍,虚伪,不敬神明,自私自利,政府因此残暴不堪,罗马也迎来了自身的衰落。①

共和国的政治危机最终以元首制的方式得以克服。元首制标志着罗马帝制的开始,也正式开启了罗马帝国的历史。元首制是结束罗马共和国晚期漫长的内战和纷争的一种解决方案,也意味着一次深刻的政治变革。为了达成稳定与和平,奥古斯都·屋大维打着复兴共和国的旗帜来推行元首制。奥古斯都所持的这种折中态度,与历史学家李维的历史观正相应对。在《建城以来史》中,李维认为当下处在既不能大胆改革也不能容忍现状的困境之中。"纲纪逐渐废弛,道德可以说先是倾斜,继而愈加下滑,最后开始倾覆,直至我们既不能忍受我们的罪过,亦不能忍受补救措施的今日。"②李维的态度和叹息反映了共和国末期元首制初期罗马传统社会精英群体及其价值观的无力感;对于传承中的制度创新,他们似乎还不那么适应。

随着帝制日趋稳定,到安东尼王朝(公元96—192年),帝国的文治武功步入极盛时期。诚如2世纪的史家阿庇安所言:"在长久和平与安定的时期,一切都已经向持久的繁荣进展。"③但正是在罗马帝国即将步入鼎盛时期的时候,历史学家塔西佗不仅系统地提出了"罗马史学衰落"的命题,而且对皇帝们及其统治制度进行了激烈的批评。

塔西佗认为帝制之后,罗马元老丧失了其固有的美德,罗马人不仅无法战胜强大的外敌——日耳曼人,而且只能寄希望于命运女神的眷顾,使得对手内部不和,无法统一起来对付罗马。④ 伴随着从共和转向帝制,罗马的史学也开始衰落。一方面,修辞术的衰落,使得

---

① 参见〔古罗马〕撒路斯提乌斯:《喀提林阴谋 朱古达战争》,王以铸、崔妙因译,第107—112页。
② 〔古罗马〕李维:《建城以来史》(前言·9),穆启乐等译,上海人民出版社 2005 年版,第20—21页。
③ 〔古罗马〕阿庇安:《罗马史》上卷,序言,第7节,谢德风译,商务印书馆 1979 年版,第13页。
④ 参见 Herbert W.Benario,"Tacitus and the Fall of the Roman Empire",*Historia*: *Zeitschrift für Alte Geschichte*,Bd.17,H.1(Jan.,1968),pp.37-50。

历史写作的水平今不如昔；另一方面，历史学家无法获知历史的真相。在《关于雄辩术的对话》的对话中，作者要讨论的问题是："为什么以前富有天才、获得赞誉的演说家那么流行，而现在则抛弃了对辩才的赞美，徒有演说家之名。"①

对于如何确定作者（塔西佗）与对话中的三位主要对话人之间的关系，学术界并不存在一致的看法。主流的看法是这三位对话者各有部分道理，并不存在一位最终的"胜利者"，从而也无法确知谁真正代表了塔西佗本人的观点。② 虽然三位对话人似乎不分胜负，但他们都承认演讲术的衰落。随着"最为贤明的个人统治"（sed sapientissimus et unus）之建立，演讲术不得不随之而变，议事性演讲衰落。③ 另一方面，原本向公众开放参与的法庭审理转变为封闭性法庭，也使得法庭演讲术丧失其现实基础。

塔西佗认为，由共和国转向帝制也带来政治决策程序的巨大改变。帝王及其廷臣运筹帷幄，政治决策也随之从开放转向封闭，给史学撰写带来了一定的消极影响。一方面，对皇帝的评价，变得比较极端化。"有关提比略、盖乌斯、克劳狄和尼禄的叙事，则由于担心安全，史家往往笔下夸饰谄媚；而在这些君王死后，又往往会出于憎恨而操笔。"④另一方面史家如同外国人，无法了解政治操作的内情。"真相受到各种损害，首先是对国家大事的无知，一如外国人，或过于赞同或出于憎恶反对统治者；如此双方就在憎恨和趋炎附势中置后代于不顾了。而且作者原本高尚的写作计划很容易发生反转，因为

---

① Tacitus, *Dialogus de Oratoribus*, ed. Roland Mayer, Cambridge: Cambridge University Press, 2001, 1.1., p.53.《关于雄辩术的对话》的中译选段（第28—35段），作为附录收录于任钟印译：《昆体良教育论著选》，人民教育出版社1989年版，第234—242页。

② Sander M. Goldberg, "The faces of eloquence: the *Dialogus de oratoribus*", in A. J. Woodman ed., *The Cambridge Companion to Tacitus*, Cambridge: Cambridge University Press, 2009, p.75. 著名学者巴尼斯独辟蹊径，认为这部作品的主题并非如此，而是讨论何种体裁为优。参见 T. D. Barnes, "The Significance of Tacitus' Dialogus de oratoribus", *Harvard Studies in Classical Philology*, vol.90(1986), pp.225-244。

③ Tacitus, *Dialogus de Oratoribus*, 41.4, p.85.

④ Tacitus, *Annals*, 1.1. 译文参考〔古罗马〕塔西佗：《编年史》第1卷第1节，王以铸、崔妙因译，商务印书馆1981年版，第2页。

耳食而易发生误会和错误。很自然,拉帮结派、趋炎附势导致奉承盛行;而自由的假象也易催生邪恶。"①

从这个角度而言,罗马史学的衰落只不过是罗马衰落的一个侧影。尽管都认为政治自由的丧失导致德行有亏,但是塔西佗与前辈史家李维和萨鲁斯特又非常不同。李维和萨鲁斯特身处乱世,而塔西佗则处在罗马帝国日趋于繁盛的历史时期。他并不以物质文明的繁荣作为罗马帝国盛衰的标准,而是以人的精神状态作为帝国运势的印证。这种标准使得他的思考能够超越以成败论英雄原则的限制,避免历史写作沦落为替胜利者背书,而是帮助读者从更加具有普世价值的角度——罗马公民的自由及其道德水准——来思考历史。这一超越也在很大程度上使得塔西佗的罗马(帝国)衰落观并非仅仅是对历史发生的如实记载,而且还带有强烈的历史反思色彩。如果说波利比乌斯运用政体循环理论使得罗马衰落成为具有历史可能性的话题,那么塔西佗则以自由与专制的对立牢固地确立了罗马(帝国)衰落这一西方史学的母题。②

不惟塔西佗,当时的许多作家都讨论过自由与演讲术兴衰的关系。例如据传为朗吉努斯所撰的文论作品《论崇高》,也提到:"难道我真的要相信人们的老生常谈,据说,民主制度是伟大天才的好保姆,卓越的文才一般是同民主同盛衰的吗?"③针对这一流行观点,朗吉努斯的答案与塔西佗迥然有别。他认为文才不昌实际上源自于对财富的欲求,作家满身铜臭味会导致心灵的冷漠。有鉴于此,朗吉努斯开出的药方则颇带有基督教色彩,认为颂扬神会使得诗人脱离俗世的束缚,并给诗作带来崇高感。尽管其道并不相同,但是塔西佗与朗吉努斯都从不同的侧面指向了基督教徒的解决方案。演讲术的衰

---

① Tacitus, *Histories*, 1.1. 译文参考〔古罗马〕塔西佗:《编年史》第 1 卷第 1 节,王以铸、崔妙因译,商务印书馆 1981 年版,第 2 页。
② 这种评价标准在现代史学界仍有很深的影响。最有名的代表如林恩・桑戴克、阿诺尔德・汤因比和弗兰克・沃尔班克等。
③ 〔古罗马〕朗吉努斯:"论崇高",载章安琪编:《缪灵珠美学译文集》,中国人民大学出版社 1998 年版,第 122 页。

落、伟大文才的缺乏,都与物质文明的昌盛不同步乃至成反比,它们都指向了"德行";德行有亏或源自于自由的缺乏,或乃心灵的堕落所致。这样子就出现了两种评价话语和标准,在物质生活繁盛与否的标准之外,增加了精神的维度,也就带来了何谓真繁盛、何谓真德行以及何谓真自由的问题。这种转向迎合了基督教的兴起。

如果说自由观为古典史学转向基督教史学提供了一条巨大通道,那么有关罗马帝国在人类历史上的位置的讨论,则提供了另一条转化的坦途。在 2 世纪末,罗马步入老境并衰落下去似乎业已成为老生常谈了。活跃于这一时期的史家弗洛鲁斯(Publius Annius Florus)曾著有《罗马史要编》。他将罗马历史划分为四个阶段。儿童期对应于王政时代,少年期是罗马征服整个意大利的历史时期,壮年期则包括直到奥古斯都·屋大维统治的时代,这是罗马扩张最为广泛之时。此后两百年帝制时期,罗马业已步入老境。弗洛鲁斯说:"除了在图拉真皇帝时期,出乎所有人的意料之外,罗马再次奋发,年老的帝国似乎也焕发活力、重返青春。由于皇帝们的疏忽,罗马就像业已进入老年和衰老期。"①罗马(帝国)衰落在 2 世纪末似乎已成常识,因为图拉真的扩张是出于所有人的意料之外。随后的 3 世纪危机,似乎也加重了这一历史认识的流行。渐入老境也是当时及此后基督教史家评论时势的常用语。从教会史的角度而言,随着基督的降生,整个基督教人类历史都已经步入老境。当时人们处在第六个时代,此后基督教徒即将迎来第七个时代。那时候基督将再次降临,基督教世界历史终结。基督的第一次降临与罗马帝国建立被认为是同时发生,圣史(教会史)与俗史(政治体的历史)在这里发生前所未有的交汇。但是,与弗洛鲁斯不同,基督教史家对老境之中的人类历史的评估并非那么消极。由于基督的降生,人类与上帝订立了新约,并藉此掌握了真理,拥有了真理之光。所以,基督教视野中的第六个

---

① L. Annaeus Florus, *Eptiome of Roman History*, book I.i, trans. E.S. Forster, Cambridge, MA: Harvard University Press, 1929, pp.8-9.罗马渐入老境的思想,仍能在斯宾格勒的《西方的没落》中回响。

时代综合了精神上的光明期与物质上的衰落期。

在教会史之外,基督教史家也通过对《旧约·但以理书》的疏解,接纳了古典史学的帝国兴替模式,并创造性地提出了四大帝国的世界政治体历史演化理论。波利比乌斯在《罗马史》中特地比较了历史上称霸一时的诸多政治体,包括波斯、斯巴达、马其顿和罗马等。此后,特洛古斯·庞培(Trogus Pompeius)、西西里的狄奥多鲁斯(Diodorus of Sicily)和哈利卡尔纳索斯的狄奥尼修斯(Dionysuis of Halicarnassus)等史家都曾表达过类似的霸权更迭说法。① 基督教学者也借此来解释《但以理书》中巨像和奇兽的隐喻,认为它们分别预示着基督教世界历史中先后经历的四大帝国。巴比伦王国为巨像的金头、亚述帝国为银胸脯、铜腹部隐喻马其顿帝国;而罗马帝国作为末日审判之前的最后一个政治体,是巨像的铁腿,将伴随基督教世界历史直到终结。② 在塔西佗和朗吉努斯生活的时代,基督教会还经常受到迫害,所以不少基督徒期盼世界末日的到来,并不认为罗马帝国会延续长久;经历3世纪危机之后,戴克里先和君士坦丁一世进行了以分而和平为原则的政治改革,君士坦丁王朝(305—365年)的统治不仅使得东西部帝位二分成为常态,而且通过宽容基督教,推动帝国转型为基督教罗马帝国。与此相应,以尤西比乌斯为代表的基督教历史学家开始认为基督降生于罗马帝国,将基督教会的发展与罗马帝国的命运逐渐联结在一起。③

但是好景不长,不到百年,罗马帝国便面临着深重的危机。363年

---

① 参见〔意〕阿诺尔多·莫米利亚诺:"但以理与希腊的帝国承续理论",苏宛儿译,载《政治法学研究》,2016年第1卷,第191—196页。由于神意、王权更替兴起的观念,在古代近东地区非常流行。如《苏美尔王表》中就可见其痕迹见〔英〕T. 雅各布森编著:《苏美尔王表》,郑殿华译,生活·新知·读书三联书店1989年版。

② 参见肖超:"梦中的帝国:浅论《旧约·但以理书》第2章之于早期基督教史学",《历史教学问题》,2011年第6期,第100—104页;刘林海:"《但以理书》及其史学价值",《史学史研究》,2013年第1期,第9—13页;陈廷忠:"第二圣殿时期的犹太文献与《但以理书》",《圣经文学研究》,2020年第2期,第65—88页。

③ 参见李隆国:"从结巴诺特克的《查理大帝传》看'金属'中的人类历史",《世界历史评论》,2015年第3辑,第69—83页;朱君杙、王晋新:"长存多变的'巨兽'——论中古西欧史家'四大帝国'结构原则的运用",《历史教学》(下半月刊),2016年第2期,第35—42页。

朱利安东征波斯兵败被杀、378年皇帝瓦伦斯北征西哥特人兵败被杀，尤其是410年，西哥特人攻陷罗马城，震动朝野，并引发了广泛的思想争鸣。学术界往往将视野聚焦于一个问题，即谁应该对罗马帝国的衰落负责。由于这一视野上的限制，学者们会以希波主教奥古斯丁及其门徒奥罗修代表基督教教父们对罗马帝国衰落的思考。奥古斯丁草拟22卷的《上帝之城》，从神学的角度专门讨论这一问题，并认为罗马帝国的兴衰与上帝的救赎计划关系不大，基督徒应该积极地生活，坚定信仰，将天上之国作为追求的目标。① 而奥罗修则编订《反多神教徒史七卷》，更多地从历史学家的立场折中于奥古斯丁与尤西比乌斯之间，倾向于认为：罗马帝国时代比此前的时代要相对幸福一些。②

其实，奥古斯丁的回答仅仅是当时诸多思想表述中的一家之言。当时其他著名的学者如杰罗姆等提供了各自的应对之策，尽显当时多元的思想局势。借助于四大帝国理论，杰罗姆明确指出当时处在"半铁半泥"的时代。铁即罗马人，泥隐喻蛮族，意味着罗马帝国需要蛮族帮助的现实窘境。③ 因此，人们都应该崇尚隐修。他提出的解决方案比奥古斯丁更为激进一些。随后马赛的萨尔维安则承认蛮族业已占据帝国西部最好的领土，罗马人唯有忏悔修德，彻底改变生活方式，实现减税、公正和简朴，方能应对危机。④ 萨尔维安将现实的政治和人生再次与帝国命运密切联结起来，罗马帝国的衰落不过是罗马人信仰不虔诚的外化结果而已。

---

① 参见夏洞奇:"地上之国总是无常:奥古斯丁论'罗马帝国'"，《历史研究》，2007年第6期，第132—147页；吴飞:"奥古斯丁与罗马的陷落"，《复旦学报》(社会科学版)，2011年第4期，第67—74页；吴飞:《心灵拯救与世界历史:奥古斯丁对西方古典文明的终结》，生活·新知·读书三联书店2013年版。

② 参见李隆国:"透过战争说和平:奥罗修与基督教史学的转型"，《历史研究》，2009年第2期，第175—185页；夏洞奇:"奥罗修重放光芒?"，《世界宗教研究》，2015年第1期，第125—134页。

③ *Jerome's Commentary on Daniel*, trans. G. L. Archer, Michigan: Baker Book House, 1958, pp.31-32.

④ Salvian, *On the Government of God*, lib. IV. 14, trans., Eva M. Sanford, New York: Columbia University Press, 1930; Jaroslav. Pelikan, *The Excellent Empire: The Fall of Rome and the Triumph of the Church*, San Francisco: Harper & Row, Publishers, 1987, p.96.

二、西罗马帝国灭亡观念的形成

萨尔维安的呼吁言犹在耳,罗马帝国再次陷入了空前的危机之中。451 年埃提乌斯率领罗马联军在高卢的卡泰隆尼(Catalaunium)会战中,经过血战,成功阻挡了匈人联军南进的步伐。452 年他又将欲问鼎罗马的阿提拉阻止在波河河畔。453 年,阿提拉突然离奇死亡,匈人帝国随之分裂,西部罗马帝国所面对的外部危险暂时缓解。但是,内斗随之而起。454 年,不满埃提乌斯专权的皇帝瓦伦提尼三世派人将埃提乌斯暗杀。次年,埃提乌斯的朋友们也成功地暗杀皇帝,为他报仇,西部罗马帝国的提奥多西王朝灭亡。

瓦伦提尼皇帝死后,西部帝国走马灯似的更换皇帝。不仅君士坦丁堡的皇帝,而且各地蛮族将领和军队纷纷将自己青睐的候选人护送到罗马和意大利,问鼎帝位。马克西姆(Petronius Maximus,454 年在位)、阿维图斯(Eparchius Avitus,455—456 年在位)、马约里安(Maiorian,456—461 年在位)、塞维鲁斯(Libius Severus,461—465 年在位)、安提米乌斯(Anthemius,467—472 年在位)、奥利布里乌斯(Anicius Olybrius,472 年 4 月—10 月在位)、格利切里乌斯(Glycerius,473 年 3 月—474 年 6 月)、奈波斯(Julius Nepos,474—480 年在位)和奥古斯都路斯(Romulus Augustulus,476 年在位)先后为皇帝。476 年意大利军队推举另一位将军奥多瓦克(Odovacer,476—493 年在位)为王,起兵叛乱。① 在杀死欧列斯特斯和他的兄弟保罗之后,奥多瓦克将奥古斯都路斯和他的母亲流放到坎帕尼亚,厚待之。然后请元老院派遣使节,前往君士坦丁堡觐见芝诺皇帝(Zeno,474—491 年在位)。"不需要分而治之,共尊的帝王足以统治这两个地区。而且他们说,他们已经选择了奥多瓦克,一位具有军事和

---

① 关于罗马帝国晚期的系年问题,参见 Otto Seeck, *Regesten der Kaiser und Päpste: für die Jahre 311 bis 476 N.Chr.*, Frankfurt am Main: Minerva Verlag GMBH, 2nd ed.1984。

政治经验的人来保护他们,芝诺应该授予他罗马国老称号,让他治理意大利。"①

对此,芝诺皇帝建议奥多瓦克迎回当时在达尔马提亚避难的皇帝奈波斯。但是,奥多瓦克这位富有"政治经验"的将军并没有迎回奈波斯,而是"取王之名,但是既没有身披紫袍也没有携带王权标志"②。依据他发行的钱币,奥多瓦克承认芝诺和奈波斯这两位皇帝。而且奈波斯皇帝也不忘反攻意大利,480年,当他准备反攻时,被人暗杀于达尔马提亚。

如果以西部地区没有皇帝而论,则476年是西罗马帝国灭亡之年,最迟到480年5月7日皇帝奈波斯去世,西部地区从此以后就不再有皇帝,直到公元800年的圣诞节查理曼在罗马加冕称帝。如果以罗马皇帝对西部地区的实际控制为标准,则罗马帝国在476年奥多瓦克的使节将那一套皇帝仪仗送到君士坦丁堡之后,西部地区实际上都各自独立了,只在名义上服从于东部皇帝的节制。西部罗马帝国就最终从罗马帝国变成了诸蛮族王国,从这个角度而言,西部罗马帝国灭亡了。尽管现代学者对于西罗马帝国灭亡的时间有分歧,但基本上都落在450年之后的这二十余年间。其中埃提乌斯被杀往往以"最后一位罗马人"的方式受到重视;作为西部的最后一位正统皇帝,480年奈波斯被杀近年来似乎也越来越吸引史家的注意力;而476年奥多瓦克废黜小皇帝小罗慕路斯也一直具有象征性意义,标志着西罗马帝国的灭亡。但是,奥多瓦克仍遵奉君士坦丁堡的罗马皇帝为最高领导,与其他蛮族王国并无二致。从这个角度而言,尽管西部皇帝消失,但西部的罗马诸行省和诸蛮族王国仍然隶属于罗马帝国,换言之,西罗马帝国只是改变了政治存在方式。因此,西部皇帝的消失似乎并不必然意味着西罗马帝国灭亡及其灭亡

---

① *The Fragmentary Classicsing Historians of the Later Roman Empire*:*Eunapius*,*Olympiodorus*,*Priscus and Malchus*,trans. R.C. Blockley,Cambridge:Francis Cairns,2007.pp.418-421.

② "Cassiodori Senatoris Chronica ad a.DXIX",ed. T. Mommsen,*Chronica Minora Saec*.*IV*.*V*.*VI*.*VII*,vol.II,MGH,Auct. Ant.,Berlin:Weidmann,1894,p.159.

观念的兴起。

蛮族王国在意大利以外的西部地区出现的时间要相对早一些，故此在那些地方的历史文献中，也较早地流露出西部罗马帝国危殆的意味。最为著名的例子是勃艮第地区的文人西多尼乌斯（Sidonius Apollinaris,？—489），他写下诗句："帝国就像被暴风雨倾覆的船只，没有舵手，肢体破碎。"①《452年高卢编年史》以叙事至452年而得名。书中提到："在这场猛烈的风暴中帝国陷入可怜之境。"②不过他主要是从基督教教派冲突的角度来申说的，信奉阿里乌斯派的蛮族混淆了纯洁的正统基督教信仰。叙事至468年，由地处西班牙的利米卡主教伊达提乌斯（Hydatius）所编定的《编年史》，也从基督教神学的角度描述了当时他所处的现实政治环境："（马克西姆）试图放弃帝位，而且'很快地第四个王国的日子会结束'，在那座城市（罗马）民众暴动，帮派争斗。"③对罗马帝国的命运，伊达提乌斯很是悲观。在他看来，基督教世界历史中的第四个王国即罗马帝国，其末日业已临近。

在意大利没有皇帝之后，意大利地区的历史叙事也开始提及帝国灭亡。510年左右在意大利写成的《圣塞维努传》似乎暗示西罗马帝国业已不再存在。"在这个时候，当罗马帝国还在之时，许多城市为驻防军提供公共津贴。"④学者们也都注意到在阿纳斯塔修斯皇帝（Anastasius,491—518年在位）统治后期，著名语言学家普里斯库斯

---

① Sidonius: *Poems and Letters*, trans. W. B. Anderson, Cambridge, MA: Harvard University Press,1936,pp.6-7.现代学者的最新总结可以参见 G.R.W. Halshall, *Barbarian Migrations and the Roman West, 376-568*, Cambridge: Cambridge University Press, 2007, p.281。

② "Chronica Gallica A.CCCCLII", T. Mommsen ed., *Chronica Minora Saec. IV.V. VI.VII*, vol.I., MGH, Auct.Ant., Berlin: Weidmann,1892, p.662.

③ "Hydatii Lemici, Continuatio Chronicorum Hieronymiarnorum", T. Momssen ed., *Chronica Minora Saec. IV.V.VI.VII*, vol. II, MGH, Auct. Ant., Berlin: Weidmann, 1894, p.27.

④ Eugippii: *Vita Sancti Severini*, xx. Hermannus Sauppe ed., *Auctorum Antiquissimorum Tomi I pars posterior*, MGH, Berlin: Weidmann, 1877. p.18; R.A. Markus, "The End of the Roman Empire: A Note on Eugippius, *Vita Sancti Severini*, 20", *Nottingham Medieval Studies*, Vol.XXVI,1982, pp.1-7.

从罗马元老的角度表达了类似于奥多瓦克的看法,暗示了西部帝国的灭亡。"那些失去故土(旧罗马)的人们能够不觉得悲伤,在你这里得到眷顾和安全,为你日夜祈祷……我希望,两个罗马独服从你一人。"①约519年,在东哥特王国担任要职的罗马元老卡西奥多鲁斯奉命写作了《编年史》,以纪念国王提奥德里克的女婿欧塔里克被任命为执政官。在这部作品中,卡西奥多鲁斯非常细腻生动地表达了意大利高级贵族对西部帝国灭亡的切身感受。在457年条,卡西奥多鲁斯说:"马尔奇安死后,利奥和马约里安分别接受了东部和意大利的帝权(imperium)。"马约里安获得的只是意大利的帝权,而非西部的帝权。因此,457年成为政治史的一道分界线,罗马帝权开始向意大利王权转变,并到476年最终完成。在马约里安之后诸多皇帝中,只有东部派来的安提米乌斯和奈波斯得到了作者的承认,其他的皇帝都算不上正统。而奥多瓦克则被视为窃国大盗,以便彰显卡西奥多鲁斯的恩主提奥德里克统治的合法性。"476年,奥多瓦克窃取了王名,但既不披紫袍,也不使用帝王仪仗。"②取奥多瓦克而代之的东哥特王提奥德里克被尊称为"吾主",其模仿罗马帝王的诸多政绩也受到表彰。

如果说卡西奥多鲁斯更多地站在哥特统治集团的角度来替东哥特王国装点罗马化的色彩,那么另一部短篇历史叙事——《瓦勒里安摘录后篇》——就更多地反映了普通意大利人的感受。我们并不知道该作品的作者,其得名源自于该抄本的发现者瓦勒里安。在抄本中,这部作品与其他历史残篇抄录在一起(Cod. Berol. Philipps 1885),1681年作为附录被编辑在阿米安·马尔切利努斯的《罗马史》之后。《瓦勒里安摘录后篇》开篇已佚,叙事终止于526年提奥德里克王去世。尽管学者们公认这部作品的成书年代为6世纪中期,

---

① P. Coyne, *Priscian's De laude Anastasii imperatoris*, 1988, Open Access Dissertations and Theses. Paper 3495, pp.54-55.

② "Cassiodori Senatoris Chronica ad a.DXIX", T. Mommsen ed., *Chronica Minora Saec.IV.V.VI.VII*, vol.II, pp.157-159.

但对于具体年代,并没有特别一致的意见。按照叙事内容推测,其编订年代应该在535年之后不久。①

这部作品论述了奥多瓦克与提奥德里克在意大利的统治。"奥古斯都路斯被废黜之后不久,奥多瓦克成为国王,统治了十三年。"此后,"提奥德里克与芝诺皇帝缔约,如果他击败了奥多瓦克,为表彰提奥德里克的功劳,他可以代为统治(*praeregnaret*)那里(意大利)"。尽管提奥德里克给意大利带来了和平,对罗马人与哥特人一视同仁;但是,作者还是暗示这是两种不同的统治方式:"他下令资助罗马人,一如皇帝们统治的时候。"②而且,在罗马人的维度之外,作者依据正统基督教信仰和教会所受到的对待将提奥德里克的统治一分为二,前后迥然有别。在提奥德里克去世前夕,他迫害正统基督徒和罗马教宗约翰,变成了一个暴君。"不是在国王,而是在暴君的命令下,主日那天阿里乌斯派分子侵扰正统基督教教堂。"③

不惟如此,在一些激进的教会人士眼中,提奥德里克的统治似乎具有更为深刻的历史意蕴,即预示着基督教世界历史的末日,或者说基督教世界历史的终结。创作于6世纪的《坎帕尼亚复活节表》表达了这一观点。493年是提奥德里克暗杀奥多瓦克之年,也是他最终确立对意大利的统治之年,《坎帕尼亚复活节表》曰:"有些无知而大胆的家伙们说敌基督降生了。"④在496年条下,又说:"有些疯子说这一年敌基督降生了。"⑤我们并不能确知这里的"疯子""无知而大胆的家伙们"到底是谁,但提奥德里克统治意大利意味着世界末日的开启。奥多瓦克的统治受到过基督教圣徒塞维努的祝福和预言,而提奥德里克背信弃义地杀死奥多瓦克,晚年又被认为迫害了正统基

---

① Tamas Kovacs,"Some Remarks on Anonymus Valesisianus' Pars Posterior",*Chronica*:*Annual of the Institute of History University of Szeged*,2017,pp.5-16.
② Jacques Moreau ed.,*Excerptorum Valesianorum*,no.49-60,Lepzig:Teubner,1961,pp.14-17.
③ Ibid.,no.94,p.27.
④ "Paschale Campanum",T.Mommsen ed.,*Chronica Minora Saec*.Ⅳ.Ⅴ.Ⅵ.Ⅶ,vol.Ⅰ.,p.318.
⑤ Ibid.,p.330.

督教会,故而有人将他视为"敌基督",其统治也似乎预示着基督教世界历史的终结。

尽管西部地区尤其是意大利地区为我们提供了西罗马帝国灭亡观念的蛛丝马迹,但是,学者们公认最早明确表达这一观念的,是在君士坦丁堡供职的马尔切利努斯伯爵的《编年史》。① 在记叙奥多瓦克废黜奥古斯都路斯之后,这位马尔切利努斯伯爵评论说:"自建城以来第709年,由第一位皇帝屋大维开创的西罗马帝国,随着这位奥古斯都路斯灭亡了。时维帝制第522年,从此哥特王控制了罗马。"②该《编年史》成书于518年。在贝利萨留征服北非之后,作者又拿起笔来,续写至534年,以示庆贺。此后有其他作者的续编。现存最全的抄本为牛津本(T),叙事至548年而突然中断。澳大利亚史家克罗克认为马尔切利努斯伯爵在续写的时候,可能没有或者很少改动518年之前部分的叙事。③ 不论我们对这个说法是否赞同,明确地提出西罗马帝国灭亡的说法似乎至少是在西罗马皇帝消失之后近五十年才出现的。针对恩斯林(W. Ensslin)等人的观点,克罗克主张这部《编年史》并非抄自罗马元老叙马库斯(Symmachus)已失传的《罗马史》,因此其所反映的是拜占庭方面的看法,而不是罗马元老院的观点。换言之,关于西罗马帝国灭亡的观念,源自于拜占庭方面。帕特里克·阿莫利进一步推论东部皇帝查士丁一世(Justin I,518—527年在位)和查士丁尼一世(Justinian I,527—565年在位)追求帝国统一,并有意识地利用这一观念为其收复失地运动做辩护。④ 在此基础上,康凯做了更加具体的论证,说明马尔切利努斯伯爵的观点其实代表了查士丁尼皇帝的主张。⑤

---

① B. Croke,"A.D.476:The Manufacture of a Turning Point",ides,*Christian Chronicles and Byzantine History*,$5^{th}-6^{th}$ *Centurie*s,Farnham:Ashgate,1992,pp.81-119.

② *The Chronicle of Marcellinus Comes*, trans. Brian Croke, Leiden:Brill, 2017, pp.26-27.

③ Ibid.,p.xix.

④ P. Amory,*People and the Identity in Ostrogothic Italy*,489-554,London:Cambridge University Press,1997,pp.138-140.

⑤ 参见康凯:"'476年西罗马帝国灭亡'观念的形成",《世界历史》,2014年第4期,第36—46页。

马尔切利努斯伯爵将西部罗马帝国灭亡分别与另外两位历史人物联系在一起。一个人物是于 476 年被废的奥古斯都路斯,已如前述;另一位则是 454 年被皇帝瓦伦提尼处死的名将埃提乌斯。"埃提乌斯,西部帝国的大救星,令阿提拉王恐惧的人,与朋友波爱修斯(Boethius)一道在宫中被瓦伦提尼皇帝杀害,西部帝国与他一道灭亡,至今不能复兴。"① 可能这也是埃提乌斯被称为最后一位罗马人的缘故。尽管马尔切利努斯伯爵提到了 480 年皇帝奈波斯被暗杀,但是他并不以这一史实为西罗马帝国灭亡的标志。到 529 年,作者提到了五年后帝国对非洲的出征计划,在 534 年也非常高兴地说明了对北非的成功征服。"在失去迦太基之后的第 97 年,驱逐和击败汪达尔人之后,俘虏其王盖利马尔并送到君士坦丁堡,迦太基更加牢固地重回祖国的怀抱。"② 但对于意大利及其哥特王国,马尔切利努斯伯爵的表述则更加稳健一些。在提到 536 年贝利萨留依靠上帝的恩典进入罗马城、540 年他又在拉文纳俘虏了哥特王,以此为转折,此后的战争被称为哥特人的叛乱。由于作品在 548 年处中断,也就未能为我们提供完整的哥特战争叙事。

三、西罗马帝国灭亡观念的一度消失

最近克鲁兹认为,在 6 世纪 50 年代的君士坦丁堡业已形成了有关西罗马帝国灭亡的共识。③ 但是,历史记忆可能比克鲁兹想象的要更为复杂一些。克鲁兹尤其忽略了西罗马帝国灭亡观念从历史叙事中消失的趋势。当马尔切利努斯伯爵写作其《编年史》的时候,查士丁尼尚未完成其再征服运动。在 540 年查士丁尼否定了将收复失

---

① "Marcellini v.c.comitis chronicon", T.Momssen ed., *Chronica Minora Saec.IV.V. VI.VII*, vol.II, p.86.
② Ibid., pp.103-104.
③ M. Kruse, *The Politics of Roman Memory: From the Fall of the Western Empire to the Age of Justinian*, Philadelphia: University of Pennsylvania Press, 2020, pp.182-183.

地的大功臣贝利萨留立为西部罗马皇帝的可能性,从而使得帝国由一位皇帝从君士坦丁堡统治的制度从临时状态变成常态。罗马帝国由两个皇帝分治东西的体制转变为查士丁尼及其后时代的一个皇帝统治,是对罗马帝国长达两个世纪的东西分治皇帝制度的否定。这一现实政治体制的改变,刺激着西罗马帝国灭亡的观念继续演化。演化的方向是从西罗马帝国灭亡转变为罗马或罗马帝国的衰落。似乎由于此前皇帝们的懈怠,罗马帝国丧师失地;但到了查士丁尼担任皇帝之后,通过收复失地,帝国复兴。如此一来,5世纪末期的罗马帝国历史,就从两个帝国的不同命运变成了一个罗马帝国先衰后复兴的历史演变。受此影响,西罗马帝国灭亡的观念很快就沉寂了下去。

随着查士丁尼收复失地运动的胜利推进,所谓君士坦丁堡共识就逐渐变得不合时宜。征服北非似乎较为顺利,对意大利的征服则非常曲折,540年,远征军大将贝利萨留围攻拉文纳,迫使东哥特王维提吉斯投降。但是,随后哥特人展开反攻,意大利陷入拉锯战,直到554年左右君士坦丁堡方面方才宣告大功告成。由于战情反复,对于已经征服的意大利地区的管理,查士丁尼遂采取由皇帝亲自接管的策略。例如537年,查士丁尼颁布法令,将西西里的司法终审权收归皇帝,并委托宫廷法官进行具体负责,西西里的上诉者不再前往罗马城进行上诉。① 在这种战局非常不确定的征服过程中,查士丁尼最终下定决心不在西部恢复帝位,而是以西西里岛的司法管理为先例,将被征服地区收归君士坦丁堡皇宫直接管辖。帝国体制由双帝共治演化为一帝独治,西部罗马帝国灭亡的历史也就转化为帝国丧失西部地区的过程。在查士丁尼看来,丧失西部地区源自于此前皇帝们的失职;而对西部地区的再征服则变成了收复失地,以达成查士丁尼中兴罗马帝国的伟业。在这种中兴帝国观的影响之下,西罗马帝国灭亡就是一些皇帝的庸碌无为所导致的丧师失地,而在查士丁尼

---

① Novel 75/Novel 104,De Appellationibus Sciliae,http://www.uwyo.edu/lawlib/blume-justinian/ajc-edition-2/novels/61-80/novel%2075_replacement.pdf. 访问时间:2021年5月。

的领导之下,收复失地,重振帝国声威,如普洛科皮乌斯在《建筑》的开篇所言:"如我在《战争史》中所言,皇帝查士丁尼驱逐了长期压迫帝国的蛮族,使得帝国不仅更加幅员辽阔,而且更加辉煌。"① 从历史写作的角度,从两个帝位到一个帝位的转化,使得罗马帝国的延续性得到彰显,很大程度上消解了西罗马帝国灭亡所带来的历史断裂感。

西罗马帝国灭亡的观念似乎也很快就淡出了历史记忆。普洛科皮乌斯并没有像马尔切利努斯伯爵那样明确提出西部帝国灭亡的看法,而只是讲述了最后几位西部皇帝的无能。在他看来,由于蛮族士兵势力的膨胀,他们要求奥古斯都路斯的父亲也就是摄政欧列斯特斯分给他们三分之一的土地。欧列斯特斯不同意,但奥多瓦克赞成,于是前者被杀,后者开始统治。在普洛科皮乌斯心目中,奥古斯都路斯被废肯定代表了一个历史阶段的结束。"这就是西部发生的那些事情",以此普洛科皮乌斯结束了对西部皇帝时代的叙事。② 奥多瓦克是一位窃国者。提奥德里克"名义上"也是一位窃国者,但实际上是一位"真正的皇帝,比起从一开始便拥有这一高位的任何皇帝来毫无逊色"。普洛科皮乌斯说,贝利萨留邀请法兰克人前来夹击哥特人,其借口就是哥特人不归还意大利:"哥特人用武力强占了属于我们的意大利之后,他们不仅绝对没有把它归还给我们的意思,反而进一步对我们干出了令人难以容忍的和超越一切限度的不公正的行动。"与马尔切利努斯伯爵一样,普洛科皮乌斯希望哥特人"归还"意大利,但他没有使用西部罗马帝国灭亡的提法。

这一比较说明了相关观念的变动。马尔切利努斯伯爵的观点只是代表了查士丁尼在准备战争和战争即将开始时期的看法;正如克鲁兹所指出的那样,这个观念暗含了复兴西部罗马帝国的复杂局面。③ 在收复意大利的过程中,查士丁尼逐渐改变了宣传口径,他是

---

① *Procopius on Buildings* I.i, trans. H.E. Dewing, Cambridge, MA: Harvard University Press, 1940, pp.4-5.

② Procopoius of Caesarea, *History of the Wars: Book III: The Vandalic War*, trans., H.B. Drewing, London: William Heinemann, 1916, p.68.

③ Marion Kruse, *The Politics of Roman Memory: From the Fall of the Western Empire to the Age of Justinian*, p.175.

要收复失地,而不是复国;在收复失地之后,查士丁尼维持了罗马帝国仅有一位皇帝的政策。为了与这一现实政策相适应,有关西罗马帝国命运的历史记忆也随之调整。西部罗马帝国被蛮族占领并非西罗马帝国灭亡,而是罗马帝国丧师失地,遭遇到重大挫折。

约翰·马拉拉斯或者学者约翰(John Malalas)在查士丁尼统治时期开始写作其历史。这部编年史叙事至 565 年。学者们考证,至 527 年的部分,或者至查士丁一世统治结束的那一部分,很有可能是作者于 6 世纪 30 年代在安条克所撰写。马拉拉斯的作品表明,在这个时期,东部地区的史家可能对西部地区的情况业已不是特别熟悉。有关西部最后几位皇帝的统治顺序,马拉拉斯的说法比较混乱,他将安提米乌斯皇帝排在奥利布里乌斯之前,随后是马约里安皇帝,而将奈波斯皇帝视为由利库马扶立的罗马元老。① 但是,马拉拉斯有关西部地区命运的叙事反映的是查士丁尼改变政策之后的新历史认识。他提到的最后一位西部皇帝是奈波斯,但是除了他的即位之外,马拉拉斯没有提到任何其他的信息。他也完全忽略了另一位末代帝王奥古斯都路斯。此后他再次提到西部地区的时候,是十多年后东哥特王提奥德里克进入意大利,又如何杀害奥多瓦克了。② 我们并没有读到有关西罗马帝国灭亡的明确提法。

北非主教维克多的《编年史》不仅没有提到西罗马帝国灭亡,而且也将这种观念传播到了西部地区。这位托伦纳(Tonnennensis)主教维克多所著《编年史》由于其极端的天主教视角而不受现代史家的重视,但是,在西罗马帝国消失之后,它承担起联络 4 世纪尤西比乌斯、杰罗姆所编定的《编年史正典》与 6 世纪西部地区编年史的联络中介作用。后者续接尤西比乌斯和杰罗姆的编年史,以 565 年查士丁尼去世为叙事终点。维克多没有提到西罗马帝国灭亡。他一直以东部帝国的皇帝来安排帝王谱系,如"芝诺、第 49 任罗马皇帝,统治

---

① *A Chronicle of John Malalas*, book 14, 45, trans. E. Jeffreys et al., Melbourne: Australian Association for Byzantine Studies, 1986, pp.206-207.

② *A Chronicle of John Malalas*, book 15, 9, trans. E. Jeffreys et al., pp.212-213.

了十七年",除了简要地记录军国生计之外,所论多为教会史内容,包括著名宗主教区主教的谱系、宗教争论等。他提到的最后一位西部皇帝是奈波斯。但他并不认为奈波斯为正统皇帝。"过了一些时日,欧列斯特斯之子赫克拉努斯夺取了帝权,但与其父一起被杀,他的统治被奈波斯所窃取(assumit)。"① 此后,则再也见不到西部皇帝的踪迹。维克多的《编年史》随后被西班牙的史家续编,在原帝国西部地区流传甚广。例如 7 世纪的西班牙修道院院长约翰的续编,往往与维克多的作品被抄录在一起。②

7 世纪初期的大学问家塞维利亚的伊西多尔,在著名的《大编年史》中简要地缩编了上述作家的作品,并续写至当代。他以宗教事件为主要内容,用东罗马皇帝的谱系作为叙事框架,以世界系年作为系年方式,对俗史内容着墨不多。虽然他提及了西部帝国末期的皇帝们,但也没有提及西罗马帝国灭亡。③ 在他的另一部史学名著——《哥特、汪达尔和苏维汇人史》中,468 年之前的史事多抄录自伊达提乌斯主教的《编年史》,并删除了其中许多关于西罗马帝国的史事。自西哥特人扶持的阿维图斯皇帝之后,伊西多尔再也没有提及任何其他的西部皇帝,反而记载了哥特王向东部皇帝请求封号,以便获得对新占领土地统治的合法性。④

在高卢地区,这种无视西罗马帝国灭亡的现象也非常流行。6 世纪晚期,都尔主教格雷戈里的《历史十书》(即《法兰克人史》)前面两卷为创世以来历史的简编,其中关于罗马帝国的历史基本上抄自尤西比乌斯和杰罗姆的《编年史正典》、奥罗修的《反多神教徒史七卷》。他提及的最后一位西部皇帝也是 456 年被废的高卢人阿维图

---

① "Chronica Victoris Tonnennensis Episcopi", T. Mommsen ed., *Chronica Minora Saec. IV.V.VI.VII*, vol. II, p.188.

② "Johannis abbatis monasterii Biclarensis chronica a.DLXVII-DXC", T. Mommsen ed., *Chronica Minora Saec. IV.V.VI.VII*, vol. II, pp.207-221.

③ "Isidori iunioris episcopi Hispalensis Chronica Maiora", T. Mommsen ed., *Chronica Minora Saec. IV.V.VI.VII*, vol. II, p.424-481.

④ "Isidori iunioris episcopi Hispalensis historia Gothorum Wandalorum Sueborum", T. Mommsen ed., *Chronica Minora Saec. IV.V.VI.VII*, vol. II, p.281.

斯。他接着说:阿维图斯死后,"马尔提安继位"①,从而将帝王谱系转向东部皇帝。与此同时,格雷戈里开始追溯法兰克人的先公先王,用他们的统治年代系年,法兰克王族的谱系替代了罗马皇帝的谱系。西罗马帝国的命运在历史叙事中变得不了了之。

约与都尔主教格雷戈里同时写作的阿旺什主教马略(Marius of Avenches)在其《编年史》中,也非常简洁地提及了阿维图斯称帝、马约里安取而代之、马约里安远征西班牙、塞维鲁斯称帝、安提米乌斯称帝、格利切里乌斯称帝及被废、奈波斯称帝、奥多瓦克称王、提奥德里克进入意大利、奥多瓦克被杀,以及奥多文德(Odoind)被杀,凡十一事。②该书使用执政官系年,对几位末代皇帝,都只提及了登基,这样一来,也就不存在帝国灭亡的问题了。此后法兰克地区编订的《弗莱德加编年史及续编》和《法兰克人史纪》都摘编格雷戈里的《历史十书》,在西部皇帝消失之后,自动地对接东部皇帝的谱系,并以法兰克列王的统治年代系年,未曾明确地表述过有关西部帝国灭亡的观念。

四、西罗马帝国灭亡观念的再兴

在6世纪中期的君士坦丁堡,忽略西罗马帝国灭亡的历史叙事业已成为主流。但是,关于西罗马帝国灭亡的说法仍在流传中。作为贝利萨留的俘虏与国王维提吉斯一道来到君士坦丁堡的哥特人约达尼斯,在552年的时候写作了两部历史作品,它们分别为《哥特史》和《罗马史》。这两部作品的折中性很强,也保持了为西部蛮族王国辩护的立场,因此显得比较独特。《哥特史》的叙事基调相对积极乐观,讲述哥特族两千多年的辉煌历史,以哥特族和罗马人的融合为终点,"阿尼其家族(查士丁尼)和阿马尔家族(提奥德里克)的结合为两

---

① B. Krusch and W. Levison eds., *Liber Historiae X*, II.11.MGH, Scriptores Rerum Merovingini, Hannover: Hahn, 1951.p.61.关于此书名,参见李隆国:"说公元(前)",《首都师范大学学报》(哲学社会科学版),2011年第2期,第1—14页。

② "Marii Episcopi Aventicensis", T.Mommsen ed., *Chronica Minora Saec.IV.V.VI.VII*, vol.II, pp.231-234.

族的统治权带来了希望"①。《罗马史》叙述罗马人的兴衰,从创世开始,迄于当下,其叙事基调相对沉郁。两部书都提到了西部罗马帝国的终结,具体行文和措辞略有不同。《罗马史》成书稍晚,而且专论罗马历史,故这里以该书为例进行分析,以便说明约达尼斯的西罗马帝国灭亡观。

在西罗马帝国末期的诸位皇帝中,没有得到东部皇帝授权的西部皇帝皆为窃国者。除了安提米乌斯、奈波斯为合法皇帝之外,塞维鲁斯、格利切里乌斯、奥古斯都路斯皆属窃国者。在奥古斯都路斯的时候,奥多瓦克入侵意大利,并放逐奥古斯都路斯,"如此这般,由奥古斯都·屋大维首创于建城以来第709年的罗马人民的统治和西部帝国,在经历了五百二十二年的诸帝统治之后,随着这位奥古斯都路斯而灭亡,从此哥特诸王控制了罗马"②。此后,芝诺皇帝觉得与其让不认识的人不如让自己的门客统治意大利,乃命东哥特王"提奥德里克前往意大利,并将罗马人民与元老院托付于他"。到查士丁尼决定西征之时,迅速地"将两个王国和两个帝国置于自己的统治之下"。③ 约达尼斯认为提奥德里克的统治受命于皇帝芝诺,是合法的,因此,他视贝利萨留远征西西里为入侵。但是,他也认同普洛科皮乌斯的说法,只承认提奥德里克的嫡系后代、提奥德里克之女阿马尔文塔的合法性。维提吉斯缔约投降,给意大利带来了和平,对此约达尼斯非常拥护并表示赞同。此后哥特人再次反抗,他视之为叛乱;他们的攻打行为也被定性为侵略。但是,当约达尼斯搁笔之时,意大利仍然骚乱不宁,和平似乎遥遥无期,罗马帝国遭受着巨大的苦难,因此他对读者说,自己的整个叙事包括"帝国如何兴起,如何扩张,又如何征服世界,以及如何由于领导人的疏忽而失去了这些地区"④。

---

① "De origine actibusque Getarum", T.Mommsen ed., *Jordanis Romana et Getica*, MGH, Auct.Ant., Berlin: Weidmann, 1882, p.138.

② "De summa temporum vel origine actibusque gentis Romanorum", T.Mommsen ed., *Jordanis Romana et Getica*, MGH, Auct.Ant., Berlin: Weidmann, 1882, p.44.

③ Ibid., T. Mommsen ed., *Jordanis Romana et Getica*, MGH, Auct. Ant., Berlin: Weidmann, 1882, p.49.

④ Ibid., p.52.

约达尼斯的叙事有很强的折中性。他既承认西罗马帝国的灭亡,又表达了帝国丧失西部地区的观念。因此,他没有像当时的基督教史家那样严重地依赖于尤西比乌斯和杰罗姆的《编年史正典》以及奥罗修的《反多神教徒史七卷》,而是转向了前面提到的弗洛鲁斯,并将他的《罗马史要编》作为最为主要的史源。毫不奇怪,与弗洛鲁斯一样,约达尼斯认为罗马帝国业已渐入老境。在罗马丧师失地之外,提到西罗马帝国灭亡可以为提奥德里克征伐意大利提供了机遇与合法性;指出罗马帝国的衰落,也是对现实更为真实的反映。哥特人的叛乱正酣,查士丁尼的中兴似乎远没有普洛科皮乌斯所描述的那样辉煌。其实,普洛科皮乌斯本人也正在写作《秘史》,抹黑查士丁尼并控诉他的暴政。普洛科皮乌斯抨击查士丁尼的时候,他所使用的评价标准还是古典史学的那一套,颇让人联想起塔西佗。正如他本人在谈到写作动力之时所言,如果史家不记录下尼禄的暴行,则后人何由了解到历史的真相呢?[1] 但与塔西佗相比,普洛科皮乌斯提供了一种更加矛盾的二元性评价标准。一方面,查士丁尼似乎成功地收复了许多失地,建造了诸多漂亮的建筑,整顿了帝国的司法体系,帝国中兴大业取得了辉煌的成就;另一方面,如果从德行的角度而言,查士丁尼的人格与品德又是那么的不堪。中兴大业与皇帝的人格缺陷之间形成了尖锐的对立,帝国的中兴与皇帝的堕落似乎同时在发生着。因此,在普洛科皮乌斯的笔下,罗马帝国的兴衰似乎变得更加复杂了。

同样面对帝国中兴与衰落的矛盾性,从学理而论,约达尼斯的处理又大为不同。自从希罗多德以降,古典史家多崇尚自由,希腊城邦为了自由而抗击波斯大军;伯罗奔尼撒战争时期的雅典自诩为自由的楷模;塔西佗以自由的丧失为借口让罗马帝制担负起罗马衰落的罪责,而普洛科皮乌斯借鉴了当时流行的话语,将查士丁尼视为魔鬼的化身,其表面上中兴罗马,但实际上在毁灭罗马帝国。约达尼斯也遵循了这一传统,从自由的角度来观察罗马的兴衰。但是,他所谓的

---

[1] Procopius, *Secret History*, trans. H. E. Dewing, Cambridge, MA: Harvard University Press, 1935, pp.6-7.

自由并非古典史家所强调的、表现为选举和演说的政治自由,而是基督教的自由观,用他本人的话来说就是"真自由"(vera libertas)。真自由的源泉来自于"真爱"或"纯粹的爱"(diligens mundus)。在《罗马史》序言中,约达尼斯说:"只有在揭示了不同族群所经历的苦难之后,你才会想到要脱离这一切苦难,并皈依于神,他才是真自由。读了我的两册小书,你就会知道,要恪守纯粹的爱。你就会听从使徒约翰的教导。他说:'不要爱世界,和世界上的事。这世界,和其上的情欲,都要过去。唯独遵行神旨意的,是永远常存。'因此请全身心地爱上帝和你的邻居,以便你能恪守律法并为我祈祷。"①

从无为与出世的角度而论,有基督教信仰的支撑,约达尼斯的历史观不仅超越了人世间的成败,而且也超越了塔西佗所代表的元老集团的利益诉求,从普通基督徒的角度来超越了人世的兴衰荣辱。如果说塔西佗从精神和自由的角度否定了罗马帝制,从精神层面超越了帝国繁盛的面相,开创了罗马(帝国)衰落的母题;那么约达尼斯以"真自由"和"真爱"为出发点,超越了对罗马帝国命运的焦虑,完成了对罗马(帝国)衰落命题的解答。阅读约达尼斯作品的读者,其体验最终指向真自由和真爱,如卡西奥多鲁斯在其名著《俗学与圣学规范》中所言,阅读历史,旨在明了人类历史上的兴废皆由上帝所掌管,故读者可以藉此看穿俗世的浮华和荣辱,坚定追随神的信心。② 以这种方式,塔西佗有关罗马帝国衰落的严肃现实挑战和焦虑被彻底地消解了。面对帝国衰落,约达尼斯相对淡定,帝国衰落是上帝的旨意,也是历史的潮流,人们不需要逆历史潮流而动,也不必那么费尽心力地思考和挽救帝国的危机。更何况帝国的衰落似乎有助于人心的永恒得救,特别是普通基督徒的得救。用今天的话语来说,约达尼斯转向了日常生活,消解了政治给他带来的巨大心理阴影。

---

① "De summa temporum vel origine actibusque gentis Romanorum", T. Mommsen ed., *Jordanis Romana et Getica*, MGH, Auct. Ant., Berlin: Weidmann, 1882, p.2.
② R.A.B. Mynors ed., *Cassiodori senatoris institutiones*, lib. I, xvii, Oxford: At the Clarendon Press, 1937, p.55.

如果查士丁尼中兴确实能够维持长久的话,那么约达尼斯所著历史作品的命运就难以逆料了。在东部地区,除了忽略西罗马帝国灭亡事件的历史记忆,西罗马帝国灭亡的观念似乎也流传有绪。6世纪末,学者埃瓦格里乌斯在其《教会史》中,又再次明确提到了西罗马帝位的终结。"奈波斯被欧列斯特斯所驱逐,在他之后,欧列斯特斯之子绰号为奥古斯都路斯者,成为罗马城的最后一位皇帝,时维罗穆卢斯称王之后第 1303 年。此后奥多瓦克控制了罗马政局,拒绝使用帝号,而是称王。"①埃瓦格里乌斯的作品影响深远,于 813 年完成的《提奥法尼编年史》号称名著,在叙述西罗马帝国灭亡时,基本上就抄录了埃瓦格里乌斯的说法。"达尔马提亚的奈波斯短暂地统治了一段时间,但是被某个名叫欧列斯特斯的人驱逐。欧列斯特斯之子绰号为奥古斯都路斯,继续统治了两年,在罗马城的奠基者罗穆卢斯之后第 1303 年成为意大利的帝国统治者。"值得注意的是,自罗穆卢斯以来繁荣长久的西部帝国在也叫罗穆卢斯的手中结束。② 随后他说明奥多瓦克的统治遵循罗马惯例。由此可见,在东部地区,似乎流行着两种不同的有关西罗马帝国灭亡的历史记忆。这一格局又与 8 世纪西欧地区的相关历史记忆颇为相似。

554 年哥特战争正式结束,约达尼斯在《罗马史》结尾部分提到的罗马盟友伦巴第人,于 568 年进入意大利,似乎当年提奥德里克的故事再一次重演。伦巴第人迅速地在意大利北部地区站稳脚跟,并不断地向南渗透扩张。在这种现实背景之下的意大利,有关西罗马帝国灭亡的历史记忆再次浮出史学史的水面。7 世纪初意大利主教特里登提努斯(Tridentinus)写作《伦巴第史》,现已不存。据现代学者推测,该作品很有可能续接约达尼斯的《哥特史》或者《罗马史》。8

---

① Michael Whitby trans., *The Ecclesiastical History of Evagrius Scholasticus*, Liverpool:Liverpool University Press,2000,p.99.有关该书的研究,参见武鹏:"埃瓦格里乌斯的《教会史》版本与资料来源研究",《贵州师范大学学报》(社会科学版),2017 年第 2 期,第 112—118 页。

② Cyril Mango &. Roger Scott trans., *The Chronicle of Theophanes Confessor:Byzantine and Near Eastern History*,AD 284-813,p.185.

世纪后期,应贝内文托女公爵之请,主祭保罗也写作了《罗马史》和《伦巴第史》,既模仿约达尼斯,也与他展开竞争,以伦巴第史续借罗马史。跟约达尼斯一样,主祭保罗也强调了西罗马帝国的灭亡。他说:"如此这般,在罗马城统治着全世界的罗马帝国和从奥古斯都开始的奥古斯都帝号之尊,与这位奥古斯都路斯一起消失于建城以来第1209年,第一位元首盖尤斯·恺撒以来第517年,基督第475年。因此,在奥古斯都路斯被剥夺了奥古斯都之尊后,奥多瓦克进入罗马城,统治了整个意大利王国。在一点都不平静地统治了十四年之后,哥特王提奥德里克从东部前来,进入并控制了意大利。"①保罗主祭的历史叙事表明,约达尼斯折中罗马传统、哥特传统与基督教信仰三者而成的西罗马帝国灭亡叙事,到7世纪和8世纪业已成为意大利流传有绪的史学传统。

　　约达尼斯所著两部史作的接受史也印证了这一点。所有现存抄本全部可以追溯及7世纪末的一部抄本,抄录者匿名,被后人称之为"拉文纳地理学家"(Geographus Ravennas)。也是在7世纪的拉文纳,一部匿名作者抄录了几部6世纪的作品,将它们编订在一起。这部作品被称为《拉文纳编年史》,以其报道拉文纳的信息较多而得名。《拉文纳编年史》包括三个部分,分别为《哥本哈根补编前篇》《哥本哈根补编后篇》《拉文纳史评》。前两个部分因现存抄本保存于哥本哈根(Copenhagen Ms.454)而得名。《拉文纳史评》是现代学者对该抄本页边保留的7世纪编者所作评论的统称。《哥本哈根补编前篇》和《哥本哈根补编后篇》都被认为是6世纪的作品,到了7世纪才被汇编在一起,并添加了评论。476年的史事,三种版本都提供了大同小异的论述。《哥本哈根补编前篇》云:"尤里克王率领哥特人劫掠了许多高卢城市,尤其是毁灭了阿尔勒,使之脱离罗马的统治而归于他的统治之下。在意大利,臣服于罗马法权之下的赫鲁利人于8月23日立奥多瓦克为王……"在全部叙事之后作

---

① H. Droysen ed., *Pauli Historia Romana*, book 15, x, MGH, in usum scholarum, Berlin: Weidmann, 1879, p.122.

者添加了一段评论:"帝国的厄运四起,由于在各个地方都遭受各个族群的压迫,帝国逐渐丧失行省和统治权。"《哥本哈根补编后篇》的行文与《哥本哈根补编前篇》类似,而措辞更为简洁,也没有评论。而《拉文纳史评》则在类似的叙事之前添加了一段评论:"在毁灭帝国的厄运和意外事件中,罗马内部的力量消失,曾经表示友好、附从于罗马司法的外族起兵反抗。"①

在 8 世纪初,不列颠贾罗修道院的修士比德,模仿塞维利亚的伊西多尔写作如何推算复活节的教本,其中也包含《编年史》。比德创作的大小两份《编年史》,从创世讲述至当下。有意思的是,比德并没有借用伊西多尔的《大编年史》,而是自己重新编写,并使用了自己重新推算的世界纪年法。在这部《编年史》中,比德对于奥古斯都路斯不置一词,但原封不动地抄录了马尔切利努斯伯爵关于西部帝国随埃提乌斯被杀而灭亡的语句,并添加了一句:"至今尚未复兴。"②比德的《大编年史》所记录的最后史事为:阿拉伯人围困君士坦丁堡三年,撒丁岛为撒拉森人所占,希波主教奥古斯丁的遗骨被进一步从撒丁岛转移到帕维亚城。尽管罗马帝国处在危机之中,但是,比德却描述了一个生机勃勃的罗马世界。跟不列颠一样,北非、小亚、西班牙、君士坦丁堡、意大利的教会和信众都在这个世界中占据有自己的一席之地。在这个基督教世界中,东部皇帝并未占据中心的位置,皇帝的出现甚至多与罗马教宗相关,处于轴心地位的是罗马城及罗马主教,因此这是一个以罗马教宗和罗马教会为中心的基督教罗马世界。比德特别关心罗马主教的著书立说、召集宗教会议对教义纷争实行最终裁决、慈善救济、获得赠礼等。他在《编年史》的结尾处说:"这个时候,许多英吉利贵族和老百姓、不分男女、不论政治身份(将领和私

---

① "Auct. Haun.Ordinis post. Margo", T.Mommsen ed.,*Chronica Minora Saec.IV. V.VI.VII*, vol.I, pp.309-310.

② Bedae Venerabilis, "De Temporum Ratione", J. A. Gales ed., *The Complete Works of Venerable Bede*, Vol.VI, London, 1843, pp.270-331.其英译本可参考 Venerable Bede,"The World Chronicle", in *The Reckoning On Computation of Time*, trans. Faith Wallis, Liverpool: Livepool University Press, 1999.ch.66, pp.157-238。

人),受到神圣之爱的激励,从不列颠前往罗马。其中有……"①地处基督教罗马世界最为边远地区的人们都心向其中心,络绎不绝地跋山涉水,远道兼程,前往罗马城。正是在这个以罗马教会为中心的基督教罗马世界中,比德期盼着西部帝国的复兴。

比较奇怪的是,对于高卢地区,比德多少有些忽略。由于这一忽略,导致比德无法找到复兴罗马帝国的政治力量。他没有注意到,在加洛林家族的领导之下,法兰克王国正在强势崛起之中,而正是通过加洛林王朝几代君臣的努力,他所期待的西罗马帝国将在不到一个世纪的时间内复兴。比德的再传弟子阿尔昆(Alcuin of York,约732—804)将成为查理曼称帝的重要顾问和谋臣,有力地劝勉查理曼前往罗马,接受罗马皇帝的称号。但是,比德所期盼和阿尔昆所建议的帝国复兴,不可能是对古代西部罗马帝国的简单复兴,复兴的帝国只能在这个业已形成的基督教罗马世界中扮演其角色。从这个意义来讲,查理曼的帝国注定要成为"神圣的"罗马帝国。在这个神圣的罗马世界里,加洛林帝国也将不再仅仅是西部罗马帝国,而是代表着罗马和罗马教宗的罗马帝国。

五、帝权转移与罗马帝国的衰败

公元800年的圣诞节,在罗马的圣彼得大教堂由罗马教宗利奥三世(Leo III,796—816年在位)主持加冕膏立仪式,查理曼成为罗马皇帝。称帝之后,查理曼不断地派遣使者到君士坦丁堡,想跟君士坦丁堡的皇帝称兄道弟;但是,君士坦丁堡的皇帝并不承认查理曼是罗马皇帝。君士坦丁堡方面显然并不想改变一个罗马皇帝的政治传统。在这种背景之下,东西部皇帝围绕正统性问题展开了频繁的外交活动,经过双方谈判,最终东部皇帝承认西部皇帝为"皇帝"。在东

---

① "Chronica Bedae", T. Mommsen ed., *Chronica Minora Saec. IV.V.VI.VII*, vol. III, MGH., Auct. Ant., Berlin: Weidmann, 1898, p.320. 虽然今天流行的古代晚期研究更为复杂、细腻而多元,但其宗教史的关怀使得二者在气质上非常接近。

部帝国的历史书写中,813年完成的《提奥法尼编年史》在这一时期最为有名。对于查理曼的帝号,该书颇具反讽地说罗马教宗利奥三世为查理曼加冕,称其为"罗马皇帝"。①

查理曼以及随后历代加洛林帝王的顾问们从各个角度论证西部帝位的合法性和正统性。为了论证查理曼帝号的合法性,有文献表明,帝权转移说的最初版本开始浮现。"由于希腊方面让出了皇帝之名,他们以女性为帝。"②据说由查理曼的中书令、科隆大主教授意编订的一部历书,也同时出现了类似的帝权转移说。在这部历法书的末尾,提到希腊人送来了帝权:"依据由杰罗姆所传承的希伯来算法,从世界肇始至今即查理王统治的第31年、接纳三分之一的萨克森人为人质之年、也是希腊来的使者将帝权交给他(查理)(traderent ei imperium)之年,凡5998年。"③

此后,帝权转移之说,并没有立即流行。到路易二世皇帝(Louis II,850—875年在位)去世之后,在意大利中部地区,有一份匿名小册子感叹罗马城再次失去其帝权,作者回顾了此前罗马帝权的历次转移,指出历史上曾先后发生过两次帝权转移过程。第一次是"罗马帝权被转移到拜占庭",即君士坦丁堡;罗马城由国老们统治着;但与此同时,"接受了耶稣赐予的特权而对所有基督徒拥有统治权"。伦巴第人入侵之后,引发了第二次转移:"希腊人被赶走了,帝权从罗马城转移到法兰克人那里。"④小册子的作者明确表达了罗马城所经历的转变,从拥有统治世界的世俗统治权变成了管辖所有基督徒的教会统治权。

---

① Cyril Mango & Roger Scott trans., *The Chronicle of Theophanes Confessor: Byzantine and Near Eastern History, AD 284-813*, Oxford: Clarendon Press, 1997, p.651. 希腊文转引自 L.Duchesne, *Le Liber Pontificalis*, vol.II., p.38, no.34。

② George H. Pertz ed., "Annales Laureshamenses", ides, ed., *ScriptorumTomus I.*, MGH., Hannover, 1826, p.38. 凡·登·巴尔认为这只是暗示了帝权的转移,见 P.A.Van Den Baar, *Die kirchlicheLehre der Transatio imperii Romani: bis zur Mitte des 13. Jahrhunderts*, Rome: Universitas Gregoriana, 1956, pp.7-17。

③ "Annales sancti Petri Coloniensis", in George H. Pertz ed., *SciptorumTomus XVI*, MGH., Hannover: Hahn, 1859, p.730.

④ George H. Pertz ed., *Scriptorum tomus III.*, MGH., Hannover: Hahn, 1839, pp.719-720.

但是,由于历史传统的影响,加洛林王朝的世界历史书写,仍然呈现为两种不同的模式,既有传承马尔切利努斯伯爵和约达尼斯以降有关西罗马帝国灭亡的历史叙事,也延续着托伦纳主教维克多以来忽略西部罗马帝国灭亡的传统。9世纪具有代表性的世界历史作品是由丽雪主教弗雷库尔夫(Freculf of Liesiux)所编订的《编年史》。这部作品是供王子秃头查理(Charles the Bald,840—877年在位)学习历史之用。其中有关奥古斯都路斯的描述,基本上抄自约达尼斯所著《哥特史》中的说法。"如此这般,自罗马建城以来第709年,由第一位奥古斯都屋大维所掌控的罗马人的西部帝国,与这位奥古斯都路斯一起消失,时维历代皇帝统治了520年之后。至此曾经统治诸族的、位于西部罗马地区的帝国,可怜地让位于异族列王。"[1]弗雷库尔夫所做的修订在于最后一句,将约达尼斯有关奥多瓦克统治的论述改为"此后哥特诸王控制了罗马和意大利"[2]。

另一位著名的加洛林历史学家是普吕姆修道院的修士里吉诺(Regino of Pruem),他于10世纪初编纂《编年史》,从耶稣基督道成肉身开始讲起。虽然他大量抄录英格兰的修士比德的《大编年史》,也提到了埃提乌斯为瓦伦提尼所杀,奥多瓦克统治意大利,但是,里吉诺删除了比德的相关评论,致使西罗马帝国灭亡在其叙事中没有留下任何明显的痕迹。[3]

11世纪末12世纪初,利用帝权转移理论重述罗马帝国晚期的历史作品开始大规模涌现。其中影响最大的早期作品是由让布卢的西吉贝尔特(Sigebert of Gembloux)于1101年编纂并于1112年修订的《编年史》。这部作品旨趣深远,欲续借尤西比乌斯和杰罗姆的《编年史正典》,并按照这部经典作品的方式,从381年开始分为八栏叙述各族群的历史。这八个族群分别是罗马帝国、波斯、英格兰、伦

---

[1] *Freculphus Lexoviensis Episcopus Chronicorum Tomi Duo*, J.-P.Migne ed., Patrologia Latina, Paris, 1851, vol.106, col.1249.

[2] "Jordanis de origine actibusque Getarum", p.120.

[3] F. Kurze ed., *Reginonis abbatis Prumiensis chronicon cum continuatione Treverensi*, MGH., in usum scholarum, Hannover: Hahn, 1890, pp.18-19.

巴第、西哥特、东哥特和匈人。西吉贝尔特以《但以理书》的四大帝国说作为开篇,以半铁半泥隐喻 4 世纪晚期的政治形势,并引入七个蛮族的历史。"这些族群,或者由于人口繁衍,可居地减少;或者由于性好戎马,从各自的家园出发,进入到罗马帝国境内,从其广袤的疆土各自割占一部分,并在那里建立起各自的王国。"①以这种方式,古代罗马帝国晚期的历史被转化为蛮族的历史。从形式上看,作者也没有提及西部罗马帝国的灭亡;但运用帝权转移理论,西吉贝尔特提供了一套新的解释体系。这一体系主要包括两个历史节点。其一为君士坦丁一世迁都拜占庭城。发生于 333 年的迁都事件使得罗马帝权从罗马城转移到君士坦丁堡,此后罗马帝国步入了半铁半泥的状态,蛮族纷纷进入罗马帝国境内割地建国。另一个节点则是公元 800 年查理曼称帝。在简要地叙述了查理曼称帝的大致经过之后,作者特地增加了一段评论:"随着王国秩序的变迁,名号秩序也要随之改变,从此法兰克王国和罗马帝国合而为一,君士坦丁堡帝国与罗马帝国分离。君士坦丁一世将色雷斯的拜占庭城扩建并提升为王城,罗马政治的荣光转移到那里,拜占庭成为罗马帝国的首府,并被称为新罗马。在经历了长达四百六十八年的君士坦丁堡罗马帝国之后,作为第一位法兰克人,查理统治了罗马帝国十四年。"②经过这一历史事件,罗马帝权从君士坦丁堡转入到法兰克人手中,而且从此以后,君士坦丁堡的皇帝也就不再是罗马皇帝了,西部皇帝才是唯一的罗马皇帝。

西吉贝尔特的作品非常成功,在作者生前就广受征引。通过比较这些引用可以发现,作者提供的西罗马帝国灭亡新解起初还得与其他的历史叙事相互竞争。例如,几乎与西吉贝尔特同时创作基督教"普世史"的弗鲁托尔夫(Frutotf of Michaelsberg),引用了西吉贝尔特的作品,但是,他并没有采用帝权转移这一解释模式。弗鲁托尔

---

① D.L.C. Bethmann ed., "Sigeberti Gemblacensis chronica cum continuationibus", MGH, G.H. Pertz ed., *Scriptorum tomus vi*, Hannover: Hahn, 1844, p.300.

② Ibid., p.336.

夫的《编年史》，从创世开始，叙述基督教世界历史直至 1099 年。里面提到君士坦丁一世由于得了麻风病，在被治愈之后，决定迁都到拜占庭城。但作者并没有将迁都视为帝权转移。另一方面，与西吉贝尔特类似，弗鲁洛尔夫也基本上将西罗马帝国晚期的历史视为蛮族史。当叙事到瓦伦提尼皇帝的时候，弗鲁洛尔夫分别引入法兰克人、哥特人和匈人的历史，以这种方式，忽略了西罗马帝国自身的历史，代之以蛮族史。在讲述提奥德里克的故事之时，该《编年史》仅仅简要提及了奥多瓦克以及西部罗马帝国的命运。"一些年前，有位奥多瓦克带着大群强悍的赫鲁利人离开潘诺尼亚边境，以图林根人和斯基鲁人相助，来到意大利，没有遇到任何抵抗，占领了全部意大利和罗马城，在那里统治了十四年。"①

此后不到半个世纪，著名历史学家弗赖辛的奥托最终综合了上述两种有关西罗马帝国灭亡的历史记忆，改造帝权转移理论，并从基督教世界历史的宏观进程，重新解释了西罗马帝国灭亡事件。奥托的《双城史》从创世讲述至当下，以取舍精当、阐释精深而著称。在论及君士坦丁一世的时候，他插入了有关帝权转移到东部的说法："（迁都之后）由此罗马帝权被转移到希腊人手中并留在那里，古老的罗马城仅仅保留其名，而其实在彼。请看，基督之国在增长，俗世之国则稍微陵替。"②在论述西罗马帝国灭亡之时，奥托说："作为第 48 位皇帝、芝诺得到了东部帝国。奈波斯得到了西部帝国，即罗马帝国。罗马国老欧列斯特斯驱逐了他之后，将自己的儿子称为奥古斯都路斯而非奥古斯都，并立为西部皇帝。因此当罗马帝国似乎独霸天下而令其他王国黯然失色之时，由于上帝的公正裁决，怎样论断人，也必怎样被论断。"③接着奥托发表了长篇评论，历数自 410 年至奥多瓦

---

① D.G. Waitz &. P. Kilon eds., "Ekkehardi Uraugiensis chronica", G. H. Pertz ed., *Sciptorum tomus v*i, MGH., Hannover: Hahn, 1844, p.128.

② A. Hofmeister ed., *Ottonis episcopi Frisingensis chronica*, lib.IV.v. MGH, Hannover: Hahn, 1912, p.191.

③ Ibid., p.222.

克之间罗马城所遭受的灾难,并总结历史规律。"当法兰克王国肇兴之时,处在奥古斯都路斯治下的罗马步入最后的老境,落入蛮族之手,面临灭亡。时维建城以来的第 1227 年。"①

奥托认为,罗马帝国的衰落是上帝的旨意,属于历史变迁的潮流。在人类历史的漫长历程中,波斯帝国代表了世俗之城,罗马帝国则是基督之城;当前者衰落,则正是后者兴起之时;此后二者长期对峙。在罗马帝国之内,也有世俗之城与基督之城的区分,她们分别体现为帝国与教会;二者此消彼长。不仅如此,在帝国的疆域之内,也发生着帝权转移。发生于君士坦丁一世统治时期的迁都,不仅是罗马帝权的第一次转移,而且也是罗马帝国衰落的始点,教会不断增强实力。② 奥托将基督教的胜利与罗马的衰落明确地联系在了一起。

另一方面,奥托将 476 年的西罗马帝国灭亡与法兰克王国的兴起联系在一起,它们之间的转换也是罗马帝国境内发生的另一次帝权转移。当罗马人的帝权衰落之时,正是法兰克人的帝权兴起之时。因此,蛮族的胜利尤其是法兰克王国的胜利与罗马帝国的衰落也关系密切。不仅如此,这一帝权转移的意义远远大于从罗马城转移到君士坦丁堡的那一次帝权转移。由于 476 年发生的帝权转移,使得公元 800 年查理曼称帝所发生的帝权转移并不那么意义深远。这一事件虽然使得帝权从君士坦丁堡转移回到西部地区,但在西部而言,则又属于法兰克帝权发展进程之中的一个步骤。

相对于教会(基督之城)而言,帝国这一世俗之城一直处在衰落之中。在此宏观进程之内,站在法兰克人的立场上,奥托不仅淡化了帝权转移到东部地区的历史意义,将罗马帝国内部的帝权转移之主线

---

① A. Hofmeister ed., *Ottonis episcopi Frisingensis chronica*, lib. IV. xxxii, MGH, Hannover: Hahn, 1912, p.224.

② 奥托的这种历史认识似乎令人联想起 6 世纪初在君士坦丁堡写作的佐西莫斯。在其所著《新史》中,佐西莫斯将君士坦丁一世视为罗马帝国衰落的罪魁祸首,尤其是他迁都和将罗马军队蛮族化。我们并不知道奥托是否读过佐西莫斯的史书,也不知道奥托在多大程度上阅读了古典史家。奥托确实直接提到过塔西佗。在第 3 卷讲述罗马的和平时奥托说:"至此为科尔涅利乌斯·塔西佗所作的记载。"但学术界认为奥托在这里犯了错误,误将奥罗修的写作当作塔西佗的论述。A. Hofmeister ed., *Ottonis episcopi Frisingensis chronica*, lib. III. viii, MGH, Hannover: Hahn, 1912, p.144, note 7.

贯穿于西部历史;而且以帝权转移到法兰克人之手而消解了西罗马帝国灭亡的历史影响力,形成了以法兰克帝权为中心的罗马帝国衰落解释模式。在这一模式之中,存在两条线索,一条为明线,另一条为暗线。明线是传统的帝权转移线路:从罗马转移到君士坦丁堡再转移到法兰克人那里;查理曼称帝使他续接君士坦丁六世,进入罗马皇帝的谱系,成为《双城史》的系年方式之一。暗线则解释帝国西部疆域之内发生的纵向演化进程,476年的事件意味着罗马帝权转移到法兰克人手中。为此,奥托也为西罗马帝国灭亡进行了正名,476年发生的历史事件不仅意味着西部罗马帝国(帝权)①的灭亡,而且也是罗马帝国(帝权)的灭亡。末代皇帝奈波斯获得的是罗马帝国(帝权),与奥古斯都路斯一起灭亡的也是罗马帝国(帝权)。西罗马帝国(帝权)灭亡与罗马帝国(帝权)灭亡是二而一的;在罗马帝国(帝权)灭亡之后,通过帝权转移,法兰克人的帝权取罗马帝权而代之。而借助于帝权转移理论,奥托也消解了罗马帝国灭亡的"创伤性历史记忆",其所彰显的,则是罗马帝国的延续性和基督教人类历史步入老境的缓慢历程。在奥托眼中,罗马帝国是基督教政治史的承载政体,从古代以迄当下,也包括东西部欧洲的两个帝位,古今东西之间以罗马帝权之转移而无痕对接。东西帝权迭兴,教权日趋于强盛,帝权则稍嫌陵替。从基督教教会发展的角度和帝权在族群间转移的角度,奥托从某种程度上大大消解了西罗马帝国灭亡的历史意义。尽管同样关注基督教,但与6世纪中期的约达尼斯不同,奥托聚焦于作为社会政治组织的教会,而不仅仅将基督教理解为个人的日常生活方式。通过这种视角调整,奥托提供了带有西欧中心论色彩的罗马帝国历史转型论。

在奥托那里,有关西罗马帝国灭亡观念的漫长史学史求索似乎抵达了可以告一段落的节点。当1世纪末2世纪初塔西佗提出罗马(帝国)衰落的史学命题之时,他实际上指出的是罗马元老阶层的精神堕落。作为承载罗马共和国兴盛的重要力量,元老们自甘堕落,迎

---

① 帝国与帝权,奥托使用了同一个词汇"imperium"。其字面含义为"统治"。罗马帝国或者罗马帝权实质就是罗马人的统治。

奉元首制下的政治自由受限新政,使得罗马帝国随之衰落。一个世纪之后,历史学家弗洛鲁斯所发出的罗马已入老境的感叹预示着3世纪的全面危机,这一历史哲学被基督教史学解释接过去,成为其基本历史哲学假定。这个时期的基督教作家将人类历史最后阶段锁定为罗马帝国并期望其迅速灭亡,但罗马帝国的分而和平,使得东西部帝国走上了不同的发展道路,西部罗马帝国灭亡刺激了相应观念广泛深入人心;从历史文献的角度来看,查士丁尼中兴似乎先刺激了西罗马帝国灭亡观的经典性表述,之后又随着政策与形势的改变,转而抑制灭亡观念的流行,代之以带有浓厚转型色彩的帝国中兴观,从而留下了有关罗马帝国衰落的两种不同的历史记忆传统:西罗马帝国灭亡和查士丁尼领导的罗马帝国中兴转型论。

约达尼斯的历史叙事可能生动地反映了这一矛盾性,为此他号召读者放弃帝国兴衰的焦虑,走上皈依基督,热爱生活的解脱之路,以关注日常生活驱散政治衰落的心理阴影,以蛮族与罗马人之间的联合乃至联姻消解他们之间的紧张关系。此后又经过近两百年的历史演化,在西部地区,以罗马城和罗马教宗为中心的基督教罗马世界取代古代的基督教罗马帝国,"神圣的"罗马帝国在西部复兴。利用帝权转移理论,彻底地回到西欧立场,分析罗马帝权从罗马人转移到法兰克人的转变过程,以及基督之城(教会)与俗世之城(社会)、教权与帝权的此消彼长,12世纪的著名历史学家奥托最终调和两种不同的西罗马帝国灭亡记忆,描绘出一幅罗马帝国在衰落中长期延续的历史转型画面。对西罗马帝国灭亡观念的梳理似乎表明,无论罗马帝国衰亡模式抑或罗马世界转型的说法,似乎都深植于中古早期的历史认识之源,我们甚至可以说,它们都植根于查士丁尼所主导的意气风发而成效又颇差强人意的那个中兴年代。而奥托借助于帝权转移理论,将西罗马帝国灭亡命题成功地转换成基督教会的胜利所导致的罗马帝国衰落和法兰克人兴起所带来的罗马帝权转移,尽管帝国总体上日趋衰败。

作者简介:李隆国,北京大学历史学系副教授。

从小普林尼《书信集》5.8 看罗马帝国早期知识精英的史学观

吕 厚 量

内容摘要：小普林尼《书信集》5.8 是今人借以研究罗马帝国早期史学理论与史学方法的重要文献。该文阐述了普林尼本人对历史学的社会功用、艺术价值与发展局限的深刻看法，提出了对史学创作基本原则的独到见解，将史学的社会地位提升到了不亚于公共演说术的重要地位，构成了对古典学术史中以亚里士多德为代表的消极史学观的有益补充，对后世学者理解拉丁史学在罗马帝国早期文化体系中的地位问题具有宝贵的参考价值。本文试图通过对小普林尼书信及其他相关作品的介绍与分析，解读拉丁史学在罗马帝国早期知识精英心目中的地位与价值。

关键词：小普林尼　史学　罗马帝国早期　拉丁文学

一

罗马共和晚期至帝国早期是拉丁文学发展史上的黄金时代与白银时代，西塞罗、维吉尔、昆体良（Quintilian）等大师将来自希腊文化的演说词、史诗和修辞学推向新的高峰，阿普勒乌斯（Apuleius）、马提阿尔（Martial）和小普林尼（Pliny the Younger）则在小说、讽刺短诗和书信体文学等领域做出了独创性的贡献。然而，这一时期的拉丁史学不免显得相形见绌。除萨鲁斯特、李维、塔西佗等特例外，拉丁文化未能催生出堪与希腊文化匹敌的史家和史作。在共和向帝制转型期间，罗马知识精英耳闻目睹了一幅幅波澜壮阔的历史画卷。但这些宝贵的史学素材往往只得到阿庇安、约瑟夫斯(Josephus)、普鲁塔克、狄奥·卡西乌斯(Dio Cassius)等希腊语史家的注意；或虽有相关拉丁史作问世，却因其显而易见的缺陷与拙劣而被同题材的希腊语作品所取代。在分析拉丁史学发展相对滞后的原因时，西方史学史或古典学术史中常见的解释有二：一是认为拉丁文化缺乏悠久的史学传统，史料的保存状况在王政时期和共和早期便很不理想，[①]结果制约了后人对史学研究的关注度。第二种观点认为，在整个希腊罗马文化的传统思维中，史学的地位远逊于诗歌与哲学，因此没有得到帝国时期拉丁知识精英们的注意。这一观点的主要证据来自亚里士多德，他在《诗学》中写道："事实上，希罗多德的作品完全可以被改写成韵文，无论是否符合诗律，它都是一种历史作品。真正的区别在于，前者讲述的是已经发生的事情，而后者描写的是可能发生的事情。因此，诗歌是一种比历史更加科学、更为严肃的东西；诗歌力图陈述普遍事实，而历史讲述的只是个别的事实。"[②]

笔者认为，上述两种观点在解释公元前1世纪至公元2世纪拉丁史学发展状况方面都存在明显缺陷。在文学创作方面，王政时期与共和早期的罗马文化同样乏善可陈。而在西塞罗、瓦罗等学者的努力下，共和末期至帝国早期的拉丁语在表现力方面已大为增强，元首制统治初期的安定、富足局面也有利于各项文化的发展，可以说当时的罗马社会已经具备了孕育一流史作的条件。此外，在古典学术史研究中，今人已无法确切得知《诗学》及亚里士多德对史学的消极看法是否在罗马及其他拉丁学术中心产生过决定性的影响；而帝国早期东部地区希腊语史书大批涌现的事实，似乎倾向于否定亚里士

---

① R.M. Ogilvie,"The Sources for Early Roman History",in F.W. Walbank et al., eds,*The Cambridge Ancient History*, 2nd edition, Vol.VII, Part 2, *The Rise of Rome to 220 B.C.*, Cambridge: Cambridge University Press, 1989, p.17.

② Arist.*Poet*. 1451b.

多德观点的普遍代表性。为了寻找拉丁史学发展长期裹足不前的原因,我们必须理解史学在罗马知识精英心目中的性质与地位。对此,小普林尼是一位合适的分析对象,因为他是帝制初期罗马最著名的学者和政治家之一,留下了三百多封书信。其中,他在本文着重分析的《书信集》5.8中与友人细致探讨了撰史问题,这恰好为后人提供了有关帝国前期拉丁史学发展状况的珍贵史料。

二

《书信集》5.8记录了普林尼就其文坛好友提梯尼乌斯·卡庇托(Titinius Capito)力劝他从事史学创作一事做出的回应。需要说明的是,小普林尼的书信集具有特殊性质,其中的信件往往经过明显的润色与加工,并且是作者本人有意识地整理出版的作品,具有公共宣传品和文学作品的性质,①因此该信在细节方面的历史真实性是值得怀疑的。但无论如何,小普林尼本人选择将它公之于众,说明他对信中的基本观点必然是认同的。在信件中,小普林尼表达了自己迥异于亚里士多德的史学观,突出强调了史学作品的重要性与艺术性。

小普林尼在信件开篇处便指出,历史创作是一门受到公众广泛关注的学问。卡庇托和许多友人都极力劝说普林尼撰写历史作品;②而小普林尼自己也完全认同史学的重要价值。他写道:"我希望能这样做……因为记载那些最高贵的人物的事业,使之不因后人的错误而遭到遗忘,让他们和自己一同声名远扬,在我看来是一件无比辉煌的成就。"③在小普林尼心目中,历史学的影响力是巨大的,因为"演说和诗歌只能获得有限的赞赏,除非它们达到优美的极致;但

---

① A.N. Sherwin-White and Simon Price,"Pliny the Younger", in Simon Hornblower et al., eds., *The Oxford Classical Dictionary*, 4th edition, Oxford: Oxford University Press, 2012, p.1163.
② Plin. *Epist*. 5.8.1.
③ Ibid., 5.8, 1-2.

历史无论如何呈现,至少总可以给人乐趣。人性天生就是喜好探究的,因此平铺直叙、不加修饰的事实也能吸引那些喜好闲谈与轶事的读者。"(orationi enim et carmini parua gratia, nisi eloquentia est summa: historia quoquo modo scripta delectat. Sunt enim homines natura curiosi, et quamlibet nuda rerum cognitione capiuntur, ut qui sermunculis etiam fabellisque ducantur.)① 可见,在小普林尼看来,历史学具有演说与诗歌所无法比拟的社会效应。

那么,小普林尼是否认同亚里士多德的观点,相信历史创作是一门在价值方面较为逊色的学问呢?普林尼本人给出了否定的回答。即便平庸的史作也足以成为读者们茶余饭后的谈资,出类拔萃的史家也绝不应以此为满足。在另一封谈论作家萨图尼努斯(Saturninus)的书信里,小普林尼首先赞美了此人在演说术方面的卓越才华,又接着写道:"他的史书简洁清晰、优美动人、叙事风格崇高,从而使你得到极大的美的享受。"(idem tamen in historia magis satisfaciet uel breuitate uel luce uel suauitate uel splendore etiam et sublimitate narrandi.)② 在《书信集》5.8 的后半部分,小普林尼把历史创作的艺术性提升到与自己从事的职业——演说术相提并论的高度。他认为,演说术处理的是日常生活中平凡琐碎的事务,历史关注的则是深刻的真理和壮举的光辉;演说词必须保持紧凑严密,历史作品则应做到详尽无余;演说和历史作品所用的词汇、韵律都是有所区别的,用修昔底德的话说,演说词是一种服务于当下的"有奖征文",而创作历史作品则是为了让它传之久远。③

值得注意的是,小普林尼在这里的叙述表明,他对修昔底德的历史观并未进行过足够认真细致的研究,因为他所引用的文字完全曲解了修昔底德的原意。在《伯罗奔尼撒战争史》中,修昔底德本无贬低演说术之意,只是承认自己书中引用的演说词未必准确,但自己陈

---

① Plin. *Epist.* 5.8.4.
② Ibid., 1.16.4.
③ Ibid., 5.8.9.

述的历史必须真实,①以便不失永恒价值。②然而,小普林尼的误会却恰好反映了他本人对史学艺术性的高度重视。在史学与演说术的比较中,史学在技巧方面非但不落下风,反而还拥有演说词所不具备的高层次要求。这样的观点并不见于亚里士多德等希腊学者的著作,③反映了小普林尼在史学方法与史学理论方面的独到见解与探索心得。

事实上,这一观点并非小普林尼的独创。在一定程度上,对史学写作技巧与规范的充分重视代表了帝国早期相当一部分罗马史学家、修辞学家的共识。李维和塔西佗都在创作中积极实践了这一原则。李维努力在自己的作品中寻求历史学与修辞学手法的有机结合;身为著名演说家的塔西佗则刻意发展出自己独具的撰史风格,甚至创造专用的词汇,以达到简洁、深刻和凝练的艺术效果。从文艺理论的角度看,塔西佗和小普林尼都继承了他们共同的老师昆体良在《修辞学教育》中提出的观点。④后者曾写道:

"历史学同样可以为演说家提供养料,我们可以将之比作富于营养的鲜汤。但在读史的时候,我们必须记得,许多历史学家的优点在演说家那里是必须予以回避的。因为历史近于诗歌,可以被视为一种散文诗;同时,它是为陈述而非论证的目的所写的,自始至终都不是为了即时的效果或法庭诉讼的需要,而是要记录有益于后人的事件,并为作者赢得荣光。因此,为了避免叙述的单调乏味,它使用冷僻的词汇,并更加频繁地引经据典。"⑤

可见,小普林尼的史学观在帝国早期并非个别、偶然的。从昆体良到小普林尼的相关书信与塔西佗的史学创作实践,这条史学理论发展史的脉络可以说是十分清晰的。

要之,小普林尼论撰史的书信虽然简短,在古罗马史学史上却具

---

① Thuc. 1.22.1-2.
② Ibid.,1.22.4.
③ A.N. Sherwin-White, *The Letters of Pliny: A Historical and Social Commentary*, Oxford: Clarendon Press, 1966, p.334.
④ Ibid., p.333.
⑤ Quint. *Inst*. 10.1.31.

有相当重要的价值。它反映了部分帝国早期知识精英对史学功用、价值的高度重视,证明了他们对史学发展方向所做的有益探索,构成了对以亚里士多德为代表的消极史学观的重要补充。

三

通过上文的分析,我们不难看出,以昆体良、小普林尼等为代表的部分帝国早期知识精英对于撰史的意义和价值是有着充分认识的。那么,为何拉丁史学未能像拉丁文学一样,在帝国时期取得巨大收获呢?为何小普林尼本人在多位好友力劝之下仍拒绝从事史学创作呢?这些问题的答案恐怕相当复杂,涉及诸多政治、文化要素。小普林尼的书信显然不能为我们提供全部解释,但其字里行间却暗示了当时制约拉丁史学发展的一个主要因素,即社会舆论对垂训史观的过分重视。

小普林尼在信中表示,自己在短期内不会转而从事历史写作,这等于是委婉地拒绝了卡庇托等人提出的建议。在说明原因时,小普林尼给出了两个主要理由:一是自己无力同时肩挑演说术与历史学两项重担,这个说法似乎可以视为他的谦辞。第二个理由在于,无论他从事古代史的创作还是记载当下的历史,都会遇到难以处理的技术性麻烦。小普林尼用下面的话来解释自己不敢书写当代史的缘故:"我应当写无人处理过的近期题材吗?我将得到的只是微薄的感谢,付出的代价则是严重的冒犯。对于当今的种种丑恶罪行而言,应当批判的本来就远较值得赞美的为多;但即便有分寸的赞颂也会显得吝啬,节制的责备仍将被视为过度。"(intacta et noua? graues offensae leuis gratia. nam praeter id, quod in tantis uitiis hominum plura culpanda sunt quam laudanda, tum si laudaueris parcus, si culpaueris nimius fuisse dicaris, quamuis illud plenissime, hoc restrictissime feceris.)① 作为一名地位显赫、身居要职的贵族,小普林

---

① Plin. *Epist.* 5.8.12—13.

尼在明知将要公开出版的书信里对世风的批判当然只能点到为止。或许我们可以从西塞罗的一篇未打算出版的书信中更加明晰地看出问题所在。在一封写给史学家卢凯乌斯(Lucceius)的信中,西塞罗几乎不加掩饰地表明,希望对方按照其意图为自己写史。"我有着一种焦灼的渴望,……希望我的声名能通过你的作品发扬光大。"①为了树立自己的公共形象,西塞罗需要找到证人——"伟大、知名人士的有力证词(*grave testimonium impertitum clari hominis magnique*)。"②如果卢凯乌斯拒绝他的要求,西塞罗将不得不像恺撒那样撰写自己的历史。但自传作者"必须过分谦虚地记载那些本应受赞颂的事迹,略过一切可能招致非议的内容"(*et verecundius ipsi de sese scribant necesse est, si quid est laudandum, et praetereant, si quid reprehendendum est*);③并且不如他人撰史那么可信和权威。在信件的结尾处,西塞罗写道:"如果对你来说不是过于不便的话,请回信告诉我你的计划。如果你接受这项任务,我会提供所有内容的材料。如果你想以后再议,我将去找你面谈。"(*si tibi non est molestum, rescribas mihi velim. si enim suscipis causam, conficiam commentarios rerum omnium, sin autem differs me in tempus aliud, coram tecum loquar.*)④西塞罗这种咄咄逼人的态度是有其道理的。共和时期的罗马是一个重视名誉、道德如同生命的社会,道德史观在从萨鲁斯特、李维到塔西佗、苏埃托尼乌斯(Suetonius)的历史与传记作品中都占据着支配性地位。对于西塞罗、恺撒这样的公众人物而言,历史作品的宣传作用自然非同小可。因此,西塞罗才要向卢凯乌斯施加压力,以便自己的意志能在后者的史书中得到贯彻;恺撒才会通过亲笔撰写《高卢战记》与《内战记》的方式来占据政治宣传中的道德制高点。我们看到,近两百年之后,在小普林尼出版《书信集》的

---

① Cic. *Fam*.5.12.1.
② Ibid., 5.12.7.
③ Ibid., 5.12.8.
④ Ibid., 5.12.10.

时代,这种共和末期的遗风依旧在一定范围内发挥着作用。相当多的拉丁作家认为,价值评判是历史作品的第一要义。小普林尼自己就说,他的舅父老普林尼(Pliny the Elder)是受德鲁苏斯·尼禄(Drusus Nero)托梦之请才去撰写《日耳曼战争史》,以为后者正名的。① 在敏感的社会舆论与元首制的政治高压下,自由的史学创作自然难以坚持长久。在尼禄统治末期,老普林尼似乎停止了一切史学创作,仅完成了一部与世无争的《语法问题》。② 小普林尼曾在作品中表达过这样的理想:"历史学应当仅限于书写事实,这对于诚实的行为而言已经足够。"③但罗马社会要求史学所承载的显然比记录事实更多。如果像塔西佗所说,演说术在罗马的衰落始于共和时代的终结,那么客观主义史学的基本原则早在西塞罗的时代就已经在激烈的政治斗争中被严重扭曲了。也许正是部分由于这个原因,像小普林尼这样富于才华的罗马作家才会拒绝承担撰写拉丁历史的使命。

四

作为一篇在古典时代十分罕见的,专门探讨撰史问题的拉丁文作品,小普林尼《书信集》5.8 对于罗马帝国史学研究具有重要参考价值。首先,它使我们注意到,拉丁史学在帝国早期的弱势地位并不能简单地用学者缺乏重视撰史的自觉意识,或历史作品在文艺理论中的低下地位加以解释。事实上,以昆体良、小普林尼和塔西佗为代表的部分罗马知识精英充分认识到了史学的社会价值与艺术价值,并且已经在史学理论、撰史方法和治史实践方面做出了若干有益尝试和可贵贡献。从昆体良、小普林尼所留下的相关作品中,我们不难看出,即便塔西佗的伟大作品《编年史》与《历史》也并非超越时代的

---

① Plin. *Epist.* 3.5.4.
② Ibid.,3.5.5.
③ Ibid.,7.33.10.

天才独创之作,而应被视为吸收了上述两位知识精英思想后的集体智慧结晶。

其次,通过研究普林尼与西塞罗的书信,我们看到,罗马元老阶层对史学垂训价值和道德评判功用的过分强调在一定程度上扭曲了拉丁史学的应有面貌,使得小普林尼等富于才华的作家对史学创作敬而远之,也导致拉丁历史学家们难以从事真正客观、独立的史学研究,鲜能创作出在公正性、深刻性方面堪与希腊史学相提并论的作品。诚然,古典时代的史学尚未同文学、道德哲学完全分离,我们不能用专业史学的标准去苛求古人。即便在当代专业史学的范畴内,我们同样无法否认,历史作品具备自身固有的人文价值与社会功用。如何处理史学客观性与人文精神的关系,是古罗马史学史留给后人的疑问,也是西方史学史研究所要面对的重要课题。

作者简介:吕厚量,古典学博士,中国社会科学院世界历史研究所世界古代中世纪史研究室副研究员。

中外史学交流史研究的范式探讨

邓京力　苗志浩

内容摘要:中外史学交流史是20世纪80年代以来国内新兴的研究领域,在整体上呈现出与全球史学史相类似的发展趋向,具有较为明显的反思西方中心主义的跨文化研究的特征。它从中国视角出发,强调中外不同史学传统之间的互动与交流,是对史学史研究范式进行跨文化探索的有益尝试。中国视角是在研究中外史学的跨文化互动过程中所采用的一种以中国本位为主体的发散式认识方式,在研究实践中,具体表现为从关注"西方"到超越"西方"、从"传播史"到"接受史"、从单向研究到多向研究。中国视角与全球视野之间是相互交织、相辅相成的。中国视角提供的是中国史家从自身文化认同感出发,形成的一种基于本民族国家传统的历史意识和历史思维;全球视野则是其得以产生和发展的广阔的当代世界背景和跨文化的普世感。当前全球史学史和中外史学交流史的研究表明,史学及其史学思想的发展并不是一个从欧洲出发进而扩散到全球的单线过程,实际上它涉及不同知识体系、文明区域及文化传统之间的交换;必须强调跨文化交往中不同参与者的主体性,以多中心、多主体的方式来解构西方中心主义,建构多元文化之间的互动交流网络。

关键词:中外史学交流史　中国视角　全球视野　跨文化研究

中外史学交流史是20世纪80年代以来国内史学界新兴的研究领域,而从国际史学史的发展来看,其形成又与全球史学史的兴起相互关联。有学者曾归纳20世纪以来西方史学史研究所经历的三个发展阶段:学科初始阶段(1903—1945 年),以记述性为主的史学史研究;学科史学史阶段(1945—1989 年),史学史成为史学研究的一个重要领域;全球史学史阶段(1989 年以来),史家以交流与融合的眼光看待全球史学史的发展。① 我们可暂且以此来稍加对应国内的史学史研究,从 20 世纪 80 年代,由俞旦初等"先行者"草创近代中外史学交流史的研究开始。② 自此之后,国内史学界逐步对于 19 世纪以来中外史学思想、史学流派、史家及其史著之间的交互关系进行了一系列研究。③ 在整体上呈现出与格奥尔格·伊格尔斯、约恩·吕森、丹尼尔·沃尔夫等西方史家所倡导的全球史学史研究相类似的发展趋向,并表现出较为明显的反思西方中心主义的跨文化研究的特征。④ 可以说,国内中外史学交流史研究的兴起,是从中国视角出发,主动而自觉地回应全球史学史的发展,强调不同史学传统之间的互动与交流,对史学史研究范式进行跨文化探索的有益尝试。

张广智及其团队的研究成果《近代以来中外史学交流史》⑤(后文简称为《交流史》)是近年来国内整体总结中外史学交流史研究的系统之作。这部书之所以引人注目,一方面在于其将中国视角全面

---

① 见陈恒:"全球史学史的典范——评析《牛津历史著作史》",《光明日报》2015 年 11 月 28 日,第 11 版;另见〔美〕丹尼尔·沃尔夫主编:《牛津历史著作史》第一卷,陈恒等译,上海三联书店 2017 年版,中文版序言,第 4—5 页。

② 见俞旦初:"二十世纪初年中国的新史学思潮初考",《史学史研究》,1982 年第 3、4 期,1983 年第 2 期。

③ 近年相关研究,参见胡逢祥:"西方史学的输入和中国史学的近代化",《上海社会科学院学术季刊》,1990 年第 1 期;胡逢祥:"五四时期的中国史坛与西方现代史学",《学术月刊》,1996 年第 12 期;于沛:"外国史学理论的引入和回响",《历史研究》,1996 年第 3 期;张佩国:"东西文化交汇与中国史学的近代化",《东方论坛》,1996 年第 2 期;鲍绍霖等著《西方史学的东方回响》,社会科学文献出版社 2001 年版;于沛:"20 世纪中外史学交流及其影响",《史学理论与史学史学刊》2003 年卷,社会科学文献出版社 2003 年版;侯云灏:"正确认识西方史学对中国史学的影响",《郑州大学学报》(哲学社会科学版),2004 年第 1 期;朱发建:《中国近代史学科学化进程研究(1902—1949)》,湖南师范大学出版社 2005 年版;杜维运:《变动世界中的史学》,北京大学出版社 2006 年版;邹振环:《西方传教士与晚清西史东渐》,上海古籍出版社 2007 年版;李孝迁:《西方史学在中国的传播(1882—1949)》,华东师范大学出版社 2007 年版;赵少峰:《西史东渐与中国史学演进(1840—1927)》,商务印书馆 2018 年版等。

④ 关于跨文化的史学史研究范式,参见邓京力:"跨文化的史学史研究范式",《史学理论研究》,2019 年第 1 期。

⑤ 张广智主编:《近代以来中外史学交流史》三卷本,复旦大学出版社 2020 年版。

贯注于中外史学交流史的研究领域;另一方面,则在于其将中国视角与全球视野的有机结合,并展示出中外史学交流史本身对于史学史研究范式的探索。

一、中国视角下的中外史学交流史

所谓中国视角,即是在研究中外史学的跨文化互动过程中所采用的一种以中国本位为主体的发散式认识方式。它根本区别于西方传统认识中将世界各种不同史学传统的发展最终归于一种单一、均质化的现代西方史学范式,而尤为强调各地区不同文明在面对西方史学挑战和传入过程中自身的选择性与主体自觉意识。正如全球史学史家丹尼尔·沃尔夫所主张的,"我们需要记住的是:历史是一种作者与读者或言说者与听众之间的交流行为(现在通常是口头或形象的,但有时会通过其他方式);任何关于过去的叙述,其真理价值都不仅是由文本或叙述本身所包含的内容所决定的,事实上还由历史学家相信受众将如何对此做出反应和做出怎样的回应所决定"[①]。可以说,中国视角本身即是中国读者在接触、引进外来史学的过程中所做出的一种自主性选择,其本身就可能带有一种反对西方现代性及其"元叙述"的文化属性。而孕育这种中国视角的显然是中国史家的文化认同与身份认同,这构成了中国史学回应全球史学史书写与跨文化交流的基础性因素,是中国史家对于国际史学发展的独特贡献。

(一)从关注"西方"到超越"西方"

中外史学交流史既不同于以往单方面对西方史学自身的发展与内容的侧重,也拒绝简单地将其他史学源流视为西方史学的延伸;它更多地展现出一种以平等的眼光审视中外不同史学源流,强调对不同区域和文化传统之间的史学交流与互动进行全方位的考

---

① Daniel Woolf, *A Global History of History*, Cambridge: Cambridge University Press, 2011, Introduction, p.3.

察,注重研究各种史学源流之间的相互关系与影响。张广智先生就是其中的代表人物,在他早年致力于西方史学史研究时,就已经开始关注西方史学在中国的传播与影响。1992年,在他撰写的"关于深化西方史学研究的断想"一文中,就从理论层面对近代以来中外交流史研究的意义和前景提出了明确的认识,即"这百年来的中西史学交汇的历史也是色泽丰富与颇具开拓性的学术课题"①。从而,为国内后来的西方史学史研究指出了一条新的发展路径。而两年之后,张广智又对自身的观点进行了实践,发表"西方古典史学的传统及其在中国的回响"一文,着重考察了西方古典史学传统的特征,并论述了中国学者在20世纪对西方古典史学传入的"回响"。② 此后,张广智在推动西方史学史研究不断深化的同时,逐步将目光集中到中外史学交流史的研究上,并发表了一系列的论著,而《交流史》则是这一研究领域的总结性著作。不同于过去对西方史学传入过程的单向度分析,其将重点放在了对中国学人"回响"过程的系统性分析上,具体剖析了其中所蕴含的历史观、史学理论和史学方法等方面的变化,为史学史研究提供了新视角、新内容和学科发展的增长点。③

因此,笔者认为《交流史》的出版标志着国内有关西方史学史的研究已经从关注"西方"转向超越"西方"。这不仅是研究内容的单纯转换,更体现了对史学史研究范式的探索。这一转向表明,单纯吸收与借鉴式的西方史学史研究已然无法满足中国史学发展的需求,中国史家开始寻求在中外史学交流与互动之中的中国视角的复兴,寻求在不同史学传统之间进行一场更大规模的跨文化对话。

(二)从"传播史"到"接受史"

自近代西方史学大规模传入中国以来,西方史学范式始终以一

---

① 张广智:"关于深化西方史学研究的断想",《社会科学》,1992年第3期。
② 张广智:"西方古典史学的传统及其在中国的回响",《史学理论研究》,1994年第2期。
③ 另可参见张广智:"再论20世纪中外史学交流史的若干问题",《学术研究》,2006年第4期。

种优越者的形象出现在国人面前,而这种形象背后则是由西方中心主义所主导建构的传统与现代二元对立的范畴。在近代中外史学交流的过程中,既有西学的不断侵入与浸润,也有中国学人为打破传统困局谋求发展的现代目的性追求。于是,一方面西方史学在同其他本土史学的相互碰撞与交流中,通过不断渲染其先进的新方法与新理念,标榜自身的成就与进步,同时掩盖内部的矛盾与质疑,最终在19世纪完成了一个优越、自信、成功的现代史学形象的塑造。另一方面,其他地区(东方或非西方)也在双方的互动交流中不断将代表现代与进步的西方史学元素引入进来,并试图以其变种取代本土传统。因而,西方史学实践的模式不可能被一成不变地移植到异域社会中,大部分地区都对西方历史知识的形式及其史学思想进行了必要的改变以求获得更广泛的接受。对此,国内史学界以往所运用的"传播史"的研究方法虽然取得一定成果,但已表现出较多局限,反而需要更多地从"接受史"的视角去审视近代以来中外史学交流的实际过程。

从20世纪80年代中期,国内史学界已有学者开始重视这一问题,其中朱政惠教授就率先提出了"从接受角度研究史学"的观点。他认为,史学发展的全过程是由两方面组成的,一是史家撰述的过程,一是读者阅读接受的过程;在前一过程中史家赋予史著以某种功能的潜力,而在后一过程中读者实践史著的这些潜在功能,二者缺一不可。因此,史学史研究者在研究史著撰述的同时,必须注意对史学接受的研究。[①] 可以说,这种从"接受史"的视角来重新理解近代以来一系列的中外史学交流的方式,至今仍有很重要的意义。它有利于打破传统认识上西方史学冲击中国而由此开启被动传播与承受的思维模式,更加强调中国在面对西方史学传播过程中作为"接受者"的主体性。张广智先生的"影响研究"和其他学者在新时期以来对中国学界回响性问题的重视,都是在吸收"传播史"研究的成果基础上

---

① 见朱政惠:"从接受角度研究史学",《历史教学问题》,1986年第5期。

对"接受史"的进一步探索。①

2001年,鲍绍霖、姜芃、陈启能、于沛等学者合著出版《西方史学的东方回响》一书,这可以说是中外史学交流史研究中较早的一本论述西方史学传入研究的著作。书中既对西方史学流派的传入进行了详述,也关注到中国学人的"回响"问题。实际上,从"接受史"的研究方法看,它要求史学史的研究既包括对史家、史学流派与史学思想的研究,也要包括对史家、史学流派与史学思想向外界传播及其为读者所接受的过程性研究。因此,"接受史"可以说为中外史学交流史的研究提供了一个新的方法选择,并为之后张广智先生所做的"影响研究"奠定了一定的方法论基础。

2007年,张广智及其团队在《20世纪中外史学交流》的著作中提出要进行"影响研究"的具体实践。其具体阐释道:"在研究中外史学史的过程中,除了关注各自史学的自身的问题外,还应当去关注不同国家或地区之间史学文化的相互交汇与相互影响。"②由此,中外史学交流史研究通过对不同区域和文化传统之间的史学交流与互动、对中外史学源流之间的相互关系与影响研究,突出了立足于中国视角的对外来史学的回应,突出了在跨文化史学交流中的中国话语。

(三)从单向研究到多向研究

纵览史学史学科的整体发展,不难发现自20世纪80年代以来全球史学史及其跨文化研究范式的影响正处于一个明显的上升阶段。这不仅表现在其研究内容的日趋多样化与研究范围的不断扩展等表象方面,更表现在其对于自20世纪以来史学史研究的深刻反思。史学史研究不再将某一种族中心主义视域下同质性的史学发展作为研究的核心内容,而是愈加关注不同空间语境中所形成的非同

---

① 参见张广智:"再论20世纪中外史学交流史的若干问题",《学术研究》,2006年第4期。
② 张广智主编:《20世纪中外史学交流》,北京师范大学出版社2007年版,前言,第3页。

质性史学之间的联系;在实践中,史学史研究日益突破单向度的研究路径,而呈现出多向度、多线性、多维度的研究取向。可以说,正是这种反思性的前提使得中外史学交流史的研究逐渐形成了系统的知识成果和自觉的范式意识,而避免沦为被动的传播史或西方史学的一个注脚。

史学史学科的这种反思性体现在中外史学交流史中的重要实践内容,主要表现为对于中国史学的"东渐"与"西渐"及其国外汉学与中国学的研究。国内学界对"东学西渐"的关注呈现出阶段性变化,尤其是20世纪以来,随着近代以来学者自身旅欧留学经历的拓展和加深,他们与域外汉学家的交流深度与广度发生了多层次的变化,这类研究也愈加增多。从现有成果来看,对这一领域的研究主要集中在日本、朝鲜和欧美地区的中国史学传入的考察上。早在1955年,我国学者方豪就在"民国以来的历史学"一文中,对自近代以来的日本及欧洲的一些汉学家的活动和成果进行过简要介绍,如藤田丰八、伯希和、沙畹、高迪爱、葛兰言等人,但这些叙述一般仅停留在情况介绍层面,并未对此进行深入研究。① 直到20世纪八九十年代,此类研究才再次受到学界关注,得到进一步深化研究。新世纪以来,逐步形成在研究内容和范围方面比较全面、客观的成果。例如,李孝迁在《域外汉学与中国现代史学》的专著中,较为深入地探讨了域外学者所著中国史对中国现代史学发展产生的不同影响,使我们对此具备了一定范围的认识。②

在《交流史》中,张广智先生组织的团队成员如孙卫国、柳若梅、吴原元、张井梅等诸位学者进一步深化和拓展了我们对上述领域的已有知识,并形成了一定规模和深度的系统成果。他们的研究从中国史学对亚洲(朝鲜、日本)、欧洲(俄罗斯、西欧)、美国的输出及其所

---

① 方豪:"民国以来的历史学",《方豪六十自述稿》,台湾学生书局1969年版,见于李孝迁编校《中国现代史学评论》,上海古籍出版社2016年版。
② 李孝迁:《域外汉学与中国现代史学》,上海古籍出版社2014年版。

产生的影响进行了分章节的详细论述。① 在某种程度上,以一种互补的方式对中国史学和汉学在域外的传播与交流进行了较大规模的拓展,在整体上构成了我们对中外史学交流史的多向度、多线性、多维度的认识。

二、全球视野下的中外史学交流史

中国视角在中外史学交流史的研究中并非是孤立存在的,而是在全球视野下形成的一种跨文化交流的史学史研究范式。中国视角与全球视野之间相互交织、相辅相成地共存于中外史学交流史的研究中。如果说中国视角提供的是中国史家从自身文化认同感出发,形成的一种基于本民族国家传统的历史意识和历史思维;那么,全球视野则是这种历史意识和历史思维得以产生的广阔的当代世界背景和跨文化的普世感。

自20世纪六七十年代西方国家普遍进入后工业社会,以及之后全球化浪潮的出现,使其内部产生一种针对西方文化、西方学术和现代文明的批判性思潮——后现代主义。随之,西方中心主义和西方史学的优越性遭到全面质疑,而那些长期被压制的非西方地区的历史意识重新受到广泛关注,史学史由此才开始真正具有"全球"意义。丹尼尔·沃尔夫在《牛津历史著作史》中提到:"自从20世纪90年代晚期以来,大量的历史著作出版了,开始挑战史学史的欧洲中心论,

---

① 参见张广智主编:《近代以来中外史学交流史》,复旦大学出版社2020年版,下卷第16、17、18、19、20章。其他相关研究参见柳若梅"独树一帜的俄罗斯汉学",《中国文化研究》,2003年第2期;柳若梅:"《史记》在俄罗斯的收藏与翻译",《广东社会科学》,2014年第3期;孙卫国:"《史记》对朝鲜半岛史学的影响",《社会科学辑刊》,2010第6期;孙卫国:"中国史学对东亚史学的影响与交流",《历史教学问题》,2012年第4期;孙卫国、郭江龙:"《朝鲜王朝世宗实录》的编纂与中国实录传统的影响",《史学理论研究》,2015第3期;吴原元:"二十世纪六十年代末以来美国中国学的新走向",《历史教学问题》,2007年第2期;吴原元:"百年来美国学者的《史记》研究述略",《史学集刊》,2012年第4期;吴原元:"百年来中国学人的域外汉学批评及其启示",《史学理论研究》,2019年第4期;吴原元:"新中国前30年的域外汉学研究",《东方论坛》,2019年第6期;张井梅:"东学西渐存遗篇——欧洲学者关于中国古代典籍的研究",《温州大学学报》(社会科学版),2015年第1期等。

同时挑战史学史那种固有的目的论。现在我们能以更广阔的视野为背景来研究欧洲史学事业了,这个视野有许多平行的——这一事实时常被忽略——相互影响的书写传统,比方说来自亚洲、美洲、非洲的历史。"① 越来越多的历史学家参与到了这一进程之中,如吕森主编的《跨文化的争论：东西方名家论西方历史思想》、格奥尔格·伊格尔斯与王晴佳等合著的《全球史学史》。② 他们在很大程度上具有某种共同点,即用大量的篇幅探究以往常常被忽视的亚洲、非洲、拉丁美洲等第三世界的史学传统与不同历史话语的发展,挖掘它们在全球范围内与其他史学之间的相互关联性和跨文化的互动,用以打破固有的西方中心主义的史学史模式。

令人可喜的是,《交流史》的研究者自觉地将中西史学置于全球视野下进行联系性考察。一方面,从西方史学发展的总进程看,对西方与中国史学发展进行跨地域性观察,囊括了西方古典史学、人文主义史学、基督教与新教的历史书写、苏格兰史学、兰克史学、文化形态史学、鲁滨孙新史学、年鉴学派、心理史学、后现代主义史学、西方历史哲学等与近代以来中国史学之间的关联。同时,特别突出强调了世界史学中的两大支流——中西方史学之间的关系,着重对中西史学的发展和史学思想做出跨文化的比较分析。在此基础上,对于 19 世纪末以来的中外史学交流史进行了系统研究,对中西史学的直接接触史,包括中西史学相互冲突、交融、影响等方面做出不同专题的论述。而中外史学的融会恰恰是 20 世纪中国史学发展的一个重要特征,表现在历史观、史学理论、史学方法及其史学思想等多个层面。由此,中外史学交流史也为史学史研究提供了新视角、新内容和学科发展的增长点。这些无疑集中体现了研究者的一种中国视角——有

---

① 〔美〕丹尼尔·沃尔夫主编：《牛津历史著作史》第一卷（上）,前言,陈恒等译,第 3—4 页。

② Jörn Rüsen, ed., *Western Historical Thinking: An Intercultural Debate*, New York: Berghahn Books, 2002, 中译本参见陈恒等译《跨文化的争论：东西方名家论西方历史思想》,山东大学出版社 2009 年版。Georg G. Iggers and Q. Edward Wang with the assistance of Supriya Mukherjee, *A Global History of Modern Historiography*, New York: Pearson Education Limited, 2008, 中译本参见杨豫译《全球史学史：从 18 世纪至当代》,北京大学出版社 2011 年版。

意识地以跨文化的研究方式重新审视中西史学、中外史学之间的互动。同时,研究者还强调从中国马克思主义史学的立场出发,以唯物史观为指导,发挥中国史家的主体意识,力求把握史学发展的全过程及其规律性,吸收和借鉴域外史学的有益成果。因此,应该说国内的史学史研究正在不断突破固有的框架,表现出主动回应国外史学史研究的新趋势,并从自身的立场出发试图融合全球视野与中国视角,尝试进行自主性的跨文化研究。

我们还注意到,2007年《历史与理论》杂志组织过一场有关"中国与西方的历史思想"的专题讨论。① 其间,来自不同国家和地区的史学家分别从西方或欧洲、东亚与印度的视角,运用跨文化的研究范式探讨了黄俊杰所提出的中国历史思想的独特性问题,并与西方历史思想进行了广泛的比较。这场讨论的性质应该说是将全球视野与中国视角相互融合的一次成功尝试,讨论中提出的一些代表性观点和取向值得我们做进一步思考。

其一,讨论者着重强调"种族中心主义"仍然根植于当代社会和文化的各个领域之中,目的是为了维护某种文化霸权,但却造成了全球性跨文化交流的障碍和诸多难题。在史学研究中,西方学界至今仍然存在着大量对中国史学以及非西方史学的误解,存在着以西方史学的标准来评价或否定非西方史学的价值,这是跨文化的史学史研究所无法回避与必须反思的问题。其二,讨论反映出人类的历史思想在很大范围内具有某些逻辑的普遍性,任何文化都无法将某种历史思想完全据为己有。通过跨文化的史学比较不难发现,传统观点认定的所谓中西史学的差异可能更多的是历史思想中的某些因素

---

① 以下所述观点均参见"Forum: Chinese and Western Historical Thinking", *History and Theory*, Vol. 46, No. 2 (May, 2007), pp. 180-232. 其中包括 Chun-Chieh Huang, "The Defining Character of Chinese Historical Thinking"; Jörn Rüsen, "Crossing Cultural Borders: How to Understand Historical Thinking in China and the West"; F.-H. Mutschler, "Sima Qian and His Western Colleagues: on Possible Categories of Description"; Q. Edward Wang, "Is There a Chinese Mode of Historical Thinking? A Cross-Cultural Analysis"; Ranjan Ghosh, "India, Itihasa, and Inter-historiographical Discourse"。这个专题讨论的中译文可参见《史学理论研究》,2013年第2、3期。

进行了不同方式的组合或各有侧重的选择,而需要进一步揭示的是某种史学传统在其产生的时代与社会之中所处的地位、制度背景、文化与道德的影响力,对孕育和发展这种历史思想的具体社会与文化条件做出系统的比较研究。其三,对于中国历史思想的独特性需要加以历史地看待,因为显然传统史学在历史意识、时间观念等方面的思想一直处于变化之中,而近代以来中国史学又受到西方的冲击,中国史家也不断地在反思自身的历史撰述传统。同样,对于西方史学亦是如此,也需要注意到各个时期历史思想的不同变化及其内部的矛盾性与差异性。其四,当今无论讨论中西方或其他任何模式的历史思想的特性时,往往需要考虑到这种思想模式的建构性,而非一味地假设其存在的内生性。这就要求将历史思想及其构成的诸种因素放置在跨文化的多维视角之下,进行多重审视,从而对所谓独特性或普遍性形成的具体条件做出不同路径的探索。

可见,全球视野与中国视角之间的交叉互动使得原有的西方史学史或中国史学史研究都受到来自多方面的挑战与冲击,愈来愈突破固有的自我框架。既表现出从其他区域的史学传统观察与解构西方史学的特性及其演变的祛魅性,又表现出从中国史学自身的传统与立场审视西方史学遗产的高度自觉意识。

而中国作为过去常常被忽视的史学传统之一,自然也在这一"重释"的过程中占有重要地位。长期以来,中国史学在西方知识体系中的形象经历了巨大的改变,而这种变化的实质则是一种属于"他者"认识变化的过程,只不过其长期隐匿于西方的话语霸权之下。在《交流史》中就对这一变迁进行了详细的论述,中国史学经历了由传教士介绍到欧洲产生所谓"称颂"阶段,到中国史学在西方与当时欧洲追求理性的需求相结合而诞生"启蒙时期"的"中国热",再到黑格尔对中国史学的建构与批判,将中国文化当作"停滞不前"的"反面"参照系,直至当代逐步剥离祛魅的过程。在这一变化过程中,中国史学传统本身并没有发生客观的变化,变化的却是自19世纪以来以西方为主导的现代史学范式所塑造的中心主义观念及其历史书写。但随着这种中心主义的被批判和被打破,中国史学便成为全球视野中不可或缺的一块重要"拼图"。

全球视野下的中外史学交流史意味着不以孤立的观点看待中西方、西方与非西方不同的历史表现形式、史学传统和观念体系,史学史本身也证明人们对过去认识的不同模式之间是彼此相互联系和相互作用的。而中外史学交流史的研究恰恰是将中国视角和全球视野相互融合的产物。

三、作为跨文化研究的中外史学交流史

史学作为文化中的文化,它是如何在全球化的进程中形成一种历史话语的互动与交流的? 是如何具体展现历史观念在全球范围和各地区间的一个动态变化过程? 又如何从根本上将历史学从西方现代主义目的论的框架中解脱出来,使得不同路径的历史思考获得其在史学史上应有地位与价值的? 解决这一系列问题的关键在于,以跨文化研究的方式探究中外史学交流史以及进行全球史学史的书写,并从中发现某些带有普遍性的因素。

威廉·麦克尼尔(William H. McNeill)曾提出驱动历史发展的引擎是不同文明之间的互动,而这种互动被后来的全球史家演绎为跨区域的物质交往、商贸往来、疫病传播等具体内容。[①] 而实际上,在全球性跨区域的经济交流和人口流动中必然携带着观念与文化的交流和传播,由此我们可以考虑史学及其思想的全球化进程研究,这是理解全球史学发展中"互动"含义的客观思路,也是我们理解中外史学交流过程中客观层面上的跨文化交流的思路。但是,仅仅停留在对客观层面的互动、交流过程的思考,仅仅描绘基于全球视野下的这类实质存在和发生过的互动与交流研究,在笔者看来并不足以构成全部意义上的跨文化研究。正如前文我们已经提及的,全球史学

---

① William H. McNeill, *The Rise of the West:A History of the Human Community*, Chicago:University of Chicago Press,1991,X.Ⅵ.

史与跨文化研究范式兴起的重要意义在于,其对历史编纂学自身的反思性。这体现在其对于非西方史学价值的重新估价,体现在其将西方史学"地方化"的趋势,也体现在其侧重探索不同史学传统之间的互动及其相互关系上。因而,其研究内容既应该包含对客观存在的中外史学交流过程、不同地域史学之间互动的全球性叙事,也应该包含史学史家对以往的史学发展及其史学思想反思性的探究,而这种反思常常需要采用一种跨文化研究的方式。

跨文化研究是一种长于解构的方法。全球史家柯娇燕(Pamela Kyle Crossley)曾指出:"全球史为自身设置的一个难题是如何讲述一个没有中心的故事。"①据此,全球史学史最核心的任务便是去消解那徘徊于历史编纂学上空的文化中心主义的幽灵。布鲁斯·马兹利什(Bruce Mazlish)从词源学出发对"全球"(global)一词的概念进行解释说:"global"指的是球体,就此而言,全球视角即站在外太空的角度回望地球时所获得的一种新的观察角度。② 全球史家为何渴望获得这种超脱的视角?我们知道,作为社会、历史和文化一员的历史学家往往无法摆脱自身所携带的文化中心主义。这种文化中心主义有时候甚至是一个人安身立命之所在,因而越发根深蒂固、难以察觉。而跨文化研究便是一种外在于文化中心的视角,它自身所具有的批判力和解构力也正是源自于此。

由于站在文化中心之外,因此不一定要遵循该文化的内在逻辑去理解和诠释文化。全球史学史和传统史学史的最大不同之处,正是在于它会主动地寻求这种外在视角来挑战固有的文化逻辑,继而打破坚固的文化中心堡垒。西普·斯图乌尔曼(Siep Stuurman)在"定居与游牧边界上的普遍人性和文化差异:希罗多德、司马迁和伊本·卡尔敦"一文中,将希罗多德、司马迁和伊本·卡尔敦三位历史学家对游牧世界的描写进行了一番比较,展示了不同时期世界历史

---

① 〔美〕柯娇燕:《什么是全球史》,刘文明译,北京大学出版社 2009 年版,第 4 页。
② Bruce Mazlish,"Comparing Global History to World History",*The Journal of Interdisciplinary History*,Vol.28,No.3(Winter,1998),pp.389-395.

上定居文明所养育的史学家对游牧世界的看法。希罗多德在《历史》中专辟一卷,记载了黑海北岸的游牧民族——西徐亚人(Scythian)的历史及社会风俗;司马迁也在《史记》中描绘了匈奴的风土人情。这两位定居文明的历史学家都认识到游牧世界有别于定居文明的独特风俗和高超的军事技巧,实乃为了适应草原环境的生产和军事防护需求。作为14世纪的历史学家,伊本·卡尔敦一方面掌握了更多游牧民族的一手史料,另一方面也得以借重前人的研究,合并这两个优势,最终发展出一套游牧与定居民族交互作用的王朝兴衰理论,这一理论对后世的历史书写影响深远,持续至今。①

在理论上,斯图乌尔曼还提出,人类进行跨文化和跨种族思考的方式主要有两种:一为"共同的人性"(common humanity),一为"人类学转向"(anthropological turn)。② 前者从共同的人性当中抽象出一套普遍价值,试图包容全人类的文化差异,轴心时代的文化经典是第一种思考模式的典型;后者则力图理解陌生人的生活方式,强调文化差异,而轴心文明往往以若干文化经典为核心构建出自身的文明价值。传统史学史的研究思路,特别强调其内在思路,往往专注于研究史学经典作品,并按照文化自身的内在逻辑去理解史家与史著,自觉或不自觉地合理化这一逻辑的内涵和外延,使自己成为文化中心的一分子。但如果我们主动跳出来重新对此加以审视,往往会看到不同的风景,得出不同的结论。为了主动获取这种外在的视角,进行有效的跨文化思考,斯图尔曼把三位历史学家的作品都当作一种"边界文本"(frontier text)来运用,以其对抗西方史学史上的那些经典文本,从而消解了这些定居文明的文化中心主义。这种外在的视角又有点类似于人类学家的视角,人类学家以外来者的身份进入到某

---

① Siep Stuurman,"Common Humanity and Cultural Difference on the Sedentary-Nomadic Frontier: Herodotus, Sima Qian, and Ibn Khaldun", in Samuel Moyn and Andrew Sartori, eds., *Global Intellectual History*, New York: Columbia University Press, 2013, pp.33-58.
② Ibid., pp.35.

原始部落，一方面尝试以该部落自身的文化逻辑去理解当地人的种种行为，另一方面又加入自己作为一名外来者的视角，对前者进行批判和反思。这种内外视角的结合，就构成了一种真正的跨文化研究。

这里我们需要再次提及，为什么麦克尼尔要提出文化之间的互动？麦克尼尔的世界史是以文化为基本单位，其间存在着一个又一个的文化中心。或许在他看来，强调互动实际上就是通过不同文化之间的交往来相互消解掉彼此的文化中心主义。而此时我们发现，这种由实质性的文化交往带动的文化中心主义的消解，史学史家通过主动地进行跨文化思考也同样可以达到。的确，希罗多德、司马迁和伊本·卡尔敦各自生活在不同的国度，分处不同的历史时代，他们之间没有发生过任何实质性交往。如果不是因为史学家自觉采用了多元比较的方法把这三者放在一起进行考察，那么他们之间永远也不可能发生任何联系。全球史学史的书写便是这样打破固有文化思维的制约，与以往不容易被察觉的地方建立起新的历史联系。因而，就其批判性而言，"互动"应该是一种主动的跨文化思考。

当前的全球史学史和中外史学交流史的研究已经表明，史学及其史学思想的发展并不是一个从欧洲出发进而扩散到全球的单线过程，实际上它涉及的是不同知识体系、文明区域及文化传统之间的交换。必须强调跨文化交往中不同参与者的主体性，以多中心、多主体的方式来解构西方中心主义，建构多元文化之间的互动交流网络。我们仍然需要强调全球史中互动性的灵魂，"互动"必然涉及多重行为主体，从本质上说是一种主体间性的思考。

除了采用跨文化研究对文化中心主义进行消解，我们还可以注意到，斯图乌尔曼实际上还尝试在普遍性思考的基础上进行一种新的史学思想史的宏大叙事。他把希罗多德、司马迁和卡尔敦放在一个共同的框架下进行比较，实际上是采用了一个可通约的、具有共同性的视角来架构全球史学的普遍叙事。他对这三者的比较不同于以往以突出差异性为重点的传统比较研究，而是更加强调三者的共性，虽然还不足以构成详尽的史学思想史的宏大叙事，但也体现出一种着眼于整体的宏观视角,反映出清晰的全球性叙事的追求。这对于国内已取得丰硕成果的中外史学交流史研究,也许可以从研究范式方面提供某些有益的思考。

作者简介:邓京力,历史学博士,首都师范大学历史学院教授,博士生导师;苗志浩,首都师范大学历史学院硕士研究生。

20世纪前期中国史学界对西方史学的接受与创新

徐善伟　张倩　时雯

内容摘要：在20世纪前期的中国史学界，在近代西方客观主义和实证主义史学以及刚刚萌生的现代西方新史学的影响下，中国史学家不仅完成了批判旧史并构建现代中国史学体系，即史学专业化或科学化的任务，而且还在此过程中萌发了一股有类于现代西方新史学的潮流，形成了一个有类于现代西方新史学的流派——"史观派"和"会通派"。这种新史学的特征是：倡导民众史观及其民众史的书写，致力于民众日常社会生活史、社会经济史、想象史、历史人类学、心理史学、历史文化地理等新领域的开拓，倡导综合方法，即跨学科方法的运用，建构起一种囊括传统书面文献、考古文物资料、地方志与地方官厅档案、各种乡野民间调查资料、民间口碑资料、谱牒资料、文学与图像资料等新史料体系。可以说，在20世纪前期，中国史学家在中西文化繁盛的交流与碰撞之中，吸收与借鉴西方史学，并继承中国传统学术的精华，创造出了一种具有自身特色的处于国际史学前沿的新史学。

关键词：20世纪前期　西方史学的接受与创新　民众史　综合方法　新史料体系

众所周知，在20世纪前期的中国史学界，占主流地位的是发源于清末民初并在民国初期走向兴盛的"新历史考据学派"，中国现代史学的专业化也由此而奠定下来。与此同时，一股史学的社会科学化的潮流也在此期间悄然兴起。而不论是"新考据学派"还是"社会科学化史学派"，它们的兴起都有赖于该时期大规模的西方史学的东渐。具体而言,前者部分渊源于西方的客观主义史学与实证主义史学,后者则渊源于实证主义史学和作为对传统史学之反动的初兴的新史学。因此,该时期中国史学界所接受的西方史学可谓纷然杂陈,它既有西方的近代史学也有现代西方的新史学。但就20世纪前期的西方史学而言,奠基于19世纪后期以客观和实证为基础的传统史学仍然占据正统与主流地位,而强调总体史和问题史学及跨学科研究的新史学仍然比较微弱,但却预示着未来史学新的发展方向。具有浓厚史学传统的中国史学,在20世纪前期因兴盛的西学东渐热潮而与各种西方史学思潮发生交流碰撞,由此而引发史学家们对中国传统旧史学的激烈批判,也引发了一些史学家对刚刚兴起的占主流地位的"新考据学派"的反思,他们在此基础上提出了诸多创新性的史学理论与方法,如提倡"民史"的撰写,提倡跨学科研究等,从而开创了中国史学的新局面。

可见,在19世纪晚期与20世纪前期,不论是在西方史学界还是在中国史学界,在史学刚刚步入专业化轨道之后不久就在其内部出现了一些反思这种史学传统的新思潮,并在20世纪后期逐渐蔚为大观,形成了所谓新史学现象。因此,我们认为,在20世纪前期,中西方史学界因缘际会同时萌发了一种以倡导民众史——总体史、综合方法——问题史学为标志的新史学潮流,其中以史学的社会科学化为总体表征。因此,我们可以说,在20世纪前期,中国史学家在对传统旧史学的批判以及在吸收与借鉴西方史学的基础上也发展出了具有自身特色的处于国际史学前沿的新史学。尽管一些学者也注意到了这一现象,[①]但却没有对之进行过系统的阐述,因此笔者不揣浅陋,就该问题做一初步探讨,以求教于方家。

---

① 主要参见胡逢祥:"'五四'时期的中国史坛与西方现代史学",《学术月刊》,1996年第12期;桑兵:"从眼光向下回到历史现场:社会学人类学对近代中国史学的影响",《中国社会科学》,2005年第1期;桑兵:"近代中国的新史学及其流变",《史学月刊》,2007年第11期;李伯重:"20世纪初期史学的'清华学派'与'国际前沿'",《清华大学学报》,2005年第5期;王学典:"新史学和新汉学:中国现代史学的两种形态及其起伏",《史学月刊》,2008年第6期;宋学勤:"梁启超与马克·布洛赫'新史学'思想比较研究",《山东社会科学》,2012年第3期;王传:"中山大学语言历史学研究所与新史学",《史学月刊》,2013年第3期;仲伟民、张铭雨:"20世纪上半叶中国历史学的社会科学化——以清华学人为中心的考察",《北京师范大学学报》,2016年第2期;王传:"华南学派史学理论溯源",《文史哲》,2018年第5期。

一、新的历史观念——民众史

20世纪前期中国新史学家们所提出的一个预示着未来国际史学发展新方向的史学观念是所谓的"民史"或曰"民众史"。而当代西方新史学直到20世纪六七十年代,伴随着英国马克思主义史学家提出"自底层看的历史"(history from below)这一观念,才引发了西方史学界比较广泛的对民众史,尤其是对底层民众日常生活史的研究。因此,中国20世纪初期的先辈史学家所提出的"民众史观"是富有创见性和前瞻性的。

众所周知,最先提出民史观念的是"史界革命"的倡导者梁启超。早在1897年他就在《时务报》撰文倡导建立以民史为主要叙述内容的新史学。1901年、1902年,他又先后在《中国史学论》《新史学》中明确提出其系统的民史观。① 与此同时,陈黻宸于1902年、1904年在"独史""京师大学堂中国史讲义"中分别提出史者"民之史""天下之公史"而非"君与臣与学人词客所能专"之史"一人一家之私史也"的论断。② 亦是在1902年,邓实在《政艺通报》上发表"史学通论四",提出了"民史"即"人群史"的观点,并在1905年发表的《民史总叙》中,列出了撰写"民史"的计划。③ 正如论者所言:"邓实所说的'民史'大致是指以普通民众为历史主体、超越政治史范畴且尽量反映历史丰富面貌的史书。"④ 由此,民众史观念也逐渐为清末民初的史学界所接受。然而,这一时期的民众史大都停留于理论擘画的层

---

① 见梁启超:"续译列国岁计政要序",《时务报》,第33卷,1897年7月20日。梁启超:《中国史学论》《新史学》,《饮冰室合集》文集之六,中华书局1989年版。
② 陈黻宸:"独史",《新世界学报》,第2期,1902年9月16日。陈黻宸:"京师大学堂中国史讲义",《京师大学堂历史讲义合刊》,上海古籍出版社2018年版,第107页。有关陈黻宸的民史观念,参见李峰、王记录:"新旧之间:陈黻宸史学成就探析",《史学集刊》,2007年第2期;刘开军:"君史与民史的变调——以京师大学堂中国史讲义为例",《历史教学问题》,2019年第5期。
③ 邓实:"史学通论四",壬寅政艺丛书;邓实:"民史总叙",甲辰政艺丛书。
④ 刘开军:"新旧之争:晚清中国史学话语体系变迁述论",《郑州大学学报》,2017年第3期。亦参见吴忠良:"邓实史学思想析论",《东方论坛》,2003年第2期。

面,而不能"真正深入各个历史时期民众生活的层面,做到以民为历史的中心加以展现"①,因此相关民史的撰写实践仍付之阙如。

伴随着五四新文化运动的展开以及东西方史学交流的日盛,民众史在经过一段时期的沉寂之后于20世纪20年代末和30年代重新活跃起来,并迅速走向了实践层面,民众史由此渐具雏形,其中的重要推动者与实践者则是顾颉刚、吴晗等人。据桑兵的研究,顾颉刚至少从1920年就想做中国社会历史,但直到1926年,因魏建功批评古史争论偏离了轨道,并希冀尽快回到初衷,找出"新的历史的系统",即形成"历史叙述的主体要由统治阶级改到普遍的民众社会"这样的"新历史的系统"。② 顾颉刚随即将民史重新纳入其所强调的研究课题之中,并带领一批北大研究所国学门的同道者南下闽粤,从此民众史理论与实践在华南扎下了根。在此期间,顾颉刚反复强调"要打破以圣贤为中心的历史,建设全民众的历史"③。1934年5月,吴晗等人创立了"史学研究会",并在翌年其所主编的天津《益世报·史学专刊》的"发刊词"中鲜明地提出了他们的新史学观:"帝王英雄的传记时代已经过去了,理想中的新史当是属于社会的、民众的。"④尤为重要的是顾颉刚、吴晗等大批同道者还发表了大量的专题论文和著作,从而使他们的民众史观落到实处,成为中国现代新史学的一个传统。⑤

众所周知,在20世纪前期,西方新史学的开启者们也仅仅是强调研究"人",即研究"复数的人""群体""人的一切行为",⑥他们关注

---

① 桑兵:"从眼光向下回到历史现场:社会学人类学对近代中国史学的影响"。《中国社会科学》,2005年第1期。
② 桑兵:"近代中国的新史学及其流变",《史学月刊》,2007年第11期。
③ 顾颉刚:"《民俗》发刊词",《民俗周刊》,第1期,1928年3月21日。有关闽粤的民众史研究,参见桑兵:"近代中国的新史学及其流变";王传:"中山大学语言历史学研究所与新史学",《史学月刊》,2013年第3期;王传:《华南学派史学理论溯源》,《文史哲》,2018年第5期。
④ "发刊词",《益世报》(天津),1935年4月30日,第3张第11版。关于史学研究会,参见陈峰:"两极之间的新史学:关于史学研究会的学术史考察",《近代史研究》,2006年第1期;张显清、赵克生:"从创造到普及:吴晗先生的学术贡献",《古代文明》,2009年第3期。
⑤ 有关其民众史研究成果,参见桑兵、王传、陈峰、张显清、赵克生、刘开军等前引文。亦参见焦润明:"论20世纪上半期的民史研究",《郑州大学学报》,2018年第6期。
⑥ 参见陈恒主编:《外国史学史》,高等教育出版社2019年版,第七章第一、二节。

的重点在于批判传统史学过于聚集于狭窄的政治史研究领域,提倡一种总体史(即一种综括经济、社会和文化的历史)研究和问题史学,即是说他们注重的是研究领域的扩大,目的是为了批判和反思传统的近代史学。而该时期的中国新史学家则明确提出研究"普通民众的社会历史"的观点,因此他们注重的是历史书写主体的变化,目的在于"经世",即为了开启民智,提振民族精神。而直到20世纪六七十年代,西方新史学家才大力提倡民众史尤其是普通民众日常生活史的研究。那么,20世纪前期的中国史学界何以能够提出一种研究与撰写"普通民众社会的历史"这样一种史学观念呢?这当然得益于该时期日渐兴盛的中西史学交流,而中国史学家也确实从西方史学及思想中获得了很大的启发,其中尤以斯宾塞的"社会达尔文主义"、实证主义史学、马克思主义的"唯物史观"和鲁滨孙的新史学影响较大。对此,学者们已有诸多论述,此不赘言。① 然而笔者认为,该时期中国史学家之所以能够提出具有创新性和前瞻性的民众史观并取得了初步的成就,更多的是得益于中国社会变革和革命浪潮、五四新文化运动与唯物史观的影响。

中国现代的新史学运动不过是中国现代社会变革与革命运动在思想文化领域的一个体现罢了。推翻专制君权,建立民权政府则是这一运动的目的。于是,"史界革命"必然会去倡导体现这种思想的民众史观。而有着"经世"传统思想的史学家们服膺民众史观念,希望通过撰写民众史以开启民智,振奋国民精神,因此即便是比较保守的民粹学派的诸多史学家也认同并传播民众史观念。可以说,正是这种风云激荡的革命风潮激发了20世纪初期的民众史。而民众史的倡导者们,如梁启超、陈黻宸、陈实等,为了做实其民史观念而求诸

---

① 如陈黻宸的民史观一方面源自于中国的经世传统,另一方面则吸收了西方实证史学和经验论传统。参见侯俊丹:"新史学与中国早期社会理论的形成——以陈黻宸的'民史'观为例",《社会学研究》,2014年第4期;亦参见胡逢祥:"'五四'时期的中国史坛与西方现代史学",《学术月刊》,1996年第12期;李孝迁:《西方史学在中国的传播(1882—1949)》,华东师范大学出版社2007年版;宋学勤:"梁启超与马克·布洛赫'新史学'思想比较研究",《山东社会科学》,2012年第3期等。

西方史学与思想,认为西方盛行民史撰写而中国缺乏,这是由于西方"以民为主的政体"所使然,并以之作为倡导民史的依据。① 因而,反对专制主义、争取民权的革命运动是催生民众史的内在主要动力,西学只是其中的一个外在的动因而已。

五四新文化运动之后,中国史学家的民众史观更为系统深入。如顾颉刚从历史本体层面对民众史进行了阐述,认为时代已然改变,"皇帝打倒了,士大夫们随着跌翻了,小民的地位却提高了;到了现在,他们自己的面目和心情都可以透露出来了!"因此,"我们要站在民众的立场上来认识民众!我们要探检各种民众的生活,民众的欲求,来认识整个的社会!我们自己就是民众,应该各体验自己的生活!我们要把几千年埋没着的民间艺术,民间信仰,民间习惯,一层一层地发掘出来!我们要打破以圣贤为中心的历史,建设全民众的历史"。② 即是说,伴随着皇权的覆灭,圣贤的破落,民众应该站到历史画面的中心,成为历史书写的主体,即要书写"占社会绝大部分的农工商各类等无穷广大的真实生活"。可见,顾颉刚已经通过对社会现实变革所导致的民众之作用凸显这一体认,进而提出历史书写也要进行相应变革的主张。

由此可见,不论是民众史的早期开创者梁启超等人还是其后继承者顾颉刚等人,他们的民众史观及其实践都是对中国社会变革或革命现实的一种回应。这也验证了克罗齐的那句名言"一切真历史都是当代史"。而"史观派"则是马克思主义的唯物史观的追随者,其中以吴晗所创立的"史学研究会"的成员与陶希圣的"食货派"学者为代表。他们强调物质因素在社会历史发展中的作用,强调对下层民众的研究,由此导致"社会经济史"和农民史尤其是农民起义研究的兴盛。赵世瑜、邓庆平指出,在20世纪具有民史趋向的中国社会史研究中,存在着从"眼光向下"到"自下而上"看待历史的发展过程。前者关

---

① 刘开军:"君史与民史的变调——以京师大学堂中国史讲义为例",《历史教学问题》,2019年第5期;吴忠良:"邓实史学思想初论",《东方论坛》,2003年第2期。
② 顾颉刚:"《民俗》发刊词",《民俗周刊》,第1期,1928年3月21日。

注普通民众生活史,丰富了史学研究的内容,但研究者的立场却因缺乏主体的自觉,有可能依然"自上而下"地审视芸芸众生及其命运。其所带来后果:一是所进行的研究带有某种猎奇猎艳的色彩,而没有真正采取一种同情理解的立场;二是导致对重大历史问题进行反思和解释的忽略,似乎持"新史学"立场的人只注意一些鸡毛蒜皮的生活琐事。后者则意味着立场的调整,是从民众的角度和立场来重新审视国家与权力,审视政治、经济和社会体制,审视帝王将相,审视重大的历史事件和现象。而且他们认为,20世纪三四十年代中国社会史研究则属于前者,即具有一种"眼光向下"、关注普通民众的研究倾向。[①] 但陈峰则认为,尽管"20世纪三四十年代的社会史研究总体上属于处在'眼光向下'的层次上……未从根本上触动旧史学的固有领域,在很大程度上是对旧史学的拾遗补缺",但是"'自下而上'看历史的倾向此时也已萌发,它并不回避过去笼罩在政治史范式下的研究对象和研究内容,而是以'自下而上'的眼光重新打量它们,从而导致对传统史学的全面改造"。而"史学研究会"成员的实践"就不仅是'眼光向下'的结果,更是'自下而上'看历史的产物"。[②] 笔者认同陈峰的这一研究结论。正是中国新文化史运动所带来的西方的马克思主义在中国的迅速传播,不仅使中国产生了一批信奉共产主义的革命者,而且还使中国产生了一批倾向马克思主义唯物史观的"史观派"历史学家,从而使民众史观和社会经济史研究走向兴盛,并萌生了"自下而上"看人类历史的倾向。"史观派"则成为20世纪前期中国史学界的三大学派之一,而在这个时期的西方,马克思主义史学极为微弱,完全被排除在了主流史学之外。因此,社会现实左右着史学发展的方向,而中国20世纪前期的社会现实导致了民众史的出现与发展。这正是中国史学能够耸立于国际史学前沿的一个重要社会基础。[③]

---

① 赵世瑜、邓庆平:"二十世纪中国社会史研究的回顾与思考",《历史研究》,2001年第6期。

② 陈峰:"两极之间的新史学:关于史学研究会的学术史考察",《近代史研究》,2006年第1期。

③ 此外,笔者还认为,该时期中国新史学家的民众史观还源于中国古代的民本思想,亦与该时期中国史学家的平民化有关。

二、历史学的社会科学化与历史研究新领域与新方法的开拓

20世纪前期的中国史学,一方面需要进行科学化的建构,即运用现代自然科学方法来建构科学的历史学,另一方面史学的社会科学化的趋向亦开始出现。前者的主导者为"新考据学派"的新史学家,后者则是那些倡导与推动民众史的新史学家。其中史学的社会科学化趋向则是另一个预示着未来国际史学发展的新方向。众所周知,西方史学在19世纪末20世纪初亦开始出现了社会科学化的趋向,并在20世纪六七十年代年达到顶峰。可以说,从时间上而言,中西史学的社会科学化趋向似乎是同时发生的。

在19世纪,各门学科逐渐走向独立,但从20世纪开始,各门学科又开始逐渐走向了交叉和融合,即出现了一种跨学科、交叉学科的趋势。20世纪前期萌生的历史学的社会科学化即是这种学科发展趋势在历史学领域的一种反映,因而西方新史学所倡导的总体史与问题史学就是顺应这一学术发展潮流的一个结果,而该时期中国新史学所倡导的民众史与综合方法(综观)亦是这种潮流的一个结果,只不过,它是在西方史学的影响下而出现的。

(一)**历史研究领域的扩大**。20世纪前期西方与中国新史学的总体史——民众史带来了史学研究领域的扩大,即从精英阶层的政治、军事和外交史,扩展到了人类的经济、社会和文化史;从帝王将相为主的历史转变到以民众为主的历史。于是,在20世纪前期,社会经济史与普通民众史逐渐走向繁荣。我们之所以把西方新史学的总体史与中国的民众史等量齐观,这是因为中国民众史实际上就是一种总体史,只是它更加注重普通民众史的研究。20世纪初期的新史学家主要从理论层面呼吁建立民史,扩大历史研究的领域。正如论者所言,梁启超提倡"全体之史"的观念,应当"合人类全体而比较之,通古今文野之界而观察之"。他由此而"大力主张拓宽历史研究的范

围,要研究智力、产业、美术、宗教和政治等人类社会生活的各个方面"。① 陈黻宸亦认为,史学的性质是总体的社会科学体系,"史学者,合一切科学而自为一科者也,无史学则一切科学不能成,无一切科学则史学亦不能立"②。由此,他将史学的领域分为世界史、世界政治制度史、中外地理、国民调查与社会调查、中国政治制度史、法制和礼制史、经济史、专传(从圣贤到平民大众),其研究领域可谓无所不包。③ 而邓实则效法西方学者的治史方法,认为民史的内容当包括种族史、言语文字史、风俗史、宗教史、学术史、教育史、地理史、户口史、实业史、人物史、民政史、交通史。④

至20世纪20年代末和30年代,顾颉刚、吴晗、陶希圣等新史学家接续了梁启超等人的上述观念,开始从实践层面践行民众史观念,并开拓出了两个比较稳定的新的研究领域:(1)以顾颉刚等新史学家为代表的民众日常生活史研究;(2)以吴晗、陶希圣等新史学家为代表的社会经济史研究。

如前所述,早在1920年,顾颉刚就萌发了研究民史的愿望,但是他的"眼光向下"到民间搜求资料的目的主要还是为了古史的重建,意在建立一种科学的史学。但至1926年,随着他南下闽粤,其重建民史的愿望才最终得以实现。于是,民众日常社会生活史由此而兴。而在此时,其"眼光向下"搜集民间资料成为了他"从底层向上"看待历史的一种手段。用他的话来说:"我们要站在民众的立场上来认识民众。"⑤由此,普通民众的生产、生活、风俗习惯、信仰等领域都慢慢被发掘了出来。至20世纪30年代中期,杨志成继承顾颉刚的民俗学传统,并将之与民族学和人类学有机结合起来,从而初步形成了华

---

① 宋学勤:"梁启超与马克·布洛赫'新史学'思想比较研究",《山东社会科学》,2012年第3期。
② 侯俊丹:"新史学与中国早期社会理论的形成——以陈黻宸的'民史'观为例",《社会学研究》,2014年第4期。
③ 同上。
④ 见吴忠良:"邓实史学思想析论",《东方论坛》,2003年第2期。
⑤ 见顾颉刚:"《民俗》发刊词",《民俗周刊》,第1期,1928年3月21日。

南历史人类学研究传统,当代的华南历史人类学派即在此基础上发展而来。① 需要指出的是,无论是早期的民俗学研究还是后来的历史人类学研究,它们都是以史学为中心的普通民众史研究。民俗学家、人类学家与历史学家作为一个团队长期在一起工作,从而促进了这种传统的延续。而西方的历史人类学研究直到20世纪60年代之后才发展起来。可见,在20世纪前期,虽然西方的各门独立学科刚刚引进中国,但却迅速为一些敏锐的中国新史学家所利用,并且以之来研究中国的文明史,这既是国际人类学的一种发展趋势,更是预示着未来历史人类学的一种发展趋势。② 这是东西方文化相互交融所结出的一个硕果。

在20世纪前期的中国史学界,社会经济史研究所取得的成就更大,也更令人关注。可以说,社会经济史的兴起有赖于20世纪30年代的"社会史大论战"。此后所兴起的北方的"史学研究会"、"食货派"与南方的"现代史学"派、"闽粤学派"都致力于社会经济史的研究。他们以各自创办的相关刊物《中国近代经济史研究集刊》《食货》《现代史学》为阵地,进行社会经济史研究,使社会经济史研究逐渐走向专业化发展轨道,并取得了相当多的成就,其中区域社会经济史和断代经济史的研究最为突出。③ 而今天北京大学的社会经济史研究与厦门大学的社会经济史研究都继承了前辈们的研究传统,从而形成了两个各具特色的学派。在该时期的西方史学界,社会经济史研究也是刚刚兴起,并给予年鉴学派创始人以启发,

---

① 参见桑兵:"从眼光向下回到历史现场:社会学人类学对近代中国史学的影响",《中国社会科学》,2005年第1期;周大鸣:"中大人类学系与中国人类学的发展",《中山大学学报》,2009年第6期;王传:"华南学派史学理论溯源",《文史哲》,2018年第5期。

② 众所周知,在20世纪早期,人类学逐渐开始从研究野蛮部族转移到研究文明社会,中国的人类学家和新史学家恰恰处于这一转变的潮头。

③ 参见王学典:"新史学与新汉学:中国现代史学的两种形态及其起伏",《史学月刊》,2008年第6期;陈峰:"从食货之学到社会经济史",《南京大学学报》,2010年第3期;李金铮:"追溯先辈之识见:中国近代乡村社会经济史研究的'新'与'旧'",《史学集刊》,2012年第5期;仲伟民、张銘ା:"20世纪上半叶中国历史学的社会科学化——以清华学人为中心的考察",《北京师范大学学报》,2016年第2期;殷飞飞、陈峰:"'现代史学'派与中国社会经济史研究的转向",《山东大学学报》,2020年第3期。

像比利时的中世纪社会经济史学家亨利·皮朗就被法国新史学家视为其始祖之一。因此,在社会经济史研究领域,中国与西方基本是同步的。

笔者认为,在 20 世纪前期,除了上述两个新史学研究领域之外,一些中国的新史学家还开辟出了诸多预示未来国际史学发展方向的新领域,其中主要是想象史、历史社会学/历史人类学、世界史、心理史、历史人文地理或历史文化地理。

所谓的想象史就是以文学、艺术和口头话语资料为基础,探讨人们凭借着想象思维而创造出来的各种形象,以及它们与历史现实之间的复杂关系。这是一个全新的研究领域,即人类想象的领域。① 在中国话语中,这种想象史通常被称为"以诗证史"的史学。据中国学者的研究,早在南朝时期,裴松之就开始引小说来注释史书;宋代史家司马光和欧阳修等开始自觉地将诗文作为史料使用,确立了"以诗文证史"的史学传统;明清史家黄宗羲、张学诚、浦起龙、王鸣盛等在理论和实践上发展了该传统。② 中国现代史家邓志诚、陈寅恪则将这一传统加以发扬光大,从而自 20 世纪前期开启了现代中国想象史研究领域,并形成中国独特的想象史研究范式。

邓之诚作为中国现代社会生活史的开拓者之一,其"以诗证史"的代表作是《清诗纪事初编》。他在该书中以诗文等文学作品为资料,从中考证出大量有关民众日常生活史的史实,从中探寻社会生活与风俗之变迁。③ 这是中国"以诗证史"史学传统的基本理路。陈寅恪在"以诗证史"方面的成就更加突出。他自 20 世纪二三十年代至 60 年代先后写出了《〈秦妇吟〉校笺》《元白诗笺证稿》《桃花源记旁

---

① 参见徐善伟:"想象史研究述评",《学术研究》,2002 年第 7 期。
② 徐国利:"陈寅恪对'以诗文证史'史学传统的继承与发展",《郑州大学学报》,2019 年第 1 期。
③ 见邓之诚:《清诗纪事初编》,上海古籍出版社 2012 年版。亦参见卞孝萱:"邓之诚'诗证史'的理论与实践——《清诗纪事初编》书后",燕京研究院编:《燕京学报》,新 13 期,2002 年 11 月,北京大学出版社 2002 年版;王秋月:"邓之诚的社会生活史研究",《史学史研究》,2015 年第 2 期。

证》《论再生缘》《柳如是别传》等。① 陈寅恪的"以诗证史"的研究不仅"以诗入史",即以"诗"作为资料来证史,而且还运用"了解之同情"的方法,通过诗文来探究一个时代之情感结构、精神状态、心灵与民族精神,辨析这个时代的社会风俗变迁。② 可见,陈寅恪的"以文证史"的研究已经深入到了"清理"某个时代的想象与"历史现实复杂之关系"的境界,是一种毫不逊色于当代法国新史学之想象史的一种新文化史。③ 此外,吴晗在明史研究中,将《金瓶梅》视为一部现实主义小说。他一方面以历史来考证书中的描述是万历以后的社会情况,另一方面则通过这部小说来观察明代后期各阶层的社会生活,从而开启了明史研究中"以文证史"和"以史释文"的先例。④

总之,邓之诚与陈寅恪等史学大家之所以能够大大早于西方史学界开辟出想象史这个预示着未来史学发展方向的领域,一方面有赖于他们有着深厚的文史功底以及对中国文史传统的深切理解和继承,另一方面则是由于他们又受到了西学的洗礼。而20世纪前期中国"文史不分家"的学术传统对于历史学将研究领域扩展到想象领域可谓功不可没。而直至20世纪80年代,法国著名的新史学家雅克·勒高夫还在大力呼吁史学家去开拓人类社会生活中的想象领域,因为在他看来,"没有想象史的历史学就是一种支离破碎的、空洞的历

---

① 参见陈寅恪:《〈秦妇吟〉校笺》(自印本),昆明1940年版;陈寅恪:《元白诗笺证稿》,生活·读书·新知三联书店2001年版;陈寅恪:"论再生缘",载《寒柳堂集》,生活·读书·新知三联书店2001年版;陈寅恪:《柳如是别传》,生活·读书·新知三联书店2001年版。需要指出的是,陈寅恪的"以诗证史"史学还涉及了古代女性史的研究,其《元白诗笺证稿》有关于对宫廷婚姻礼仪的研究,而《柳如是别传》则是对明末清初的一代名妓柳如是及其所处时代江南风习的研究。

② 参见姜伯勤:"史与诗——读陈寅恪先生《元白诗笺证稿》《论再生缘》《柳如是别传》",载《陈寅恪与二十世纪中国学术》,浙江人民出版社2000年版;姜伯勤:"论陈寅恪先生'新方法'、'新材料'之史学'试验'——陈寅恪先生《书信集·致刘铭恕》解析",《史学月刊》,2009年第5期;卞孝萱:"以诗证史的典范——《柳如是别传》",《南通大学学报》,2005年第1期;蔡鸿生:"金明馆教泽的遗响",《广东社会科学》,2005年第3期;张耕华:"'以诗证史'与史事坐实的复杂性",《华东师范大学学报》,2006年第5期;徐国利:"陈寅恪对'以诗文证史'史学传统的继承与发展",《郑州大学学报》,2019年第1期。

③ 徐善伟:"想象史研究述评",《学术研究》,2002年第7期。

④ 张显清、赵克生:"从创造到普及:吴晗先生的学术贡献",《古代文明》,2009年第3期。

史学"①。可见,20世纪前期的中国史学家在史学创新上的成功,一是得益于他们对外来史学思想的充分吸收和理解,二是得益于他们的学术深深扎根于中国学术传统的沃壤之中。

伴随着西方的社会学与人类学之传入中国,尤其是人类学逐渐将研究对象转向文明社会,一些社会学家、人类学家、史学家开始利用其方法开辟出了历史社会学或历史人类学/社会史研究的新领域。像社会学家、人类学家潘光旦、费孝通、林耀华、吴景超、江绍原、李安宅、杨成志等的历史社会学和历史人类学研究成绩斐然;像张亮采、王国维、邓之诚、吕思勉、陈东原、陶希圣等历史学家也大力开拓了社会史领域,成果卓著。② 而以顾颉刚为代表的闽粤的大众日常生活史研究则是一种采用历史人类学方法所进行的社会史研究。可以说,在历史社会学或历史人类学/社会史的研究方面,他们不仅完全可以比肩同期的西方史学家,而且还在一些方面超越了他们。

众所周知,在19世纪末20世纪初,西方学者就展开了对"欧洲中心论"或"西方中心论"的反思与批判,以建构一种新的世界史观和编纂一种新的世界史著作,其代表人物就是德国的施本格勒和汤因比以及他们的代表作《西方的衰落》《历史研究》。他们提出了"文化形态史观",并倡导在世界史编纂中应以文明或文化为单位而非以"民族"或"国家"为单位以及以欧洲或西方为中心叙述模式。也是在20世纪前期,中国史学界也出现了第一批批判"欧洲中心论"以建构整体世界历史的史学家,其代表人物是雷海宗和周谷城。其中周谷城的成就最大,他于20世纪40年代后期编纂的《世界通史》(三册)是中国学者所编纂的第一部真正意义上的世界史。其世界史理论的核心便是反对"欧洲中心论",强调从整体与全局的角度,将世界历史

---

① Jacques Le Goff, *The Medieval Imagination*, Chicago: The University of Chicago Press, 1988, p.3.亦参见徐善伟:"想象史研究述评",《学术研究》,2002年第7期。
② 有关20世纪前期的相关研究,参见赵世瑜、邓庆平:"二十世纪中国社会史研究的回顾与思考",《历史研究》,2001年第6期;王秋月:"邓之诚的社会生活史研究",《史学史研究》,2015年第2期。吕文浩:"潘光旦:社会学和历史学相结合的早期典范",载潘光旦:《中国伶人血缘之研究 明清两代嘉兴的望族》,"导言",商务印书馆2015年版。

看作是一个有机联系的统一整体,"特别着重世界各地之相互之关联",并力求世界历史发展进步的内在趋势或规律。① 正是基于这种世界史理念,他在《世界通史》中将人类历史分为四个大的阶段:远古文化之发展、亚欧势力之往还、世界范围之扩大、工业革命以来的世界史。周谷城的世界史理念既来源于他对西方世界史编纂的反思,又受到了西方学术思想的影响,如汤因比、阿克顿和文化传播学派;还得益于他继承中国通史编纂传统而创立的"历史完形论";亦与他长期的中国通史与世界通史的教学实践密不可分。同时,他还特别强调在世界通史编纂中采用历史比较研究的方法,并在《世界通史》中进行了具体的实践。无论是在世界史理论的建构还是在具体的编纂实践方面,周谷城都已经超越了施本格勒和汤因比,预示了20世纪六七十年代西方史学界世界史或全球史的编纂方向。

伴随着西方社会学与心理学在中国的传播,一些史学家、社会学家和心理学家还开辟了心理史、人文地理或文化地理的研究领域。梁启超无疑是心理史的先驱,他不仅对心理史学的理论与方法进行了初步的研究,而且还做了一些历史心理学的个案研究。在20世纪30年代,弗洛伊德的精神分析理论被引入中国并引起了比较大的回响。朱光潜写了《变态心理学派别》一书,心理学家张耀翔利用心理变态理论撰写了"中国历史名人变态行为考"一文,而社会学家潘光旦在其所翻译的英国心理学家霭理士的《性心理学》一书的注释中讨论了中国古代社会的变态行为。可见,弗洛伊德的精神分析理论对于中国学界的巨大影响。此外,心理学家林传鼎写有"唐宋以来三十四个历史人物心理特质的估计"一文,而社会学家孙本文在其《社会心理学》一书中也广泛运用了来自于二十四史和其他史料。② 可见,

---

① 周谷城:《世界通史》(第一册),"弁言",商务印书馆1949年版。《世界通史》的第四册亦即世界历史发展的第四个阶段,主要论述工业革命以来的世界史,此阶段为周氏所谓的资本主义时代。由于种种原因该册始终没有编撰而成,这也成为周谷城先生的一个遗憾,也使得我们无法了解他具体的论述情况。

② 参见邹兆辰:"当代中国史学对心理史学的回应",《史学理论研究》,1999年第1期;张广智:"心理史学在东西方的双向互动与回响",《学术月刊》,2002年第12期;陈其泰、宋学勤:"梁启超与心理史学",《天津社会科学》,2005年第5期;石莹丽:"梁启超对心理史学的具体贡献",《山东社会科学》,2007年第7期。

在20世纪前期,中国与西方的心理史学的发展几乎处于同样的状态,即新史学的创始人(中国的梁启超、法国年鉴学派创始人费弗尔)尽管都提倡心理史学的研究,但心理史学的实践者大都是心理学家和社会学家。

而在历史人文地理或历史文化地理方面,丁文江的"历史人物与地理关系",张耀祥的"清代进士之地理的分布",黄炎培的"清代各省人文统计之一斑",潘光旦的"近代苏州的人才"、"明清两代嘉兴的望族",朱君毅的"中国历代人物之地理的分布"等都是这方面的杰作。可以说,这些跨界学者实际上就是中国历史人文地理或历史文化地理的开创者。尤其是潘光旦曾对复旦大学历史地理学家谭其骧先生的历史文化地理研究产生了很大的影响。① 虽然这个研究领域受到了西方社会学、统计学等影响,但更与该时期中国学界往往将历史学与地理学视为一科(即史地学)密切相关,因为该时期的许多大学的历史学与地理学通常会合为一个系科,即史地系。

(二)**跨学科的研究方法**。20世纪前期提倡问题史学——综合方法的西方与中国的新史学家们摒弃了"据实直书"的史学观念,强调对历史的分析与阐释,由此导致跨学科研究方法的渐兴。② 梁启超是跨学科研究方法的倡导者。他指出,历史学必须跨用地理学、地质学、人种学、人类学、语言学、群学(即社会学)、政治学、宗教学、法

---

① 谭其骧于1927年至1930年在上海暨南大学读书期间,先后在中文系、外文系学习,最后转到了历史社会系,而潘光旦则是历史社会系老师。谭其骧的本科毕业论文《中国移民史要》就是由潘光旦指导写成的。其文化地理学的理论与方法亦深受潘光旦的影响。参见葛剑雄:"悠悠长水——谭其骧传(连载之一)",《史学理论研究》,1996年第1期。而谭其骧的两篇大作"中国文化的时代差异与地区差异"(《复旦学报》,1986年第2期)和"积极开展历史人文地理研究"(《复旦学报》,1991年第1期)都体现出潘光旦的影响。

② 需要指出的是,西方新史学家与提倡民众史和史学的社会科学化的中国新史学家虽然都强调对历史的分析与阐释,但他们也都肯定了史料考证的重要性。如马克·布洛赫不仅肯定了传统史学文献考证方法的作用,而且还在其遗著《历史学家的技艺》中专列一章论述历史考证方法,参见〔法〕马克·布洛赫:《历史学家的技艺》第三章"历史的考证",张和声、程郁译,上海社会科学院出版社1992年版;亦参见徐善伟:"当代西方新史学与'史料之革命'",《史学理论研究》,2010年第2期。而中国提倡民史和史学社会科学化的新史学家大都提倡考据与综合并重。而综合又称"综观",即有关历史分析和解释的方法。如食货派遗传下来的学统即是"重视材料"但同时"绝不忽视理论与方法",参见王学典:"近五十年的中国历史学",《历史研究》,2004年第1期。

律学和经济学等"与史学有直接之关系"者,还必须借鉴伦理学、心理学和逻辑学以及天文学、物理学、化学、生理学等"与史学有间接之关系"者。① 梁启超特别强调统计学方法在历史研究中的应用,并撰写了"历史统计学"一文。② 此后,民众史的推动者陈黻宸、顾颉刚、吴晗、陶希圣等也都强调充分吸收自然科学和社会科学的理论和方法辅助史学研究。陈黻宸主张历史学与社会学结合,并特别提倡统计学的运用;顾颉刚不仅主张将自然科学方法运用于历史研究以建构科学的历史学,而且还主张将人类学、社会学、地质学、考古学、语言学、医学、动植物学等学科的成果为其研究提供工具;陶希圣将社会科学理论运用于社会经济史研究,并认为"以社会科学的理论与方法研究中国社会经济史"的时代业已来临。③如此等等。

在20世纪前期的中国史学界,跨学科研究可以说是结出了丰硕的成果。历史学与自然科学以及各门社会科学相结合,形成了一些新的跨学科方法,如历史人类学方法、历史社会学方法、数量史学方法(即历史统计学法)、历史心理学方法等;历史学与其他人文学科相结合形成了历史语言学、想象史学(即"文史互证"方法)、历史人文地理或文化地理方法。

总之,在20世纪前期,中国新史学家开启了史学社会科学化的进程,并在这一进程中提倡跨学科的方法,开拓了众多史学研究新领域。可以说,中国新史学所取得的成就完全可以与同期的西方新史学相媲美,甚至在历史人类学、历史社会学、想象史学、历史人文地理或历史文化地理等方面还超过了西方新史学的成就。其中的原因是多方面的。这首先要归功于西方史学思想的广泛影响。但笔者认为,这种影响不应仅仅归于中国史学界所津津乐道的以鲁滨孙为代

---

① 梁启超:《新史学》,载《梁启超全集》第二册,北京出版社1999年版,第741页。
② 梁启超:"历史统计学",《史地学报》,1923年第2卷第2期。1935年梁启超的学生卫聚贤也撰写了一本《历史统计学》(商务印书馆1935年版)。亦参见黄兴涛、李章鹏:"现代统计知识和观念的传人与清末新史学",《史学史研究》,2016年第3期。
③ 关于这些学者的观点,参见陈黻宸:"京师大学堂中国史讲义",《京师大学堂历史讲义合刊》,第113页;顾颉刚:"1926年始刊词",《国学门周刊》,第2卷第13期,1926年1月6日;陶希圣:"食货学会本年六项工作草约",《食货》,第1卷第6期,1935年2月。

表的新史学思想,还应归于传统的实证主义史学。因为以巴克尔、兰普雷希特等为代表的实证主义史学家亦提倡扩大历史研究领域和进行跨学科研究,他们在某种程度上已经突破了传统史学的某些藩篱,提出了一些预示未来新史学发展方向的东西。① 而巴克尔与兰普雷希特的实证主义史学思想对中国史学界产生的影响甚大。②

其次,中国史学家的这些创新还奠基于该时期中国大学学科设置与大学历史学课程体系的改革。20世纪初期的中国综合性大学在学科设置方面更多吸收了德国与美国大学的经验,但也融合了中国传统的学术体系,通常实行大学科制和文理渗透的课程设置方式。③ 可以说,该时期的中国大学在学科建制和课程设置方面与当时欧美大学甚为契合,体现了科学发展从分化向综合性和交叉性发展的趋势。而历史学作为人文学部的一个系科,其课程设置亦体现出人文大学科与文理渗透的特征。在这方面,清华大学历史系在蒋廷黻担任主任期间(1929—1935年)所进行的历史学课程体系的改革最为成功。他所提出的"历史与社会科学并重、历史之中西方史与中国史并重、中国史内考据与综合并重"的改革理念将清华大学历史学系推向了史学前沿。④ 正得益于这种改革,历史学系学生不仅具备了扎实的历史学基础知识与理论,还具有了比较坚实的各门社会科学和人文学科的知识,甚至还具备一些自然科学的知识。这种知识结构使得学生具备了跨学科研究和开拓史学新领域的科学素质。

最后,该时期中国新史学家的上述创新还在于他们继承并吸收

---

① 参见徐善伟:"略论实证主义史学与兰克客观主义史学的异同",《齐鲁学刊》,1991年第6期。
② 参见赵世瑜:"再论社会史的概念问题",《历史研究》,1999年第2期;李孝迁:"巴克尔及其《英国文明史》在中国的传播及其影响",《史学月刊》,2004年第8期。
③ 参见斯日古楞:"民国时期国立大学'院—系'学科建制考",《教育史研究》,2017年第4期。
④ 有关该时期中国各大学历史学科教学改革情况,参见桑兵:"教学需求与学风转变——近代大学史学教育的社会科学化",《中国社会科学》,2001年第4期。亦参见蔡乐苏:"蒋廷黻与清华大学历史学系课程新模式的建立",《北京社会科学》,2004年第4期;仲伟民、张铭雨:"20世纪上半叶中国历史学的社会科学化——以清华学人为中心的考察",《北京师范大学学报》,2016年第2期;王学典:"中国新史学的摇篮——为清华大学历史系创建90周年而作",《清华大学学报》,2016年第5期。

了中国学术传统,尤其是文史传统。如前所述,他们创立想象史学有赖于其深厚的文史学养及其对中国古代已有的"以诗证史"学术传统的继承;他们创立人文地理或文化地理则有赖于中国史地合一的传统及这一传统在大学系科中的延续,如很多大学并未将地理学独立设置于理学院之中,而是将之放置于人文学院并与历史学科合为一个系科——史地系;他们创立历史社会学或历史人类学还在于中国大学在大学科制中通常将社会学和人类学归类于人文学部,而有的大学干脆将历史学与社会学合二为一,成为历史社会系,或者将人类学家归入历史系。同时,蒋廷黻在改革清华大学史学课程体系时也并没有一味地照搬美国大学的相关课程体系,而是结合中国的实际状况而进行改革。① 由此可见,任何创新都要立足于中国自己的文化传统,也不应脱离这种深厚的文化传统。

三、史料观念的革新

如果说20世纪前期新考据学派"史料即史学"的史料观推动了中国史学的专业化和科学化的话,那么伴随着民史的提倡与史学的社会科学化所带来的史学研究领域的拓展和跨学科研究方法的出现,一种新的史料观念也由此而生,史料的范围也由此从过去的书面文献资料扩大到了考古文物资料、田野调查资料、民间口头与传说资料、谱牒、文学、图像等。而中国的这种新的史料观念与现代西方新史学所倡导的史料观可谓有异曲同工之妙。

众所周知,在史料观念方面,近代西方传统史学和中国的新考据学派都强调"史料即史学",并认为"据实直书,曲直自现"。但是在20世纪前期的西方新史学家和中国提倡民史和史学社会科学化的新史学家则针锋相对地提出了问题史学——综合方法,即强调对历

---

① 笔者认为,20世纪前期中国大学的大学科的学科建制与历史学科的课程体系设置已经处于国际领先水平。即便今天中国的许多大学在这方面都远远落后于20世纪前期的大学。

史资料的分析与阐释,由此而带来了他们对于历史资料之看法的改变。如年鉴学派创始人马克·布洛赫就指出:"即使是那些看来明白无误而又极具价值的文献或考古资料,也只有当人们适时地向它提出问题时,它才会开口说话。"①也就是说,历史资料是死的,只有当历史学家运用新的理论和方法对之进行探问,死的历史资料才会变为活的历史。后来的西方新史学则继承了这一观点并将之发扬光大。② 而20世纪前期的一些中国新史学家也提出了类似的观点。如顾颉刚认为,"凡是一件材料没有不可供研究之用的,材料本无生命,有方法用它时它就有了生命,所以死活是方法的问题而不是材料的问题"③。在顾颉刚看来,只有借助自然科学或社会科学方法,无生命的资料才会变得富有生气。以陶希圣为代表的"食货派"史学家亦强调理论与方法对于理解历史资料的重要性。《食货》创刊号上"编辑的话"就写道:"有些史料,非预先有正确的理论和方法,不能认识,不能评定,不能活用;也有些理论和方法,非先得到充分的史料,不能证实,不能精致,甚至于不能产生。"④即是说,历史资料是历史理论与方法赖以存在的基础,而后者则决定着对历史资料的认识程度。可见,倡导民史与史学社会科学化的中国新史学家的史料观是一致的。

撰写民众史以及将史学进行社会科学化的必然结果则是导致历史资料范围的扩大,并建立起一种新的多元的史料体系。梁启超在其《中国历史研究法》第四章"说史料"将史料分为非文字史料与文字史料。口碑资料、遗迹、遗物、器物、实物模型和画作被视为非文史料。⑤ 而在文字史料类,梁启超亦将诗词歌赋、文学作品也纳入史料范围之中,认为善治史者能从中"搜捕"史料。由于旧史学的书写重

---

① 〔法〕马克·布洛赫:《历史学家的技艺》,张和声、程郁译,第51页。该段译文已参照英文版本(Marc Bloch, *The Historian's Craft*, New York: Knopf, 1953)进行了修改。
② 参见徐善伟:"当代西方新史学与'史料之革命'",《史学理论研究》,2010年第2期。
③ 顾颉刚:"语史所年报·序",《语史所周刊》,第62—64期,1929年1月16日。
④ 陶希圣:"编辑的话",《食货》,第1卷第1期,1934年12月。
⑤ 梁启超:《中国历史研究法》,载《梁启超全集》(第14卷),北京出版社1999年版,第4107—4111页。

心在君主,对国民社会生活并不重视,所以导致大量的重要史料的遗漏,因此梁启超主张将那些记录乡野生活的杂记野史亦纳入资料范围,"从寻常百姓家故纸堆中"寻得"极珍贵之史料",如一商店或一家宅的积年流水账簿、各家族之族谱等都是研究社会经济、社会生活、人口状况的重要史料。① 可见,梁启超已经将从其史家所忽视的口碑史料、器物和实物资料、文学与艺术资料、乡野杂记野史都纳入史料范围之内。

如前所述,20 世纪 20 年代顾颉刚所萌发的研究民史的愿望使得他将"眼光向下"到民间去搜求资料。他在 1922 年的《教育杂志》上发表文章说:"我们应当看谚语比圣贤的经训要紧;看歌谣比名家的诗词要紧;看野史笔记比正史官书要紧。为什么?因为谣谚野史等出于民众,他们肯说出民众社会的实话;不比正史、官书、贤人、君子的话主于敷衍门面。"② 针对学界的一些非议,顾颉刚多次指出,在故纸堆里寻找材料与在乡野中寻找材料没有什么高下之分,因为"在我们的眼光里,只见到各个的古物、史料、风俗物品和歌谣都是一件东西"③。至 1926 年之后,他南下闽粤,重新回归民史研究,并继续其到民间搜集资料的倡议。由此,民间资料的搜集也从北京大学国学门时期的比较单一的民歌、民谣扩大至民间传说、唱本、谜语、神话、传说、童话、故事等民俗资料。不仅如此,这种民间资料搜集还从汉族扩大到中国领域内的一切少数民族。④ 这样,顾颉刚通过民俗学运动而将历史资料的范围扩大到了乡野民间的民俗资料,民族学家杨堃因此而将这一民俗学运动赞为"一种新史学运动",要比北大时期的新文学运动的民俗学运动有了进步。⑤

---

① 梁启超:《中国历史研究法》,载《梁启超全集》(第 14 卷),第 4113 页。
② 顾颉刚:"中学校本国历史教科书编纂法的商榷",《教育杂志》,第 14 卷第 4 号,1922 年 4 月 20 日。
③ 顾颉刚:"1926 年始刊词",《北京大学国学门周刊》,第 2 卷 13 期,1926 年 1 月 6 日。
④ 参见桑兵:"从眼光向下回到历史现场:社会学人类学对近代中国史学的影响",《中国社会科学》,2005 年第 1 期;王传:"中山大学语言历史学研究所与新史学",《史学月刊》,2013 年第 3 期;王传:"华南学派史学理论溯源",《文史哲》,2018 年第 5 期。
⑤ 杨堃:"我国民俗学运动史略",《民族学研究集刊》,第 6 期,1948 年 8 月。

正是在顾颉刚等学者的这种到民间搜集资料以补足正史文献资料的观念使得许多从事社会经济史的史学家也开始注重民间文献的收集与整理。如傅衣凌指出,史学研究者应开拓史料之来源,以前人们所"不屑一顾"的资料(如任何文字记载、口碑、传说等)都要纳入史料的范围。同时还应注重对民间资料(如素为人所不知的商店账簿、民间契约等)的搜集与利用。由此,傅衣凌通过田野调查而发掘出了大量前人所忽视的契约文书、族谱、账本、唱本、科仪书、日记、民间传说、宗教榜文、日用杂书、碑刻、墓志铭、民谣儿歌、乡规民约等民间文献或实物资料,从而"逐渐形成了以民间文献证史,以民俗乡例证史,以实物碑刻证史的学术风格"。① 其研究也成为了名副其实的社会经济史研究。另一位著名社会经济史学家梁方仲亦主张扩大史料搜集范围,并声称,那些通常为史家所"抛弃的""零烂的"私人或家庭的流水账,店铺的生意账,工料的清单,户口钱粮的清册等资料现在都已经成为了最可宝贵的经济史料。而在明清社会经济史研究中,他也悉心发掘地方志、笔记、民间文学等资料,同时还留意许多不起眼的民间文献,如赋役全书、粮册、黄册、奏销册、土地执照、田契、串票以及民间的各种完粮的收据与凭单等。② 同时,从事社会生活史和想象史研究的著名史学家邓之诚、陈寅恪等则将文学艺术资料(如诗歌、戏曲、小说、图像)等纳入到了历史资料的范围。

这种历史资料观念的变革还导致新史学家们开启了以前所忽视的各地方志、地方官厅档案的搜集整理。如顾颉刚在 1927 年为中山大学拟定的"购求图书计划书"中,就将档案、账簿、个人生活之记载等"不入收藏家范围"的材料尽量搜购。尤其是其中的档案不但保存政治的史料,亦且保存民众的史料。因此要了解以前的农民、工人、商人、妇女、奴婢、僧道们的生活,经史子集里是很少记载的,而档案

---

① 参见王传:"华南学派史学理论溯源",《文史哲》,2018 年第 5 期。
② 同上。

里却多有记载,可以从中辑出他们的生活状态。① 而陶希圣、傅衣凌、梁方仲等新史学家正是通过对地方志资料的运用而使其社会经济史研究变得更加厚重。

总而言之,20 世纪前期的中国新史学家不仅对正史展开了搜集整理与考订,而且其中的民众史与史学社会科学化倡导者们还更新了旧有的史料观,建立起一种囊括新开发的地方志、地方官厅档案资料、各种乡野民间资料、口碑史料、考古资料、器物和实物资料、文学与艺术资料等新史料体系。可以说,西方的新史学家直到 20 世纪六七十年代才建构起类似于中国新史学家在 20 世纪前期所重新建构起来的这种新的史料观与史料体系。② 这不能不说是中国新史学家对国际史学发展的一个突出贡献。只可惜,由于国力衰弱,中国新史学的成就几乎没有引起外国史学家的关注。

余 论

众所周知,西方在 19 世纪即完成了史学的专业化与科学化,它以兰克客观主义史学与实证主义史学为代表,而从 20 世纪初期开始,西方史学开始对上述近代传统史学进行反思,并由此萌发了新史学的思潮,它以史学的社会科学化为表征。在 20 世纪前期,中国的史学家在西方上述史学思潮的影响下,用半个世纪的时间完成了西方史学一个半世纪的任务。一方面,他们以中国传统的考据学为基础,并吸收和运用近代西方客观主义史学的考证方法,以及实证主义史学将史学自然科学化的理念重构中国的历史学,其目的是力图将之做成一门如自然科学一样的科学。学界通常将这一派别的史学家称为新考据学派,有类于西方的兰克学派和实证主义史学。另一方

---

① 顾颉刚:"购求图书计划书",北京图书馆《文献》丛刊编辑部编:《文献》,第 8 辑,书目文献出版社 1981 年版。参见王传:"中山大学语言历史学研究所与新史学",《史学月刊》,2013 年第 3 期。
② 参见徐善伟:"当代西方新史学与'史料之革命'",《史学理论研究》,2010 年第 2 期。

面,一些提倡民史和史学社会科学化的史学家还在批判旧史和新考据学派的基础上,吸收了西方实证主义史学的跨学科方法与探求历史规律的理念,以及现代西方新史学开启者的总体史和问题史学及跨学科理念,形成一种新的史学思潮,可以将之称为"史观派"和"会通派"。它们有类于现代西方的新史学派别。

因此,如果我们从20世纪前期中国史学对西方史学接受以及由此而来的中国现代历史学专业化与科学化的大背景下,去看待今日学界所谓的"新汉学"或"新考据学派"、"史观派"、"会通派",那么我们都应将之归于现代中国的"新史学派"之列,因为这些派别的目标都是为了打破中国几千年来的旧史之窠臼,建立一种符合现代科学精神的科学史学(不论这种史学是自然科学性质的还是人文科学性质的)。尽管他们的总目标是一致的,但在如何达至该目标的具体途径上却存在着分歧。而在该时期,由于传入中国的西方史学既有传统的近代史学,也有刚刚兴起的新史学思潮,所以中国史学家在立足中国自身学术传统并结合自己的想法接受西方的这些理念时,有的史家固守近代西方传统史学理念,有的史家则乐于接受现代西方的新史学思想,还有的史家则两种西方史学都有所接受。有鉴于此,我们要用发展的眼光去看待一些新史学家,对他们的一些行为做出新的合理理解。如当代中国学者大都批评梁启超"善变"——他倡导新史学,但后来随着新考据学的兴盛,他似乎忘却其原来的新史学理念,追随新考据学派,晚年回归其新史学的理路。但我们认为,这与其说梁启超的史学理念善变,倒不如说他在不同阶段随着对西学的接受与认知程度的深入,以及对自己史学理路的反思,而对不同阶段中国史学发展方向所进行的一种重新定位。再如当代中国学者通常将顾颉刚列入"新汉学"或"新考据学"一派,但他并不仅仅是一位提倡"疑古"、注重考证的新考据学派史学家,而且也是一位提倡民众史和史学社会科学化的史学家。只不过在1926年之前,他的研究聚焦于前者,而此后其研究才聚焦于后者。

而且,从20世纪前期的中国史学发展来看,学术的创新往往是那些乐于接受外来思想并对之有着充分理解,同时又立足于传统文化并有着深厚传统文化底蕴的学者。因此,该时期中国史学的创新也依赖于那些所谓的保守学者的参与,如国粹派(如陈实),文化保守派(如学衡派学者、陈寅恪、钱穆等)。

总而言之,正是由于中国有着极其厚重的史学传统,所以在20世纪前期面对西方史学的巨大冲击和挑战,中国史学家能够成功地加以应对,迅速实现史学的专业化和科学化,并且在这一过程中也萌发了诸多代表未来国际史学发展新方向的史学理论与方法。可以说,在20世纪前期的国际科学界,唯一可以比肩西方的学科也唯有史学了。正是由于这种挑战的成功,中国历史学在20世纪前期不仅迅速汇入到了国际史学发展的潮流之中,而且由于中国独特的文化传统所使然,中国的历史学家在很多方面还站到了国际史学的前沿。

作者简介:徐善伟,上海师范大学人文学院世界史系教授;张倩,上海师范大学人文学院世界史系研究生;时雯,上海师范大学人文学院世界史系研究生。

什么是数字历史？*

道格拉斯·希菲尔德 威廉·托马斯 著 周兵 译

内容摘要：本文通过一系列数字历史研究和实践的案例，从应用领域和研究方法两个层面对数字历史进行了界定，认为数字历史藉由数字化的技术手段对历史的课题展开研究和讨论，从而将历史学扩展为一种形式多样的新学问，为未来的学术发展创造了更多新的可能性。

关键词：数字历史 网络 数字化 新媒体

笔者二人都是在20世纪90年代初期进入历史学专业的，在万维网出现之前便已完成了研究生阶段的学习。当然，如今回头再看，在那些年里，信息革命正风生水起，改变着历史学的研究和教学方式。随着1994年Mosaic Netscape和Netscape Navigator（20世纪90年代网景公司开发的两款早期互联网浏览器。——译者）等浏览器的开发，互联网以惊人的速度发展成为一个全球信息网络。即使在网络发展的早期，网络上的历史也已无处不在了。令人叹为观止的是，人们争相将自己的历史记录放到网络上，并根据自己的喜好创建不同主题的网站。诸如国家公园管理局和国会图书馆等大型机构，也为主要的历史景点和主题建立了相应的网站。最终，诸如JSTOR和ProQuest（两个大型期刊文献电子数据库。——译者）等新

---

* 文章来源：Douglas Seefeldt, William G. Thomas, "What is Digital History?", in *Perspectives on History*, 2009.5.1. https://www.historians.org/publications-and-directories/perspectives-on-history/may-2009/what-is-digital-history。

的网络工具,将期刊文章和主要报纸的全文数据予以开放。研究型图书馆率先开发了可供在线访问的书目和馆藏。从一般的美国史到专题的研讨班,所有课程的教学都因此变得更加充满活力,且以学生为中心。历史的原始资源以十年前无法想象的方式向学生们公开开放。但是,随着研究的技艺和手段被新媒体所改造,学术研究又将何去何从呢? 变或不变? 如何变?

随着历史学家们尝试使用新的媒介,围绕着数字历史的概念,又开辟出一个全新的领域。由于计算机系统和网络信息技术的日益普及,新的工具被采用。地理信息系统(GIS)首当其冲,人们对于采取更多空间的方法去探索历史,始终兴趣盎然,而事实也证明,各种新的技术都大有可为:Flash 动画、XML 编码、数码影像、博客和 wiki(支持多人在线协同写作的超文本系统。——译者)等。[1] 较之传统的通信方式,新媒体仍然方兴未艾,技术的变革更是日新月异,因此历史学家对于数字媒体的历史探索,才只是刚刚起步而已。正有越来越多的大学院系在鼓励研究者们将历史研究转向这种快节奏、可广泛访问的新环境中,开展数字历史的研究。但是,在学术界并没有现成的,可供参考的数字历史的学术范例和实践成果,尤其是缺乏明确的同行评议及学术晋升的相关标准,很少有学者能够完全地投入到数字历史的研究当中。[2] 因此,究竟什么是数字历史? 它又有怎样的特点呢?

---

[1] Dennis A.Trinkle,ed.,*Writing,Teaching,and Researching History in the Electronic Age: Historians and Computers* (Armonk,NY: M.E.Sharpe,1998); Orville Vernon Burton,ed.,*Computing in the Social Sciences and Humanities* (Urbana and Chicago: University of Illinois Press,2002); Anne Kelly Knowles,ed.,*Past Time,Past Place: GIS for History* (Redlands,CA: ESRI Press,2002); David J.Staley,*Computers,Visualization,and History: How New Technology Will Transform Our Understanding of the Past* (Armonk,NY: M.E.Sharpe,2003); Orville Vernon Burton,"American Digital History", *Social Science Computer Review*, 23 no.2(2005): 206-220; Daniel J.Cohen and Roy Rosenzweig,*Digital History: A Guide to Gathering,Preserving,and Presenting the Past on the Web* (Philadelphia: University of Pennsylvania Press,2006).

[2] Joseph Raben,"Tenure,Promotion and Digital Publication", *Digital Humanities Quarterly* 1,no.1(2007). http://www.digitalhumanities.org/dhq/vol/001/1/000006.html (accessed February 25,2009).

什么是数字历史？

在广义上，数字历史可以理解为利用计算机、互联网和软件系统等新的通信技术检视和呈现历史的一种方法。在某个层面而言，数字历史是一个学术生产和交流的开放场域，涵盖了新课程材料的开发和学术数据的收集等。在另一个层面上讲，数字历史又是一种方法论，藉由上述技术所具有的超文本的能力，从而建立、界定、查询和注解人类历史的各种记录。因此，要进行数字历史的研究，首先当然是要对过去的历史进行数字化，但是还远不止于此。它通过技术手段创建起一个架构与体系，使人们可以对某个重大历史问题进行体验、阅读和参与讨论。①

1998年至2005年间，弗吉尼亚数字历史中心即尝试利用网络媒体开展实验性探索，摸索出了几种不同形式的数字历史研究模式。通过图书馆员、技术专家与不同领域的历史学家们的合作，我们很快意识到，数字历史项目远远超越了传统的学科界限。为了探索学术研究中的技术与交流手段，我们开始将数字化的工作同数字历史的学术研究相区别开来。对于前者，无论是在学界内外均已非常普及了，即将各类文献收藏转化为数字化的形式，常见于数字化图书馆及一些营利性的数字档案计划。数字化方面的成功例子，如美国国会图书馆的美国记忆项目和国家档案馆的数字化档案等。通过这些重要的项目举措，数以亿万页的报纸、政府文件以及信件和日记等，经过数字化后可以便捷地被搜索、索引和下载，研究者在获取历史记录的深度和广度上达到了前所未有的程度。另一方面，数字历史研究则偏重于围绕某个历史问题，整合原本较为分散凌乱的原始资料，例

---

① Daniel J. Cohen, Michael Frisch, Patrick Gallagher, Steven Mintz, Kirsten Sword, Amy Murrell Taylor, William G. Thomas III, and William J. Turkel, "Interchange: The Promise of Digital History", *Journal of American History* 95, no.2(2008). http://www.historycooperative.org/journals/jah/95.2/interchange.html(accessed February 25,2009).

如"暗影之谷:美国内战时期的两个社区"(The Valley of the Shadow:Two Communities in the American Civil War. http://valley.vcdh.virginia.edu/)、"种族与居所:吉姆·克劳法期间南部的黑人社区"(Race and Place:An African American Community in the Jim Crow South. http://www2.vcdh.virginia edu/afam/ruceandplace)、"维多利亚时代的维多利亚省"(Victoria's Victoria. http://web.uvic.ca/vv/)、"洛杉矶与城市史问题"(*Los Angeles and the Problem of Urban Historical Knowledge*. http://cwis.usc.edu/dept/LAS/history/historylab/LAPUHK/index.html)。均致力于创建一种全新的历史研究模式,雄心勃勃地试图实现历史研究的民主化,并探索一条理论与方法的新路径。

历史学家在研究中可能会涉及大量数字化的工作,但其重点并不同于图书馆员的工作。数字历史的研究项目源于某一个核心的历史问题,例如美国内战中的社会史、地方社区对种族隔离的抵制、一项由学生所创建的维多利亚省早期史数字档案可以如何应用于动态化的教学和学习中,或者是城市史家应该如何绘制出一座大都市的知识地图?

此外,数字历史的研究也将问题交还给了读者们,让他们也能够介入到研究工作中来,并形成自己对历史的理解和解释。这可能是这种历史研究新路径最为本质的特征了。数字历史的读者们所面对的,并不是一个展览,也不是一篇满是注脚的文章,或是任何一种经过简单处理后通过网络形式传递而来的东西。恰恰相反,数字历史呈现给读者的,是一整套解释性的元素,藉此可以深入去解开问题的疑团。

数字历史的下一阶段

早在 2004 年 1 月,已故历史学家罗伊·罗森茨威格(Roy Rosenzweig)就预见性地提出要向数字历史的过渡,在美国历史协会第 118 届年会之前,由他所组织的一次讨论会,定名为"进入在线历史研究的第二阶段"(Entering the Second Stage of Online History Scholarship)。① 罗伊认识到,数字历史研究在工具和理论方面的实验性探索,必须继续推进到更为持久的层面。在这第二阶段里,需要开展广泛而深入的跨学科协作,这种合作是大多数历史学家所未曾有过的经历,合作者包括了历史学家、程序员、信息架构师、设计师和出版商等。图书馆在收集、管理、探索及使用原始资料方面已经有了非常坚实的基础,足以支持并维护可能出现的各种形式的"新型学术研究"。历史学家必须积极地参与到这一至关重要的步骤当中,否则的话,如艾比·史密斯(Abby Smith)所警告的,历史学研究将会被扫进"历史的故纸堆"。②

通过以下几项具有代表性的数字历史研究项目,或许可以对到目前为止数字历史研究的现状有一个基本的了解。过去三年中,通过主持及举办"内布拉加数字历史工作坊"(Nebraska Digital Workshop),我们看到了许多出自研究生和年轻教师之手的新的、优秀的数字历史成果。③ 北得克萨斯大学的安德鲁·托格(Andrew Torget)推出的"得州奴隶制项目"(Texas Slavery Project. www.texasslaveryproject.org/),将历史解释在博士论文的基础上做了进一步的深化和展开。托格的项目始于对得克萨斯州和墨西哥边境地区的调查,关注该地区奴隶制的发展,以及围绕奴隶制所产生的空间关系及其后果。托格将所整理的奴隶主年度人口统计的数据库,编制成网络历史地图。除了数据的展示之外,还利用数字平台整合了其他的相关史料,并展开调查研究。数字历史项目作为成果,又进一步丰富并完善了其博士论文中的论点和方法。

---

① AHA Workshop: Entering the Second Stage of Online History Scholarship. http://www.historians.org/annual/2004/2004Program/04sessions_AHAworkshop1.htm (accessed February 25,2009).

② Abby Smith, "New—Model Scholarship: Destined for the Dustbin of History", *Perspectives* 47, no.7(2003). http://www.historians.org/Perspectives/issues/2003/0310/0310vie1.cfm(accessed February 25,2009).

③ The Nebraska Digital Workshop. http://cdrh.unl.edu/opportunities/neb_digital_workshop/archive.php(accessed February 25,2009).

另一种数字历史的模式,来自我们的同事蒂莫西·马奥尼(Timothy Mahoney),他是19世纪美国城市史的专家,在其数字历史项目"镀金时代的大平原市:伟大的希迪谋杀案与内布拉斯加州林肯市的进取精神"(Gilded Age Plains City: The Great Sheedy Murder Trial and the Booster Ethos of Lincoln, Nebraska. http://gildedage.unl.edu)中,展现了一幅丰富多彩的"空间叙事"的画卷。马奥尼的项目始于其撰写的同主题论文,引领着读者进入大平原市的历史当中,讲述了一个臭名昭著的赌徒被谋杀的离奇故事。读者可以在体验的过程中,自主性地探索当时的社会、文化、法律和政治等,从而对进步主义与现代性的起源等问题获得更为深入的理解。

当资深学者们也拾起数字工具展开新的解释,以更好地认识史料中所蕴含的复杂问题时,又会发生什么呢?斯坦福大学的理查德·怀特(Richard White)是美国西部历史研究的专家,著作等身,并曾担任美国历史协会主席,他希望通过模型来分析铁路在19世纪末美国西部的影响。由他主持的"空间历史计划"(Spatial History Project. http://spatialhistory.stanford.edu),亦有助于对其他空间关系研究的理解。所谓空间关系,包括人们所居住和生活的空间,错综复杂,并不能归为简单的几何形状或线性。在怀特的数字历史中,包含了多个演示性的研究子项目,如里约热内卢的城市发展、加利福尼亚的环境变化、旧金山湾周边的定居点,以及一个"数字历史工具"的wiki系统。

这些实用工具可以帮助研究者采用全新的方法研究他们所熟悉的主题,如杰克·森瑟(Jack Censer)、林·亨特(Lynn Hunt)等人共同合作的"法国大革命影像"(Imaging the French Revolution. http://chnm.gmu.edu/revolution/imaging/home.html,原网页链接已更新至 https://revolution.chnm.org/。——译者)。该项目的特色是整合了七位学者共同合作(包括同步和异步)的研究成果,从而在对大量丰富但又存疑的原始资料的解读中,提出了新的思路。通过使用数字图像工具,可以放大并细部地展示42幅法国大革命期间的人物群像或群体暴力的图像,再结合单个作者的研究性论文及协作式的在线讨论,研究者们得以对图像场景中丰富而复杂的细微之处做出新的诠释。①

未来的数字历史

对于历史学而言,未来数字化的环境将可能挑战某些传统的研究方法,甚至挑战学科的专业属性。单就史料而言,在未来几乎将完全转为数字化的——即时讯息、电子邮件、Word 文档、pdf 文件、数码视频、播客(podcast)和数据库等。其规模数量和复杂程度,都要求历史学家不得不使用那些尚未被包括在历史学专业技能内的工具和技术,以创建自己的数字史料并使用他人所创建的史料。为此,我们需要让研究生们了解大量已有的研究和教学工具——Zotero(由乔治·梅森大学历史与新媒体中心开发的一款文献管理软件)、del.icio.us(后更名为 Delicious,中文名为"美味书签",为一款在线网络书签管理工具,目前已关闭。——译者)、谷歌地球、谷歌图书、维基百科、SIMILE(由麻省理工学院等开发的一套主要针对语义网平台的在线信息存储、查询和制图工具。——译者)、Scribe(由乔治·梅森大学历史与新媒体中心开发的一款跨平台在线笔记系统。——译者)和 TokenX(由内布拉斯加州大学林肯分校人文数字研究中心开发的一款文本分析工具,目前已下线。——译者)等。事实上,作为一个研究领域,我们必须努力转变数字历史研究的重心,从以产品为导向的展示或"网站"更多地转向以过程为导向的实践,在研究和分析中广泛地应用新媒体工具,即"实践"数字历史。② 不过,为了使数字历史本身作为一种学术成果能够得到认可,发布研究成果并与他人分享,我们也需要更为充分地认识到相应的挑战,如研究的质量

---

① "Imaging the French Revolution: Depictions of the French Revolutionary Crowd", *American Historical Review* 110, no.1(2005). http://chnm.gmu.edu/revolution/imaging/home.html(accessed February 25,2009).

② 见 the "Tool Reviews" and "Doing Digital History" sections of Digital History. http://digitalhistory.unl.edu/(accessed February 25,2009).

（同行评议）、成果的保存、开放获取(open access)等。①

　　未来的数字历史研究成果，可能具有计算/算法、大数据和可视化等特征。当然也需要从整体上综合地思考数字历史的未来，罗森茨威格生前最具前瞻性地指出了研究者们所将要面临的前进方向和关键问题。② 他也认识到，数字历史可能比模拟历史更能吸引学生和公众参与数字化的进程。从根本上讲，数字历史整合了教学、研究与传播推广。以上所举的这些项目，可以看到历史学在数字媒体中的各种呈现，或许能够为我们提供一些启示和思考。

　　作者简介：道格拉斯·希菲尔德(Douglas Seefeldt)和威廉·托马斯(William G. Thomas)，为数字历史资源网站"数字历史"(Digital History. http://digitalhistory.unl.edu/)联合主编。托马斯为内布拉斯加大学人文学院教授，著有数字历史项目"铁路与现代美国的建立"(http://railroads.unl.edu/)。希菲尔德为内布拉斯加大学历史学助理教授兼数字人文研究中心研究员，著有数字历史项目"展望西部：托马斯·杰斐逊与刘易斯/克拉克探险远征"(http://jeffersonswest.unl.edu)。

　　译者简介：周兵，复旦大学历史学系教授。

---

① Christine L. Borgman, *Scholarship in the Digital Age: Information, Infrastructure, and the Internet*. (Cambridge: The MIT Press, 2007.)

② Roy Rosenzweig, "Should Historical Scholarship Be Free?", *Perspectives* 43, 4 (2005). http://www.historians.org/perspectives/issues/2005/0504/0504vic1.cfm(accessed February 25, 2009).

世界历史观下的后世俗主义
——作为世俗化理论之替代选择的轴心时代说[*]

本杰明·舍韦尔 著 张黛英 译

内容摘要：世俗化理论主张：随着现代性力量的推进，宗教将失去公共影响力。这一假说在人文与社会科学内部长久以来充当着范式的作用。然而，近年来，在世界各地，具有公共影响力的宗教明显"复兴"，有鉴于此，学者们承认"将进步仅视为从宗教转向世俗的直白叙事"不再可行。此种与现代世界中宗教的变化地位相关的叙事困惑现状，笔者将其描述为"后世俗问题域"。有一种特定的与宗教变化相关的后世俗叙事围绕着轴心时代的概念逐渐结晶形成。本文旨在考察其轮廓梗概，思考如何将其运用于对现代世界宗教公共角色的概念重构。

关键词：宗教 轴心时代 世俗主义 后世俗 公共宗教 宗教历史

一、导言

典型的世俗化理论主张，随着现代性力量的推进，宗教将失去公共影响力。这是现代社会科学与人文学科内部少有的几个取得"真正意义上的范式地位"的假说之一（Casanova 1994）。但是，近期这

---

[*] 文章来源：Benjamin Schewel,"Post-Secularism in a World-Historical Light: The Axial Age Thesis as an Alternative to Secularization", *Religions* 2018,9(5),139。

种世俗化理论似乎声名扫地。主要原因是,在世界各地,具有公共影响力的宗教明显"复兴"。[①] 因此,当代学者越来越多地承认"将进步仅视为从宗教转向世俗的直白叙事"不再可行(Asad 2003,p.1)。然而,就如何更好地讲述关于现代宗教变化的故事而言,学界仍鲜有共识。

或许世俗化理论基本正确,宗教在公共领域的复兴只不过是宗教信徒的垂死挣扎、孤注一掷。或许,现代世界只是从宗教历史的一个阶段过渡到了另一个阶段。再者,现代性可能是人类将真正的宗教道路置诸身后而导致的一种宗教灾难。又或者,也许"宗教"根本不曾存在过,不过是现代西方人建构出来的一个门类,而后向外投射到其他每个人身上。今日,声名卓著的思想家们热烈地讨论着以上这些以及其他叙事视角。

此种与现代世界中宗教的变化地位相关的叙事困惑现状,笔者将其描述为"后世俗问题域"。笔者在近作中开发了一套关于该语境下的主要叙事如何推进的类型学(Schewel 2017)。本文的主旨则略有不同。

有一种特定的与宗教变化相关的后世俗叙事围绕着轴心时代的概念逐渐结晶成形。本文旨在考察其轮廓梗概,思考如何将其运用于对现代世界中宗教公共角色的概念重构。

二、轴心时代的理念

德国哲学家卡尔·雅斯贝斯(Karl Jaspers)于 1949 年阐明了轴心时代的概念。[②] 他驳斥了基督教构成历史上单一的精神轴心这一主张,认为历史上真正的精神轴心是公元前最后一千年左右,在整个

[①] 参见 Thomas 2005。一些人口学研究表明全球宗教信仰长期保持着高水平发展。还有一些重要研究说明世俗化理论中包含了诸多基于阶层和欧洲中心的元素,这些研究也起到了重要作用。参见 Philpott 2009;Asad 2003。

[②] 尤金·霍尔顿(Eugene Halton)论证了早在雅斯贝斯阐明轴心时代这一概念的七十五年之前,约翰·斯图亚特-格兰尼(John Stuart-Glennie)就独立提出了公元前最后一千年的"道德革命"这一深刻思想,与前者遥相呼应。参见 Halton 2014。

欧亚大陆上爆发的各大宗教—哲学运动的集合。他写道：

> 最不平常的事件集中在这一时期……在中国有孔子和老子，中国所有的哲学流派都出现了[……]印度出现了《奥义书》(Upanishads)和佛陀(Buddha)，就像在中国一样，产生了从怀疑主义、唯物主义、诡辩派到虚无主义等各色哲学发端；在伊朗，琐罗亚斯德(Zarathustra)传授了一套挑战性的观点，认为人世生活就是一场善与恶的斗争；在巴勒斯坦，从以利亚(Elijah)，经由以赛亚(Isaiah)和耶利米(Jeremiah)，到第二以赛亚(Deutero-Isaiah)，先知们纷纷涌现；希腊贤哲如云，其中有荷马，哲学家有巴门尼德、赫拉克利特和柏拉图等，诸多悲剧作家，以及修昔底德和阿基米德。这些名字所包含的一切，几乎同时在中国、印度和西方发展起来。(Jaspers 1953, p.2；参照其中译本第 8 页修改。)

雅斯贝斯将这些运动形容为"轴心"，因为它们共同建立了"直到今天仍是我们思考范围的基本范畴"，以及"人类仍赖以存活"的哲学与宗教传统(Jaspers 1953, p.2；参照其中译本第 9 页修改。)。乃至其后的运动，如基督教、伊斯兰教、大乘佛教、宋明儒学以及再往后的新教改革和意大利文艺复兴，都在轴心时代各运动所设定的基本特征的范围内继续发挥作用。他将轴心时代与其他重大的历史转折点合而观之。他解释道："人类似乎从新的基础起步了四次。"(Jaspers 1953, p.24；参照其中译本第 32 页修改。)第一次起步发生在人类生活的早期，精制工具的发展和火的驯化推动了人类在全球的分布。第二次起步始于公元前 3000 年左右，第一波城市—帝国文明先后在新月沃土、印度河流域和黄河流域兴起。第三次起步发生于公元前最后一千年，宗教—哲学运动在希腊、以色列、波斯、印度和中国分别喷发，遥相呼应。最后，新兴科学与技术力量建立了一个紧密相连的世界秩序，标志着第四个转折点。

雅斯贝斯将这四次转折点置于历史进步的双弧线这一广阔论述

中进行考察：

> 我们视线可及的人类历史仿佛进行了两次呼吸。第一次呼吸从普罗米修斯时代开始，经过古代文明，通往轴心期以及轴心期产生影响的时期。第二次呼吸则始于科学—技术时代，即新普罗米修斯时代，经过与古代文明在组织和计划上相类似的建构，或许会进入崭新的第二个轴心期，达到人类演进的圆满阶段，但这离我们依然遥不可见。……第一次呼吸似乎分裂成几次并行的呼吸，而第二次呼吸是人类整体进行的。（Jaspers 1953, p.25; 参照其中译本第33页修改。）

"两次呼吸"这一模型澄清了，为什么雅斯贝斯认为公元前最后一千年发生的这些社会—精神革命是历史的轴心所在。因为这些革命是在自人类生活的破晓之处就开始进展的文明发展的这段弧线上达到了顶点，并为下一段文明发展的弧线做好铺垫，这段发展会经历类似的集体社会—精神的发酵过程而再次达到巅峰。

三、人类历史的轴心说视野

后文将思考不同的思想家如何采用轴心时代说重塑关于现代公共生活中宗教角色的论辩，在此之前，或许有必要更为细致地考察由他们提出的宗教历史的广阔视野。明确来说，轴心时代理论家包括了尤尔根·哈贝马斯（Jürgen Habermas）、罗伯特·贝拉（Robert Bellah）、查尔斯·泰勒（Charles Taylor）、马歇尔·G.S.哈济生（Marshall G.S. Hodgson）、什穆埃尔·艾森斯塔德（Shmuel Eisenstadt）和塞缪尔·亨廷顿（Samuel Huntington），他们描述宗教历史的角度各有不同。但是，若将他们的论点视为一个整体，那么，由雅斯贝斯识别出的早期人类、远古文明、轴心时代和现代突破这四大社会—精神过渡期所共同依据的历史框架就开始浮现了。

1. 部落社会和一体化宗教

轴心说的历史叙事始于对部落宗教生活的一段分析。部落社会主张,它们的社会秩序源自实在本身的结构。或者,就像哈贝马斯所言,部落社会将"……部落的集体同一性与宇宙秩序"相结合(Habermas 1985,p.56)。罗伯特·贝拉进一步解释,部落社会如何使用仪式维系他们的社会—宇宙一体化视野。由于缺乏像书写这样存储其文化的外在符号体系,仪式就提供了仅有的合理途径,通过仪式,早期民族得以创建和维系一个富有意义的世界(Bellah 2011,p.131)。从年代上来看,大约到公元前 30000 年之前,部落群体分布于整个欧亚非大陆以及太平洋部分地区,到公元前 12000 年之前,则遍及整个美洲大陆。

2. 古代帝国和神话宗教

古代社会秩序的核心特点是城市-帝国国家的出现,这些国家通过世界一体的神话证明自身权威的合法性。贝拉认为,神话起初的出现是为了支持部落仪式活动。他以巴西的卡拉帕洛(Kalapalo)部落为例,该部落使用神话叙事行为作为其仪式系统的一部分(Bellah 2011,p.139)。然而,随着社会规模的扩大和复杂性的加剧,面对面的仪式不再作为主要的社会粘合剂发挥作用。远古社会就通过神话与仪式的分离解决这一两难困境,并将仪式与一位天选领袖的中介作用联系起来。贝拉认为,就此而言,古代时期的过渡性特征是先从大型部落发展到团结了几个部落单元的酋邦,比如我们在波利尼西亚群岛发现的情况,然后又从大型酋邦发展为君权神授的扩张性帝国,就像我们在埃及和中国商周看到的情况(Bellah 2011,p.183)。

古代帝国的组织围绕着一个观念,即只有神授君主才能使用神圣秩序团结人类。每个神授君主因而感到必须通过光耀其自身的帝国统治来证实他作为神人中介的主张。这种光耀的紧迫性刺激了扩张主义军事行动,以及建造埃及金字塔此类纪念碑式建筑的举措

(Bellah 2011,p.215)。

约在公元前 3000 年至公元前 2000 年间,君权神授的帝国出现在美索不达米亚、埃及、印度河流域和中国北方。约在公元 500 年至 1500 年间,类似的帝国出现在美洲大陆。

3. 轴心时代与宗教-形而上学世界观

主要的轴心体系包括了希腊哲学、犹太先知教义、琐罗亚斯德派、佛教、古印度吠陀教义、儒家学说和道家学说,这些体系之间大相径庭。但是它们都对用理性阐明的、普遍适用的宗教-形而上学世界观展现出一种全新的依赖(Habermas 1984,p.254)。《圣经》《论语》、巴利语经典以及柏拉图对话等经典文本成为这些崭新世界观的资源库,专门化的诠释团体逐渐形成,发展并运用其理念。因此,正如查尔斯·泰勒所言,正是在轴心时代,"僧侣、印度教徒、苦行僧、一些天神化身的信徒能够自己[首先]提出想法",并且开启了"史无前例的社会性模式:入会组织、信徒宗派、僧团、修会,等等"(Taylor 2012,p.37;参照其中译本第 177 页修改)。首波真正意义上的科学、哲学和神学探究传统在这些空间中纷纷涌现。

轴心时代的一个核心特征是帝国的出现,这些帝国采用宗教—形而上学世界观一统史无前例的广阔领土。这类帝国包括了阿契美尼德王朝、亚历山大帝国、孔雀王朝和明王朝(Voegelin 2000)。这种动态一直持续,直至五大宗教—形而上学影响力区域开始形成一张互相联结的网络,这五大区域我们分别可称为印度教、佛教、儒家、基督教和伊斯兰教。当然,诸如犹太教、琐罗亚斯德派和希腊思想等其他宗教—形而上学体系也持续影响着欧亚非大陆这张更大的网络,但如今这些体系或体现为较次要的形式(犹太教和琐罗亚斯德教),或趋于消散(希腊思想)。无论如何,在公元 1000 年左右,单一的欧亚非大陆宗教—形而上学文明共生圈(ecumene)已经出现。①

---

① 欧亚非大陆的居住地以伊斯兰世界的领地与网络为中心。参见 Hodgson 1993,pp.98,117,114,106。

而在美洲还未见本土轴心运动的发生。

4. 革命与多重现代性

轴心时代理论家们意识到,从 1600 年至 1900 年左右,在西欧发生了深刻的文化转型,这从根本上转变了人类历史的进程。这一现代文化转型至少包含了五大附属革命:科学革命,启蒙运动,工业革命,美国、法国和俄罗斯的群众政治革命,以及一个全球政治经济体的出现(Hodgson 1993,pp.44-45)。这些革命合成的冲击力共同破坏了宗教-形而上学文明轴心共生圈。各大轴心体系都曾提供了一套框架,以使多样的文化、民族和政治单元得以在中世纪欧亚非大陆日趋城市化的背景下摸索前进方向。轴心体系至少在传统上还维系着这种整合功能,现代革命则通过建立全新的社会-精神条件将其破坏。基督教是首个遭到现代性破坏冲击力重创的轴心体系,而其他体系很快就经历了类似的命运。

然而,根植于轴心时代的宗教—形而上学传统并不会像典型的世俗化理论家假设的那样直接消失。相反,它们与全新的现代化力量互动着,创造出各不相同的现代社会配置,每种配置都展现出独特的公共宗教生活样式。什穆埃尔·艾森施塔德将该样式贴切地形容为"多重现代性"(multiple modernities),借此,处于现代化进程中的各式各样的社会最终"更多是在他们自身的轴心宗教上,而非在欧洲启蒙运动中的轴心宗教上",奋力应对"现代项目中固有的基本张力"。①

四、轴心说视野下宗教的未来

为了应对后轴心时代的多重现代性语境下宗教的公共角色问题,轴心时代理论家给出了三种规范性框架。

第一种框架的理论代表是塞缪尔·亨廷顿,他认为,在后冷战时

---

① 参见 Eisenstadt 2000a,2003。

期,"以文明为基础的世界秩序正在出现:具有文化亲缘关系的社会彼此合作;将社会从一个文明转变为另一个文明的努力没有获得成功;国家围绕着各自文明的领导国家或核心国家来划分集团"。(Huntington 1996,p.20;参照其中译本第5、7页修改。)

在明确借鉴了轴心时代说和艾森斯塔德关于多重现代性的补充性框架后,亨廷顿提到了八大现代文明——中华文明、日本文明、印度文明、伊斯兰文明、西方文明、拉丁美洲文明、非洲文明和小乘佛教文明,并认为,在每一个文明中,"宗教是界定文明的一个主要特征"。(Huntington 1996,pp.44-48;参照其中译本第32页修改)。他总结道,我们应放弃为这些文明建立统一标准的目标,尤其在涉及宗教在公共空间中所起作用的话题中。相反,若要避免陷入"文明间全球战争",我们就必须承认"全球政治的多文明特征",尽管我们之间存在着深刻的社会—精神差异,但仍要找到彼此一致认同的相互合作之道(Huntington 1996,p. 21;参照其中译本第5页修改)。

尤尔根·哈贝马斯关于后形而上学话语的视野给出了第二种方法。他认为,所有现代民族应当将方兴未艾的全球公共领域视为不同宗教—形而上学世界观得以推行各自洞见的一个空间。这样的公共领域不应与任何特定的宗教—形而上学传统强求一致。哈贝马斯留意到,自然主义构成其自身的宗教—形而上学传统。因而,就像某些类型的宗教支持者一样,自然主义的拥护者也必须在公共场合表现出同样的克制。《世界人权宣言》中确立的关于自由与权利的自由主义框架则提供了后形而上学公共话语应当在一开始就推行的框架。但是,随着各类宗教—形而上学体系做出各自的贡献,上述概念的旨趣亦当有所延展(Habermas 2008a,pp.110,121-122,130-141)。

卡尔·雅斯贝斯提出了第三个选项。他认为,科技与经济力量正在将人类迅速熔铸为单一的文明单元。但是人类还没有具备相应的社会-精神框架,来应对当下全球化进程中面临的诸多挑战和机遇。自由主义在道德和精神上太过断章取义而无法完成这一任务,而来自轴心和后轴心时期的宗教-形而上学世界观则受到自身历史与传统的拖累,亦举步维艰。因此,我们仅存的希望就寄托在一个全新的且更趋于全球性的社会—精神框架的即将出现,雅斯贝斯将这一事件比作第二个轴心时代。尽管直到真正出现,第二个轴心时代的实在必然一直"超出我们的想象力",但雅斯贝斯预想了两种可能。第一种,它的出现可能是探究实在与人类存在之精神维度的一种普遍新样式的成果。抑或,第二种,它可能催生于某种"新的上帝启示",也就是说随着某种全新且趋于全球性的宗教运动的显露而出现(Jaspers 1953,pp.97,127,227)。

关于人类未来宗教角色的这三种视野,每一种都与围绕着轴心时代的概念所展开的基本历史叙事相一致。但是,每一种视野又各自预期了大相径庭的发展轨迹。亨廷顿的框架将宗教视为重大的文明断层,若要避免第三次世界大战,我们就必须想办法弥合这一断层。哈贝马斯则将宗教形容为一种洞见来源,在大体上依然采取自由主义的全球公共话语样式中,宗教仍能有所施展。雅斯贝斯则将宗教看作引发转型的力量源泉,宗教能够有助于建立一种全新的世界秩序。

五、转型的前景

上述每种方法都提供了重要的见解。然而,雅斯贝斯关于第二个轴心时代的愿景为宗教在现代公共领域中的角色提供了影响最为深远的概念重构方式。该观点认为,即便是哈贝马斯推崇的那种改良自由主义都无法为人类提供一个世界秩序的框架。该观点还指出,人类关于世界的社会—精神传统各式各样,依然势头强劲,不甘于仅仅被自由主义纳入囊中。因此,雅斯贝斯提出,如果我们设想人类未来免于沦为亨廷顿"文明冲突"论中那种相对主义式的现实政治(realpolitik),我们就别无选择,只能得出结论,一种全新的社会—精神秩序在我们共同的地平线上升起。这就是雅斯贝斯关于第二个轴心时代这一概念的主旨,他让我们的思维转向新事物的出现,或是借用哈济森的话来说,他意欲说服我们"未来依然开放"(Hodgson 1993,p.230)。

就雅斯贝斯基于转型的框架的可行性而言,或许部分读者有所迟疑的是,这种理论可能缺乏实践性。关于现代公共生活中的宗教角色,还有那么多经验与实践方面的问题有待解决,为什么我们还要耗费时间思考第二个轴心时代的理论呢?

关于该问题,本人至少看到三个合理的回应,一个是概念上的,一个是经验上的,还有一个是规范意义上的。首先,采用雅斯贝斯提出的这种基于转型的框架会鼓励我们发展对于宗教公共角色的思考方式,超越由来已久的世俗—宗教两分思维。哈贝马斯富有成效地运用的"后世俗"(post-secular)就是这样一种概念,同样还有艾森施塔德的"多重现代性",以及泰勒将现代西方文化视为某种在精神上受到交叉压力的"内在框架"(cross-pressured "immanent frame")的愿景(Habermas 2008b;Eisenstadt 2000b;Taylor 2007)。这些概念的宗旨都是为了帮助我们以认可宗教在公共生活中具有核心而持久作用的方式来思考和表达现代世界。

第二,关于现代宗教的基于转型的视野激励我们采取全新类型的经验分析。公共宗教的当代讨论往往专注于宗教行动主体所付诸的努力,这些主体若非是为了赢得选举、影响政策,就是通过暴力或胁迫途径破坏现有政治与经济体系(如恐怖主义和革命)。当然,在基于转型的框架中工作的学者们也会欣赏这些研究路线。但是他们还会拓展话题所涉范围,将宗教行动主体在转变公共生活所依赖的集体存在模式上的建设性努力也纳入考虑之中。

在最近的一本著作(Cameron and Schewel 2018)中,几名作者从该视角研究了全球巴哈伊社团。他们提出一个基本论点,巴哈伊社团在其举措中运用了一些具体策略,如致力于联合国有关性别平等的话语构建,推动政策制定者和执行者就科学、宗教与发展之间的关系开展对话,促使全球重新解决伊朗巴哈伊难民问题。但只有在社团更为广阔的项目背景下,即从其对创建一种物质与精神皆团结一致的世界文明所做出的贡献来看,上述这些举措才能得到理解。①这种分析在考察具有公共倾向的宗教举措时以其背后更为广阔的转型背景为框架,类似分析亦可用于考察历史上或现今其他宗教社团举措。

第三,也是最后一点,相对而言,采用雅斯贝斯关于转型的框架将重新调整规范性方面的论辩方向。不只是仅仅关注宗教在自由主义公共空间中的角色,理论学家们还会额外考虑来自不同宗教传统的洞见如何用于对维系公共生活的关系进行概念重构,包括个体、社团、机构与作为整体的实在之间的种种关系。阿拉斯戴尔·麦金太尔试图用托马斯主义者-本笃会(Thomist-Benedictine)的美德传统批判和重新调整现代道德话语方向,这些尝试或可被理解为该方法的一个早期版本,类似的尝试还有约翰·希克试图确立在宗教之间共通的关于精神之善(spiritual good)的确切说明(MacIntyre 2007;Hick 2005)。然而,相对于人类完整精神遗产相关的规范性研究之庞大项目,这些分析只不过触及一鳞半爪。

无论我们在更为广泛的对话中如何判断轴心时代的性质和结果,更广阔的视角是,在思考宗教在现代公共生活中的角色问题时,我们对于人类过去和未来的视野至关重要。这些视野塑造了我们对持续进展中的宗教变化样式的理解方式,框定了我们看待现今公共宗教影响力的可能性。就此而言,在重构公共宗教概念的更为广泛的项目中,对于过往和未来的反思发挥着相当实际的作用。我们应当从这个视角来解释围绕着轴心时代说的文献体量不断增长的现象。其背后的意图是,通过重新讲述宗教过往与未来轨迹的故事,试图对现代宗教的公共角色进行概念重构。

参考文献

Asad,Talal. 2003. *Formations of the Secular:Christianity, Islam, Modernity*.

---

① 重点参考 Cameron and Schewel 2018,pp.1-12,163-190。

Stanford: Stanford University Press.

Bellah, Robert N. 2011. *Religion in Human Evolution: From the Paleolithic to the Axial Age*. Cambridge: The Belknap Press of Harvard University Press.

Cameron, Geoffrey, and Benjamin Schewel, eds. 2018. *Religion and Public Discourse in an Age of Transition: Reflections on Bahá'í Practice and Thought*. Waterloo: Wilfred Laurier University Press.

Casanova, José. 1994. *Public Religions in the Modern World*. Chicago: University of Chicago Press, p.17.

Eisenstadt, Shmuel N. 2000a."Multiple Modernities". *Daedalus* 129:1-29.

Eisenstadt, Shmuel N. 2000b. "The Reconstruction of Religious Arenas in the Framework of 'Multiple Modernities'". *Millennium-Journal of International Studies* 29:591-611.

Eisenstadt, Shmuel N. 2003. *Comparative Civilizations and Multiple Modernities*. Leiden: Brill.

Habermas, Jürgen. 1984. *The Theory of Communicative Action: Volume 1: Reason and the Rationalization of Society*. Boston: Beacon Press.(中译本:〔德〕尤尔根·哈贝马斯:《交往行为理论·第一卷:行为合理性与社会合理化》,曹卫东译,上海人民出版社 2004 年版。)

Habermas, Jürgen. 1985. *The Theory of Communicative Action, Vol 2: Lifeworld & System: A Critique of Functionalist Reason*. Boston: Beacon Press.(中译本:〔德〕尤尔根·哈贝马斯:《交往行动理论·第二卷:论功能主义理论批判》,洪佩郁、蔺青译,重庆出版社 1993 年版。)

Habermas, Jürgen. 2008a. *Between Naturalism and Religion: Philosophical Essays*. Translated by Ciaran Cronin. Malden: Polity.(中译本:〔德〕尤尔根·哈贝马斯:《在自然主义与宗教之间》,郁喆隽译,上海人民出版社 2020 年版。)

Habermas, Jürgen. 2008b. "Secularism's Crisis of Faith: Notes on Post-Secular Society". *New Perspectives Quarterly* 25:17-29.

Halton, Eugene. 2014. *From the Axial Age to the Moral Revolution: John Stuart-Glennie, Karl Jaspers, and a New Understanding of the Idea*. London: Palgrave MacMillan.

Hick, John. 2005. *An Interpretation of Religion: Human Responses to the Transcendent*, 2nd ed. New Haven: Yale University Press.(中译本:〔英〕约翰·希克:《宗教之解释——人类对超越者的回应》,王志成译,四川人民出版社 1998 年版。)

Hodgson, Marshall G.S. 1993. *Rethinking World History: Essays on Europe, Islam, and World History*. Edited by Edmund Burke III. Cambridge: Cambridge University Press.

Huntington, Samuel P. 1996. *The Clash of Civilizations and the Remaking of World Order*. New York: Simon & Schuster, p.20. (中译本:〔美〕塞缪尔·亨廷顿:《文明的冲突与世界秩序的重建》,周琪译,新华出版社 2010 年版。)

Jaspers, Karl. 1953. *The Origin and Goal of History*. Translated by Michael Bullock. New Haven: Yale University Press. (中译本:〔德〕卡尔·雅斯贝尔斯:《历史的起源与目标》,李雪涛译,华东师范大学出版社 2018 年版。)

MacIntyre, Alasdair. 2007. *After Virtue: A Study in Moral Theory*, 3rd ed. Notre Dame: University of Notre Dame Press. (中译本 1:〔美〕阿拉斯戴尔·麦金太尔:《追寻美德——道德理论研究》,宋继杰译,译林出版社 2008 年版;中译本 2:〔美〕麦金太尔:《德性之后》,龚群译,中国社会科学出版社 1995 年版。)

Philpott, Daniel. 2009. "Has the Study of Global Politics Found Religion?" *Annual Review of Political Science* 12:183-202.

Schewel, Benjamin. 2017. *Seven Ways of Looking at Religion: The Major Narratives*. New Haven: Yale University Press.

Taylor, Charles. 2007. *A Secular Age*. Cambridge: The Belknap Press of Harvard University Press.

Taylor, Charles. 2012. *What Was the Axial Revolution?. In The Axial Age and Its Consequences*. Edited by Robert Bellah and Hans Joas. Cambridge: Belknap Press of Harvard University Press. (中译本:〔加〕查尔斯·泰勒:《世俗时代》,英译:张容南等,法译:崇明,上海三联书店 2016 年版。)

Thomas, Scott M. 2005. *The Global Resurgence of Religion and the Transformation of International Relations: The Struggle for the Soul of the Twenty-First Century*. New York: Palgrave MacMillan.

Voegelin, Eric. 2000. *Order and History: Volume IV, The Ecumenic Age*. Edited by Michael Franz. Columbia: University of Missouri Press, pp.106-107. (中译本:〔美〕埃里克·沃格林:《天下时代:秩序与历史》,卷四,叶颖译,译林出版社 2018 年版。)

作者简介:本杰明·舍韦尔(Benjamin Schewel),哲学博士,格罗林根大学神学与宗教研究系讲师,弗吉尼亚大学文化研究所副研究员。

译者简介:张黛英,复旦大学哲学学院中国哲学在读博士生,主攻宋明理学。

在过去与未来之间寻找古典学的新坐标
——评《后古典主义》

刘 峰

2012年1月16日,时任普林斯顿大学古典系副教授的康斯坦丝·古藤克(Constanze Güthenke)和助理教授布鲁克·霍姆斯(Brooke Holmes)向普林斯顿大学国际教学与研究委员会提交了一项名为"后古典主义"(Postclassicisms)的研究方案,以期获得普林斯顿大学全球网络协作基金(GCNF)的资助,建立一个以普林斯顿、剑桥、马普所、牛津、比萨高师等十余所国际知名高校为核心的全球协作网络,讨论古典学的本质、地位及其历史构建,并强化普林斯顿大学在这场思想运动中的地位。这一提案与当时普林斯顿大学的国际化目标一拍即合,很快就得到了国际教学与研究委员会的支持。八年后,在九位作者的协力合作下,《后古典主义》一书于2020年正式出版。[①] 这场国际性的跨学科讨论看似已经告一段落,实则引发了更多值得学界思考的问题。

一

《后古典主义》的作者们尝试以跨学科合作的方式,探寻古典学

[①] Postclassicisms Collective, *Postclassicisms*, Chicago: University of Chicago Press, 2020. 该项目原定成员为阿拉斯泰尔·布兰沙德(Alastair Blanshard)、西蒙·戈尔德西尔(Simon Goldhill)、康斯坦丝·古藤克、布鲁克·霍姆斯、米丽亚姆·伦纳德(Miriam Leonard)、格伦·莫斯特(Glenn Most)、詹姆斯·波尔特(James Porter)、蒂姆·怀特马什(Tim Whitmarsh),中途菲罗兹·瓦苏尼亚(Phiroze Vasunia)加入,故最终成书时为九位作者共同书就,以集体的名义出版。该题目本意是"复数的后古典主义",为求简洁,文中统一译为《后古典主义》,以"后古典主义者"代称本书的九位作者。

的本质,追溯学科发展史,发掘学科生命力与特性,思考该学科应当关注的核心问题以及未来发展的可能性。他们试图打破时间和主体的局限性,不止拘泥于古典学家间的对话,也开放给这一领域之外的普罗大众,进一步讨论古典学的过去和未来。其实在最开始的计划中,古藤克和霍姆斯似乎更加重视"接受研究"(reception studies),她们在项目申请书中着重强调了每一位参与者对古典学接受研究的贡献。换言之,在计划开始之初,这几位研究者的着眼点是古典文明和古典学的现实关怀。古典学作为一门有着悠久传统的学科,其内涵与外延随着学科发展而不断丰富,广义的古典学涵盖了对整个古典时期希腊罗马传统的研究,包括古典语文学、古代史和古典考古学,以及古文字与手稿研究、碑铭学、钱币学、纸草学等辅助学科,而狭义的古典学则是强调希腊罗马经典作品的古典语文学研究。21世纪初期,古典学研究中涌入了各种新的理论与研究范式,包括结构语言学、人类学、后结构主义、女权主义、性别研究、后殖民主义、批判性种族研究、文化研究、科技史、学术史,以及形式一新的比较文学和比较历史研究,物质主义甚至是后人类主义研究中迸发的思想都成为新"古典学"研究的路径选择。① 随着学科间的互动增多,这些新的理论关怀和现实关怀在给古典学注入新鲜感的同时,也见证了古典学共同体内部认同意识逐渐瓦解的过程。譬如本书所围绕阐述的后古典主义研究者们,他们似乎从未将自己认同为古典学家,而是自称希腊研究者(Hellenists)。他们也承认,如果自己研究罗马、考古或者艺术史,对当今古典学的看法可能会完全不同。② 从这个角度来说,《后古典主义》是古典文明研究传统中一小部分偏重希腊文学及其接受史研究的学者开展的学科内部反思。从内容来看,《后古典主义》不像一部严肃的学术专著,更像是富有过度想象力的学术随笔,这些著名学者跳出了学术论文写作的窠臼,对一般学术程式的扬弃,颇为大胆,譬如作者们放弃了为读者提供页码索引,摈弃了脚注,

---

① *Postclassicisms*, p.ix.
② Ibid., p.viii.

只是在书末附上参考文献以作补充之用。整本书没有统一的线索，仅以不同的概念串联，作者们试图通过概念来塑造一个重新建构的"共同体"，径自将手足无措的读者们带入到古典学研究，或者说是古典文明研究中争论最激烈，也是最危险的地方。

全书共分为两部分，第一部分除导论外，主要谈到了"价值"、"时间"和"责任"三个概念，剖析了后古典主义者与古典主义者之间的观念冲突。第二部分以"能动性""学科""神""人""认知""物质性""情境性""时序错位"和"世界"这九个概念为核心，探讨后古典主义研究中可能会用到的理论方法以及需要回应的问题。

在第一部分中，几位作者从"价值""时间"和"责任"这三个概念出发，阐明了他们作为后古典主义者与古典主义者的区别。凡论及古典，最先讨论的必然是学习古典文明的价值问题，这也是古典学面临的最大冲击，后古典主义者们认为现在的社会环境已经不能像以前那样支持古典学研究了，[①]所以古典学家应该与现实接轨，积极提高自己的价值。现实的变动当然会影响到古典学坐标体系的游移，就像普鲁塔克和琉善，他们曾经也是古典学课堂的宠儿，后来因遭遇种种挫折而失宠，最近其价值又被重新评估。当然，也有从未离开过主流舞台的古典作家，比如维吉尔和索福克勒斯，他们的价值似乎一直坚定。后古典主义者认为谈论价值并不是一件不光彩的事情，毕竟古典作家的价值一直在被古典研究者评估，人们游走在不同文本的史料价值和文学价值之间，汲取自己所需要的养分，不断更新评注本，分享自己对于文本的认知。古典艺术史的价值更不用说，除了艺术本身的价值之外，如何通过将古典艺术理想化促进现代性的发展，温克尔曼早就给我们上了生动的一课。[②]如果说温克尔曼和之前的"爱希腊者"只是在懵懂中摸索，期望通过现代性来验证古典文明的

[①] *Postclassicisms*, p.8.
[②] 关于18世纪中后期到19世纪前期，欧洲知识分子如何利用希腊塑造现代性，以及这种理想化的希腊想象又是如何反作用于西欧社会的，参见黄洋："古典希腊理想化：作为一种文化现象的 Hellenism"，《中国社会科学》，2009年第2期，第52—67页。

价值属性,那 19 世纪则是这一学科第一次重新评定自己的价值,那时候艺术史、古典考古、古典语文学和历史学逐渐科学化。批判与否定是当时的主流,反思者的本意并不是要否定古典文明本身的价值,而是想否定之前"古为今用"过程中产生的误解。后古典主义者似乎也同意这一观点,认为古典学直到现在仍旧活在"古今之辩"的阴影之中。① 既然后古典主义者觉得拥抱现实并不是坏事,那随之而来的另一个问题就是古典文明中的一些概念为什么可以用来证明,或者说辅助说明他们并不支持的一些立场呢? 19 世纪的奴隶主看到了古典时代的精英也拥有奴隶,墨索里尼对奥古斯都的热爱无以复加。② 可见如果一定要将古典学视为工具,那它一定是一把双刃剑,因为古典学若成了可供贩售的市场玩物,那么,谁也无法决定它的买家,是善是恶。

不少人认为古典文明的价值,有其毋庸质证的天然属性,但是后古典主义者却强调,价值永远是视情况而变的,这是每个人都必须承认的现实。塑造价值的过程也是一些学者自我标榜、自我塑造的过程,一个人对古代的态度间接地表明了自己的立场和身份,共同体也随之而来,学科构建也应运而生。和古典爱好者一样,那些标榜自己反对古典的人,比如黑若斯达特斯(Herostratus)③,总想毁掉有价值的东西,以求青史留名,最终他将以弗所的阿尔忒弥斯神庙付之一炬。每个时代都生活着萨佛纳罗拉,想一把火烧了古典,认为古典本是伪价值。④ 这些人对古典学的不屑,并未让古典学的地位受到丝毫贬损,反而让其研究者们更加珍惜、凝聚。古典学家并不是古典文

---

① *Postclassicisms*, p.12.
② Ibid., p.13.
③ 黑若斯达特斯是一位古希腊的年轻人,他为了成名,一把火烧掉了以弗所的阿尔忒弥斯神庙,不同于一般纵火犯,黑若斯达特斯并没有试图逃避法律的惩罚,而是自豪地认罪了,并声称自己的目的就是青史留名。虽然以弗所当时不允许任何人记录他的行为,以阻止其达成目的,但是据说最终泰奥彭波斯还是记录下了这一"事迹"。Valerius Maximus, *Facta et dicta memorabilia*, 8.14.5.
④ *Postclassicisms*, p.15.吉罗拉莫·萨佛纳罗拉(Girolamo Savonarola, 1452 年 9 月 21 日—1498 年 5 月 23 日)是一位意大利修士,他反对文艺复兴的艺术和哲学,焚烧艺术品和非宗教类书籍,认为这些都是不道德的,传播着骄奢内涵。

明价值的创造者,将他们定位为"发现者"或许更为恰当。后古典主义者也针对这一问题提出了自己的看法,他们认为古典学家在面对古典遗产时应该具备鉴别能力,因为并不是所有的遗产都具有相同的价值,没有人会认为一块躺在遗址中毫无印记的赤红陶片比荷马更重要。除了鉴别能力,专业的研究者还应该对自己的研究有清晰的定位,尽量避免自我中心主义,毕竟每个人在选择研究主题的时候就掺杂了价值判断,很多人都会选择对自己而言更有意义的题目。此外,由于很多古典作品残缺不全,填补空白、查缺补漏势在必行。可以说价值不仅仅事关研究者的识别力,还涉及想象和创造力。也就是说,相比于古典主义者从过去寻觅价值的方法,后古典主义者强调的是现在和未来。

时间性是后古典主义者对古典主义反思的另一个重要角度。价值依赖时间,过去对当下的塑造也以时间为基础,只有在时间序列中正确定位我们的时代,古典才能对当下产生意义。古典与现代性,是这个学科难以绕过的问题。后古典主义者本质上也反对割裂古典与现代的关联,因为在欧洲,古典本就是现代性的一部分。《失乐园》里有《旧约圣经·创世记》的影子,欧洲的建筑深受希腊罗马建筑风格影响。在卡尔·马克思看来,法国大革命本就是古代政治思想的自觉,尽管霍布斯对这种自觉评价颇低,但其本质上仍然同意这种自觉源自希腊罗马。古典主义者认为古典与现代的谱系关系以时间为基础,以理想化的希腊罗马为核心,本质上是一种继承和溯源。① 而后

---

① 关于古典主义理想化与现代性的关系,参见 David S. Ferris, *Silent Urns*: *Romanticism*, *Hellenism*, *Modernity*, Stanford: Stanford University Press, 2000, pp.15-16;黄洋:"古典希腊理想化:作为一种文化现象的 Hellenism",《中国社会科学》,2009 年第 2 期,第 52—67 页。溯源即 Ad fontes,这是文艺复兴时期希腊罗马重获新生的缩影,其逻辑基础是可靠的知识来自最早和最基本的来源,伊拉斯谟也认同这一观点,他曾经断言,所有可获得的知识,都包含于古希腊文学之中。宗教改革时期呼吁重新关注圣经的声势浩大,认为圣经是基督教信仰的主要来源,也同样建立在这一基础之上。关于基督教早期与希腊的关系,参见 S. Angus, *The Mystery-Religions and Christianity*: *A Study in the Religious Background of Early Christianity*, New York: Charles Scribner's Sons, 1925; Harland, Philip A. and David Instone-Brewer. 2008. "Jewish Associations in Roman Palestine: Evidence from the Mishnah", *Journal of Greco-Roman Christianity and Judaism* 5: 200-221;〔德〕耶格尔:《早期基督教与希腊教化》,吴晓群译,上海三联书店 2016 年版。

古典主义者认为过于强调溯源，将古典时代过度理想化的做法并不可取，"光荣属于希腊，伟大属于罗马"本质上只是一句口号，一部戏剧、一部作品或艺术品的价值不在于其所处的历史时间点，而是源于漫漫时间长河中，数辈学人对这些作品的重构和再现。①

后古典主义者对其肩负的学科责任也有不同的观点。一方面他们认为以往古典主义主张的学科专业化发展固然为古典学提供了坚实的土壤，但是专业化面向的主体仍旧是过去，且专业化本身也是一种隔绝，即通过专业的训练将自己与非专业人士隔绝开来。作为后古典主义者，不能仅仅满足于追寻历史的责任感，还应该承担起现实的道德和政治责任。汉娜·阿伦特就是一个很好的例子。阿伦特在阐释自己的政治理论时经常讲到苏格拉底、柏拉图、亚里士多德以及希罗多德、修昔底德，还有希腊人的理想城邦，但是对于阿伦特而言，她并不是一个历史学家，也不必要对其引用文本的历史真实性负责。② 对于后古典主义者而言，传统不是"传承"，而是"交接"。在后古典主义者眼中，将经典作为政治变革的媒介似乎并不是一件坏事，表演性地提及古典文明也无可厚非，毕竟近几年，性别研究和社会学研究确实受到了古典文明的影响，后者为这些辩论提供了不少新的视角。不过后古典主义者的表述，有时难免会让读者狐疑，难道只有像波普艺术还原经典作品一样，生硬地将早已存在上千年的古典文明复制、插入到时代洪流之中，才能表达其存在的价值么？

二

全书的第二部分以"能动性"为开端，试图透过对当代学术理论与古代思想的结合，寻找创造之机。当然，能动性本身也是一个宏大的学术话题，后古典主义者将能动性作为一个概念来使用，以求更深入地思考现在的研究者和古典文明之间的权力关系，期望在反思文

---

① *Postclassicisms*, p.15.
② Ibid., p.39.

本、文物、古代施动者、后代读者作为解释过去能动者的过程中,更好地描绘拥有众多参与者的古典文明图景。能动性概念周围一直存在着很多质疑,结构主义和后结构主义从共时性研究的角度对能动性提出过质疑。历史主义者的质疑更值得思考,他们倾向于强调超越个人的力量,认为这些力量制约并决定了行动的可能性。以前的古典语文学家认为希腊悲剧中英雄的行为受到神和自己意志的影响,而韦尔南(Vernant)认为文本创作的政治和社会环境才是影响角色行动的关键因素。韦尔南将历史决定论的能动性概念扩大,当古代世界中个体所有行动都被理解成特定背景的产物后,自然会招致反对意见。他将结构主义对人类能动性的哲学批判与历史主义对个体行为者造成限制的观念结合起来,以便在日益世俗化的情况下对古希腊施动者进行解释,试着祛除神明的影响。在阿伦特看来,人虽然被过去塑造,但从不被过去决定,正是因为我们有作为人的同质性,但同时每个人又是完全不同的个体,也就是说历史有无限的吸引力,但却永远不能指导未来,也不能用来定义和理解处在历史之中的不同个体与不同施动者。韦尔南的历史主义并没有影响阿伦特,阿伦特认为人的行动能对既有环境产生影响,即使在最具约束性的历史环境中,这种能动性也有发挥作用的可能性。后古典主义者认为阿伦特的观念可以反哺古典学的研究,这启发我们去讲述部分即使在最为严苛的父权体系之下仍能发生的以女性视角为中心的故事。此外还能促进专业学者分层次去思考文本和对象的能动性,历史元素的能动性,读者主体的能动性,这无疑能够丰富整个学科的研究。此外,后古典主义者认为很长的一段时间内,专业学者们都尽量避免让现实主义照进古典研究,但在以读者为导向的接受史理论中,钟摆又摆向了另一个方向,语言学等技能加深了读者与原始文献之间的鸿沟,而接受史却开始强调个体读者对文本解释的重要性,这又导致了另外的矛盾,专业学者和普通读者之间的鸿沟被大大加深。①

---

① *Postclassicisms*, p.43.

紧随其后的是"学科"这一概念,后古典主义者认为学科是科学研究的衍生物,也是一切研究的基础,随着研究的逐渐深入,学科本身也在细分。科学家将地球作为一个主体,先是围绕着这个主题构建了地理学和地质学,后又分出地形学、地图学等学科。古典学也是如此,学科的细分是为了增加研究深度,最终需要有人加以统筹,才能得到对研究主体的全面认知。后古典主义者指出,不论古典学是托名于古典研究(Altertumswissenschaft)还是语文学(Philologie),整体性都是这个学科的基础。但目前来看,学科的分化虽然为不同的研究者提供了合适的交流平台,但也造成了极大的麻烦。例如,碑铭学是一门技术还是一个辅助学科?抑或是一个独立学科?一封刻在石头上的信属于碑铭学,但如果这封信一开始是写在纸莎草纸上的,它就属于纸草学;如果这封信有明确的作者,并在多个文本文献中幸存至今,譬如西塞罗的信件,那么它也属于语文学家的研究范畴。拜占庭和古代晚期的尴尬地位也是学科反思的焦点之一。① 总而言之,后古典主义者认为作为一个学科的古典学有三个主要趋势:首先,强调研究文本、研究对象的物质性、历史性,并逐渐标准化;其次,强调学科性、批判性思维和方法;第三,强调教育,这是古典学的目标,也是其延续的基础。

另一个与学科相关的概念随即出现:神学与古典学的关系到底是什么?虽然古典学早已与神学分裂,但古典学与神学的复杂关系有目共睹。古典系和神学系的图书馆分割了研究约瑟夫斯(Titus Flavius Josephus)的著作,古典系和历史系的图书馆都收藏有他的历史学文献,却找不到任何他关于圣经的作品。后古典主义者似乎不想看到古典学与神学的分裂,他们认为知识和信仰的分裂本就是人为构建的,二者本质上并不冲突。后古典主义者认为若能绕过知识和信仰的对立,重新思考当代世界的宗教和政治架构,未尝不是一件好事。神与人的这对概念经常被一起提起,后古典主义者也不例

---

① *Postclassicisms*, p.70.

外。讨论完新的宗教政治框架构建的可能性后,后古典主义者开始把目光转向了生活在这个框架中的人,这也是本书第二部分的第四个概念。他们延续了尼采对人性和人道的讨论,①认为温克尔曼过度提升了古典雕塑的美学高度,进而拔高了对希腊人的崇拜。很多古典作家都曾描写过人与人的关系,人与自然的关系,例如亚里士多德,他曾经对奴隶制发表过自己的看法,强调了自由人统治野蛮人的合理性,这些观点经常被民族主义者拿来自我辩护。后古典主义者认为应该强调古典作品中的另一个面向,比如人与自然的关系。当今世界是科技启蒙的时代,但气候变化的阴影让我们看到了人类对自然的强力征服所带来的后果,以及人类的脆弱性和对自然的依赖。②

后古典主义者在本书第二部分讨论的第五个概念是"认知"。认知与知识不同,知识是结果,而认知是过程。后古典主义者在这一节讨论了古典学的生死存亡问题。因为无论认知是否决定了古典学为一门科学,而如今科学一词在英语世界中仅是自然科学的代名词。大多数人认为,与自然科学相比,人文学科更具主观性,很难用科学方法进行量化。在这个科学研究必须靠外部资金提供支撑的年代,无法量化对于获取资助可能带来致命的打击。③后古典主义者认为现在很少有人再去推崇瓦格纳·耶格尔(Werner Jaeger)的第三人文主义,④也不会不加批判地推崇古典文明,⑤但是批判不代表他们认为古典文明没有价值,可以量化的科学价值不是价值的全部。首

---

① 尼采认为古典学家研究的是人性(das Menschliche),即生活在古典时代的人的基本特征,而不是人道(das Humane),即人所应该具备的理想化的特征。
② *Postclassicisms*,p.112.
③ Ibid.,p.114.
④ 第三人文主义是耶格尔在20世纪20年代提出的概念,该概念的核心是个人主张与国家或社会主张之间的调和。国家和社会的价值高于个人,而个人通过国家精神获得自身存在的基础,对国家中所有的个体进行教化,能形成国家精神。第三人文主义与文艺复兴时期的人文主义和18世纪单纯亲希腊的第二人文主义有所区别。参见 M. Landfester, Die Naumburger Tagung, "Das Problem des Klassischen und die Antike"(1930). Der Klassikbegriff Werner Jaegers: seine Voraussetzung und seine Wirkung, in H. Flashar (ed.), *Altertumswissenschaften in den 20er Jahren. NeueFragen und Impulse*, 1995, 11-40。
⑤ *Postclassicisms*,p.125.

先,从时间上看,古典文明有长达二十几个世纪的接受过程,每一代人都在根据自己的情况解释经典,这一过程本就值得研究;①第二,被认为是纯粹科学的物理学和医学术语大多源自古典文明;第三,日常生活中触手可及的旅游行业、漫画、电影和视频游戏都能从古典中汲取养分,创造新的价值。在这种情况下,后古典主义者主张调和知识和认知的矛盾,平衡二者之间的紧张关系。

古典研究和"物质性"的关系是后古典主义者讨论的第六个概念。从学科发展历史来看,古典研究被束缚在物质性上,这既给作为整体的古典学出了不少难题,也为古典学提供了机会。若将物质性纳入讨论,古典学内部似乎分成了两大传统,一是以古典考古学为核心,其研究完全基于物质材料。一是以古典语文学为核心,更加重视文本和思想,即使不去触碰纸莎草,也不妨碍一位优秀的古典语文学家的诞生。物质性到底能够如何作用于古典研究,能够改写历史还是改变传统古典学的研究方式,后古典主义者并没有给出明确的答案,只是提出了很多开放的设想,以供读者进一步思考。

古典学鼓励人们把古代的对象和后来的学者放在越来越细的历史框架中理解,对应的"情境性"概念应运而生。例如,古希腊的抒情诗人品达喜欢用神话表达感情,他的语言晦涩难懂,但若能结合品达所接受的教育背景与所生活的时代背景进行分析,或许对理解其诗歌的深度有所助益。维拉莫维茨曾经遵循着第一人称的研究范式,构建出一个理想中的品达。② 随着学术史的不断发展,维拉莫维茨也在被后来的研究者不断建构和解构。换言之,后古典主义者认为,每一个研究者都受到了自己的性别、种族、教育背景等外在因素的影响,历史语境或许决定了古典时代的部分现实,而研究者的身份和认同却在潜移默化之中决定了其对古典文明的认知方式,作为后古典主义者,只有先了解自己,将自己置于特定情境之中,才能有所突破。

---

① 参见白春晓:"古典文明接受史研究:古希腊、罗马文明研究的新视角",《中华读书报》,2019 年 12 月 04 日,第 17 版。
② *Postclassicisms*,p.159.

后古典主义者从尼采那里借用了"时序错位"一词,①作为第二部分的第八个概念。后古典主义者认为古典主义者的研究加剧了时间性的困惑,也无法回答为何身处当下,却要将古代历史作为价值来源和研究对象。后古典主义者隐晦地表达了依据现实关怀,重塑古代的可行性。他们说"尼采笔下的希腊人一定对自己熟悉而又陌生"②,主张改变并不是为了完全遗忘过去,而是为了更好地与现在相处,尼采不是在否定历史本身的价值,他是在质疑以还原历史为目的这一主张的价值。时序错位还包含另一个概念,即时间和事件的非线性发展。比如同性恋问题,不论是社会接受程度还是自我认知,都是循环往复而非线性发展。后古典主义者认为赋予过去以价值并不是为了肆意设计他们想要的过去,而是能在任何时刻都找到过去的价值。因此,现在与过去的关系必须相互反馈并循环,后古典主义者应该学会在生活中负责任地利用过去,并着眼于更好的未来。

本书第二部分提及的最后一个概念是"世界"。进入 21 世纪之后,全世界范围内研究古典文明的人数呈爆发式增长,但客观而言,古典文明的学术资源分布并不均衡。后古典主义者认为这种分布不均与经济水平和人口数量并不相关,因为中国虽然人口众多,国内生产总值较高,但在古典文明接受过程中并没有扮演什么重要角色。③后古典主义者认为扩大影响力的关键在于扩大古典学本身的内涵和外延。首先,不能再延续古典主义者原来的狭隘观点,不能认为希腊-罗马世界只包含两种文化,或者说是两种语言。实际上,在罗马帝国内部或周边地区,除了希腊语和拉丁语之外,还有科普特语、希伯来语、埃塞俄比亚语和叙利亚语等传统,低估这些传统无异于扼杀古典文明的生命力;其次,后古典主义者必须正视与自己相关的文化,正确认识文化的力量;最后,必须理解希腊-罗马文明的时代性,与其

---

① "Untimeliness"一词来自尼采"不合时宜的思考"(UnzeitgemässeBetrachtungen),该词很难找到合适的翻译,意指时间的超前或延后造成的错位,以往学者译作"不合时宜性",但笔者认为后古典主义者强调的是时间的错位关系,故而译作"时序错位"。
② *Postclassicisms*, p.165.
③ Ibid., p.165.

他同时代的文明进行比较研究,比如那些依托于希伯来语、汉语、梵语、波斯语和阿拉伯语中的古典文明。纷杂的现实环境让后古典主义者感到头疼,美国的另类右翼和新法西斯主义者也转向希腊-罗马经典的研究,以求维护精英统治的合理性,后古典主义者也认为不能任由其发展,也不能忽视其影响,而是应该重新解读文本,用文本来"改变世界"。

三

《后古典主义》一书从筹划到出版经历了八年的漫长岁月,后古典主义者以"集体"的名义走遍了许多国家,召开了多次工作坊,与全世界各地的学者切磋交流,这本两百多页的作品不只是有九位作者,书后还提到了一百多位"贡献者"。这本书在美国当下的学术和政治环境中诞生似乎也是必然的,后古典主义者自己也提到了这一问题,另类右翼和新法西斯主义试图用经典捍卫精英统治,性别议题和女权主义运动无疑也影响到古典学,社会环境的变化也要求这一学科表明立场。此外,维系古典学研究持续繁荣的成本也并不算小,在美国当今学术环境之下,古典研究想要维持资金来源,就必须知道如何向行业之外的群体阐明自己研究的意义,所以后古典主义者不得不面对现实,努力拉近这门学科与现实的关系。为古典学寻找出路,似乎成为这九位后现代主义者所自视的重任。当然,在本书中,他们践行了能动性理论,学术和政治环境塑造了他们的问题意识,并努力为古典学寻求新的出路。后古典主义者集体写作的方式十分新颖,他们的工作坊讨论的议题涵盖了古典学的诸多方面,甚至涉及之前很少用于古典学研究的酷儿、后人类主义等理论。最终他们决定大胆地使用一些人文学科中的核心概念,串联起所有内容,在古典学被美国当代的政治环境严重影响的关键时刻,他们的尝试令人敬佩。书中提出的重视经典文献,倡导比较研究无疑能为未来的古典文明研究探寻新的道路。

突破性的尝试总是漫长而又艰辛的,漫长到该项目的主要发起人康斯坦丝·古藤克离开了普林斯顿,转赴英国。普林斯顿有没有如前所言凭借这一项目成为古典学的风暴中心,我们不得而知,但《后古典主义》的出版的确引起了不小的风波。不少学者就此书写了书评,①就在2021年初,斯坦福大学还举办了圆桌讨论,专门讨论何为后古典主义,迈克尔·珊珂斯指出了后古典主义者最致命的问题,他们以集体的名义替古典学发声,但这个集体本身似乎并不具有代表性,甚至缺乏多样性。这几位学者只专注于文本,成员中没有考古学家,没有专注于经济、社会、政治研究的历史学家,也没有专门的碑铭、钱币和纸草学家,就连举行工作坊时,也很少邀请以上几类学者进行评议,这无疑削弱了后古典主义者的影响力。不过,《后古典主义》激起的风波仅限于英语世界,或者说仅限于美国,欧陆的古典学研究者对此多是一笑置之。这并不奇怪,因为后古典主义者在文中多次声明,他们的身份定位和反思对象都仅限于英语世界。② 可是若仅以一种语言所代表的古典学为基础,反思整个古典学的意义,似乎也与作者们所强调的古典学整体性不相符。

其次,书中的政治倾向过于鲜明,超出了学术随笔的范畴,有的段落看起来更像是一种政治宣言。书中强调马丁·伯纳尔受到的抨击,并对此感到惋惜,论述伯纳尔对古典学做出的贡献,暗示伯纳尔受到的打压与种族主义相关。但事实是,《黑色雅典娜》地位的降低源于伯纳尔的史料论据不充分,有时过于依赖想象。其实,任何人文学科都不排斥拥抱现实,能对现实有所反哺甚至可能是其最高目标。但拥抱现实的基础是维护这一学科的专业性,首先应该成为一个合格的研究者。古典学家可以为政治学提供灵感,也可以为伦理学提供人与自然关系的观点,可以成为更具有现实意义的学科的供给站,若像后古典主义者一样,过于强调在古典研究中的现实关怀,或许会伤害到古典学整体中无法跟进的其他领域。个人的学术路径或路有曲直,或论有强弱,若在不同路径和价值取向间种下彼此隔阂的种

---

① David Konstan, *The Classical Review*, 70(2), pp.518-521.
② *Postclassicisms*, p.viii.

子,那么最终伤害的也是脆弱的学术共同体的边界,个人的现实关怀无可厚非,但此路径在学理上很难成立。

最后,后古典主义者在书中拿碑铭开刀,指出碑铭学作为一门辅助学科在诞生之初就伴随着造假,并认为这降低了碑铭学的科学性。诚然,1728 年,路易十五派米歇尔·傅尔蒙前往君士坦丁堡和希腊寻找碑铭和手稿,后者因种种原因伪造了不少碑铭,并摧毁了一些真迹,当时傅尔蒙带回了 3000 多份铭文,这些铭文被一一转录收集在《希腊铭文集成》(Corpus Inscriptionum Graecarum)中。1791 年,理查德·佩恩·奈特通过分析字母提出了傅尔蒙造假的可能性,一场旷日持久的淘假大赛展开了,碑铭学作为一门学科的方法也逐渐稳定。时至今日,经过多次严格筛选,《希腊碑铭》(Inscriptiones Graecae)中仍有不少傅尔蒙带回的斯巴达铭文,作为真迹加以保留,这恰好说明了碑铭学方法的科学有效,也说明了相较于现实社会,古典文明自有其完整的逻辑与特征。想将现实乔装打扮,"混入"历史之中,会被学科的科学手段拆穿;要将历史涂脂抹粉,"混入"现实之中,也会遭遇到相类的窘境。

由于后古典主义者大多数从事比较文学研究,整个讨论缺乏广义古典学意义下的其他研究者的参与和讨论,诸如考古学家、碑铭学家和钱币学家,这导致后古典主义者的某些主张看起来十分荒谬,他们畅想钱币学家如若不研究钱币,而去研究"价值的诗意",那钱币学的图景将会是另一番模样,[①]这显然是对钱币学家工作的巨大误解。跟后古典主义者比起来,很多传统的古典主义者面临的环境更不稳定,但他们仍然亦步亦趋地践行着这一学科的基本学术准则。后古典主义者强调自己与前者不同,试图推翻前者的观念似乎也能在古典时代找到源头,毕竟连黑若斯达特斯都明白,没什么比推翻上一代更经典。

作者简介:刘峰,海德堡大学古代史与碑铭系博士生。

---

① *Postclassicisms*, p.79.

图像材料在古典研究中的运用新探
——评《瓶与剧：悲剧与公元前4世纪希腊瓶画的互动》

阿 慧

本文以奥利弗·塔普林(O.Taplin)①的著作《瓶与剧：悲剧与公元前4世纪希腊瓶画的互动》②为评价对象，尝试梳理、探讨该著将图像材料运用于古典研究中的方式，并以此为基础，分析图像材料与古典文本之间的关系，进而理解该著将图像材料运用于古典研究中的意义。

一

《瓶与剧：悲剧与公元前4世纪希腊瓶画的互动》是英国古典学者奥利弗·塔普林于2007年出版的著作，出版单位是在古代希腊罗马文物收藏领域颇有建树的美国的保罗·盖蒂博物馆。

该著以公元前4世纪的109件可能与悲剧相关的瓶画作品作为

---

① 奥利弗·塔普林，牛津大学马格拉达伦学院古典学教授，主要研究方向为希腊戏剧与荷马史诗研究。1966年与伊迪斯·霍尔(Edith Hall)共同创立了《古代希腊罗马戏剧表演档案》(*Archive of Performances of Greek and Roman Drama*，简称APGRD)，1995年当选英国国家学术院(British Academy)院士。除本文提及的《瓶与剧：悲剧与公元前4世纪希腊瓶画的互动》之外，其代表作还有《埃斯库罗斯的艺术》(*The Stagecraft of Aeschylus*, Oxford: Clarendon Press, 1988)、《希腊之火》(*Greek Fire*, Athens: Atheneum, 1990)、《喜剧中的神使及其他通过瓶画作品了解希腊戏剧的方式》(*Comic Angels and other Approaches to Greek Drama through Vase-Painting*, Oxford: Clarendon Press, 1993)。

② O.Taplin, *Pots & Plays: Interactions between Tragedy and Greek Vase-painting of the Fourth Century B.C*, LA: The J.Paul Getty Museum, 2007.

研究对象。这些瓶画作品除了五件作品来自雅典,其余作品均产自希腊本土以西,且绝大多数能够判定确切产地的作品都来自南意大利的普利亚(Apulia/Puglia)地区。塔普林对自己的研究对象进行了有意识的选择,不仅依据作品的生产时期、生产地区和相关作品所绘制的内容对这些作品进行了拣选,还通过限定相关作品在公元前 4 世纪的现实功用,保证该著所选取的 109 件瓶画作品都来自在葬礼上使用的大型乃至巨型丧葬器物,从而使自己的研究范围进一步聚焦。

就研究主旨而言,在该著中,塔普林在相信公元前 4 世纪的南意大利地区已经出现阿提卡戏剧表演的基础上,认为在生产作为丧葬器物使用的陶瓶时,当地的悲剧表演成为了瓶画作品的创作者绘制瓶画主题时主要的灵感来源,从而形成了悲剧与瓶画作品的互动。在此,作为一位颇为看重实际表演在古典文化中所发挥的作用的研究者,塔普林将自己研究的着眼点集中在实际表演对于瓶画作品的影响上,因而特别强调"当地的悲剧表演"与"灵感来源"两个要素,将前者与"流传到当地的悲剧文本"或"悲剧的其他传播形式"进行了区分,又将后者与"以悲剧为原型""还原悲剧场景"相区别。

综合该著的研究对象及其研究主旨,能够发现,该著是一部将特定的瓶画作品作为个案考察对象,从而追溯阿提卡悲剧表演对于公元前 4 世纪的南意大利地区的瓶画作品创作的影响的偏实证性的考察。之所以将该著的研究判定为"偏实证性的考察"而非绝对意义上的实证分析,是因为塔普林虽然相信并且尝试在著作中建立起悲剧表演与瓶画创作之间的确切关联,但实际上并没有提出绝对的证据以证明这一点,只是在进行论述时尽可能地使用各种程式化的限定用词以保证论述的严谨性,并以一种推测性的表述来呈现自己的结论。

二

从该著的目录中能够明确其结构,从而理解塔普林运用相关材料探讨问题的具体方式。该著的目录显示,其主体分为两个部分:导论(Setting the Scenes)和具体的瓶画解读(The Pots)。

在导论部分,塔普林明确了该著的问题域,对其展开讨论的一般原则进行了解释。概括而言,该部分主要着力解决两个核心问题:第一,公元前4世纪的南意大利地区是否确实存在悲剧表演;第二,应当如何判断具体的瓶画作品与悲剧表演间的关联性及其关联程度。这两个核心问题与该著的研究主旨息息相关,前者是该著的理论前提,亦是塔普林立论的基础;而后者则是对塔普林进行个案分析时所依据的判定标准的解释。因此,该著对这两个问题的阐释是十分关键的,且这两个问题在解释上也具有一定的难度。

一方面,若单纯从瓶画作品与悲剧关系的角度切入第一个问题,就容易使问题的阐释陷于互为因果的循环论证之中:将大量可能与悲剧相关的瓶画作品的出现,解释为阿提卡悲剧表演在当地的陶瓶生产活动中发挥了影响,的确是可以被理解的一种解读方式;但若将原因与结果相互置换,认为能够证明阿提卡悲剧表演在当地发挥着影响力的证据,便是那些可能与悲剧相关的瓶画作品的出现,也是一种能够说得通的观点。由此,在论述时若仅仅关注瓶画作品与悲剧间的关系,便会使得论证的说服力受到一定影响。[①] 因而,塔普林在论证这一问题时,避开了对于瓶画作品与悲剧关系的直接讨论,转而使用了其他与陶瓶无关的独立证据,包括古典作家的文本叙述、南意大利地区的考古出土情况,等等。在此基础上,塔普林主张,公元前4世纪的南意大利地区确实存在阿提卡戏剧表演,这些表演大多是由出身雅典的浪人演员(strolling players)演出的。

另一方面,第二个问题虽看似简单,却承接了前一个问题的论述内容。想要在具体的瓶画作品与悲剧表演之间确立起有说服力的判断标准,实际上还需要在解释第一个问题的基础上进一步回应,即便

---

① 也有学者认为,即便在现有材料无法支持相关讨论形成确切结论的情况下,由于瓶画作品与悲剧间的关系是塔普林所讨论的重点,仍然应当对此略作展开,否则,单纯依靠其他材料之间的间接关联,很难实际说明问题。参见 G.M. Sifakis, "Review: Pots and Plays: Interactions between Tragedy and Greek Vase-Paintingof the Fourth Century B.C by O.Taplin", *The Journal of Hellenic Studies*, vol.129(2009), pp.225-226。

公元前 4 世纪的南意大利地区存在阿提卡表演,那么当地的悲剧表演是否确实影响到了当地的瓶画作品的创作,乃至成为了相关创作的灵感来源?在此,塔普林论证的关键在于,证明当地的瓶画作品创作与"当地的悲剧表演"存在关联,并在明确这一关联的基础上,考察瓶画作品在内容上的表现形式,说明悲剧表演成为了瓶画作品的"灵感来源"。而这正是对该著研究主旨的直接阐释。

为了完成这一论证,塔普林首先从其选中的陶瓶的实际功用出发,指出这些陶瓶在当时是被用于摆放在葬礼之上展示或陪葬于坟墓的,它们在纪念死者、宽慰生者方面发挥的作用,与悲剧的意涵最为接近,因而最可能受到悲剧的影响。同时,塔普林列举了三个层面的标准,以进一步确定悲剧表演对瓶画作品可能存在的影响。其中,第一个层面是叙事(the narratives),即从悲剧的文本细节与瓶画作品在图像细节上的关联出发,从而判断两者的关系;第二个层面是"基本标志"(an index of signal),包括八种从瓶画作品的内容中可能看出的,或许能够体现出悲剧表演同瓶画作品直接相关的图像元素:服饰(costume)、鞋靴(boots)、门廊(porticoes)、石拱门(rocky arch)、边缘性的见证人(anonymous witness figures)、年长的男性看护人(little old man/paidagogos figure)、复仇女神及其相关形象(furies and related figures)以及乞求的场景(supplication scenes);第三个层面则是"特殊标志"(extra dramatic signals),包括两种从形式上可能体现出悲剧表演与瓶画作品内容直接相关的图像元素:其一是以阿提卡方言加以标注的人物姓名标签(name lables in Attic dialect),其二是在剧院中常见的三脚架(tripods)。就塔普林提出的这三个层面的标准而言,第一个层面的标准进一步确定了悲剧与瓶画作品间的关联,而第二、三个层面则将"悲剧"这一大指向,细化为"悲剧表演"这一具体的形式。

此外,亦值得一提的是,塔普林认为,由于这些陶瓶本身具备独立的现实功用,因而陶瓶上的瓶画作品实际上有别于单纯的舞台悲剧场景的重现,①是对悲剧内容的再演绎和再描绘。从这个意义上而言,悲剧表演只构成了瓶画作品的灵感来源,相关作品希望表达的是悲伤、悼亡、宽慰死者等诸多情绪本身,由此,这些作品便超脱于悲剧,以独立的艺术形态存在,而不是作为"悲剧插图"被视为悲剧的附庸。

在概述了自己展开讨论的理念与方式之后,塔普林在该著的第二部分展开了基于具体瓶画作品的个案分析。在此,他的论述遵循了该著的第一部分所提出的原则,首先从图像志与图像学的角度出发,对瓶画作品进行描绘和解读,然后再尝试将之与希腊悲剧的表演相结合。② 塔普林在这部分的分类排序,大体上遵循了斯帕克斯(B. A. Sparkes)、特伦德尔(A.D. Trendall)与韦伯斯特(T.B.L. Webster)在1971年合作编著的《希腊戏剧图像》。③ 不过,从著作名中就可以看出,斯帕克斯等人的这部图集是直接不加讨论地将瓶画作品视作"悲剧插图"来收集汇总的,这与塔普林将之视为与悲剧表演相关的独立材料加以解读的倾向有本质不同。

在第二部分的论述中,塔普林充分使用了众多限定性用词对具体瓶画作品与悲剧表演之间的关联度进行了判断,如:"相关"(related)、"显著相关"(apparently related)、"密切相关"(quite closely related)、"高度相关"(more than probably related)、"据信/极可能相关"(plausibly/may well be related)、"可能相关"(may be related)、"有

---

① 塔普林认为,这一点可以对比那些描绘喜剧表演现实情景的瓶画作品,在《喜剧中的神使及其他通过瓶画作品了解希腊戏剧的方式》一著中,塔普林对相关陶瓶作品进行了深入的分析。参见 O. Taplin, *Comic Angels and other Approaches to Greek Drama through Vase-Painting*。

② 例如,在对该著编号为第8号的瓶画作品进行分析时,塔普林通过人物形象的衣着打扮,以及画面的构图形式,判断出了图像中每个人物形象的具体身份,又通过其中的关键形象(三位复仇女神及克吕泰涅斯特拉的灵魂)将之与埃斯库罗斯的作品《欧墨尼德斯》(*Eumenides*)中的具体章节段落相关联。参见 O. Taplin, *Pots & Plays: Interactions between Tragedy and Greek Vase-painting of the Fourth Century B.C*, pp.62-64;又如,通过对第43号瓶画作品中出现的阿波罗神殿、三脚架、以阿提卡方言标注的人物姓名标签等要素,以及图像所表达的具体意义,将这幅图像判断为与欧里庇得斯的作品《安德洛马刻》(*Andromache*)"据信相关",参见 O.Taplin, *Pots & Plays: Interactions between Tragedy and Greek Vase-painting of the Fourth Century B.C*, pp.139-141。

③ B.A. Sparkes, A.D. Trendall, T.B.L. Webster, *Illustrations of Greek Drama*, London: Phaidon, 1972.

可能性但未必相关"(possibly but not probably related)、"可能无关"(more probably not related),等等。能够看出,就如前文亦有提及的,塔普林虽然在尽力尝试将瓶画作品与悲剧表演建立起关联,但由于直接证据的缺乏,这种关联只能以推测其可能性的方式进行,无法成为真正意义上的实证研究。而从总体的判断结论上看,若将塔普林所判断的"可能相关"作为平均中位数,那么被塔普林判断为相关度中等偏上,即相关的可能性较高的瓶画作品数量,超过了该著所考察的瓶画作品总量的三分之二。①

三

从该著的整体架构上看,塔普林在讨论中确实实现了逻辑自洽。但他在著作中的一些论述方式与观点呈现的角度也存在一些不足。

首先,就展开讨论的基础而言,塔普林的论述中存在的一个重要的问题是,他默认了公元前4世纪南意大利地区的陶瓶制作者仅能从单一的文化材料中获得瓶画作品的灵感来源或创作依据。具体而言,塔普林虽然论证了阿提卡悲剧表演与瓶画作品的创作之间可能存在关联,但相关论述并不能断绝瓶画作品的创作受到其他因素影响的可能性。②换言之,尽管塔普林在该著第二部分的个案分析中尝试建立特定瓶画作品的图像与特定悲剧情节之间一一对应的关系,但这种关联几乎是无法实现的。一方面,一件瓶画作品的创作灵

---

① 该统计来自剑桥大学的古典学者斯诺德格拉斯(A. Snodgrass),他在确认过塔普林工作的基础上认为,尽管塔普林在著作中审慎地使用了不同程度的限定性用词,但塔普林的评级在很大程度上偏向于概率的上限。参见 A. Snodgrass,"Review: Pots and Plays: Interactions between Tragedy and Greek Vase-Painting of the Fourth Century B.C. by Oliver Taplin", *International Journal of the Classical Tradition*, Vol.16, No.1(Mar., 2009), pp.91-94。

② 有学者指出,陶瓶制作者在创作瓶画作品时,其创作过程未必采取了类似文本写作时的叙事性方式,而是使用了一种情节化的方式,是片段化、描绘性的。对于当时的陶瓶制作者而言,如悲剧、史诗等不同的故事要素都可能只是表现神话主题的媒介之一,从功能层面上看,它们彼此之间是可以互换的,因而,不同文本在类型与版本上的区别在图像描绘方面并不重要,今人也无法对此加以明确的分别。参见 L. Giuliani,"Review: Pots & Plays by Oliver Taplin", *Gnomon*, 81.Bd., H.5(2009), pp.439-447。

感来源并不一定是唯一的,在绘制瓶画作品时,陶瓶的制作者可以既参考包括悲剧表演在内的悲剧元素,又可参考相关的史诗或神话,亦可以同时参考当时存在的其他图像作品,如其他瓶画、雕塑等;另一方面,陶瓶制作者个人的实际体验也可能转化为自己的审美经验,而这种转化形式又因人而异、千差万别,所以,即便瓶画作品的内容可能受到了悲剧表演的启发,但是其表现形式中也势必体现出了制作者的独立创意。因而,若认为相关的瓶画作品仅与悲剧表演相关,且所有的关联都可以一一对应,则不免有些褊狭。

其次,该著虽然极为强调"当地的悲剧表演"对于瓶画的影响,但是,将"表演"这一特定形式从总体的"悲剧"概念中独立出来,实际上并无必要,同时也使得本就无法以实证的形式展开的论述显得愈发牵强,从而影响了论证的说服力。可以说,塔普林在该著中所指出的可能与悲剧表演相关的标志,并不能明确地凸显出"当地的悲剧表演"的意味,反而在一定程度上可以直接被视为与悲剧相关的标志,无论是悲剧表演、悲剧文本,乃至是对悲剧内容的口头叙述,都可能有所涉及,不具有"当地的悲剧表演"的代表性。而更加极端的一种可能是,这些标志完全只是一种绘制丧葬器物、表现悲伤场景的传统要素,与悲剧并不相关。[1]

最后,塔普林在个案考察中"偏实证"的落脚点,也使得他的分析仅仅局限在悲剧表演与瓶画作品的关联性上,尽管他主张"利用鉴赏者的情感与联想的方式,能够打破艺术与文本之间僵持不下的优先权之争……除了绘画与悲剧有关之外,悲剧也可能通过绘画及其可

---

[1] 俄亥俄大学的古典学者卡朋特(T.H. Carpenter)便认为,塔普林著作中所列举的判断悲剧表演与瓶画作品之间关联性的三个层面的标准之中,第一、三层面所依据的实际上都是陶瓶制作者对悲剧文本或悲剧要素的熟悉程度,只有第二层面的"标志"可能会指向实际演出时的效果,但现实情况是,还有许多出现在南意大利瓶画作品上穿有鞋靴或"悲剧风格"服饰的人物形象与悲剧的场景无关。因此,关于在与特定悲剧有关的场景中作特定打扮的人物形象可能暗示着悲剧表演现场的说法,难以使人信服。参见 T.H. Carpenter, "Review: Pots and Plays: Interactions between Tragedy and Greek Vase-Painting of the Fourth Century B.C. by Oliver Taplin", *American Journal of Archaeology*, Vol.112, No.4(Oct.,2008), pp.774-775。

视化的呈现构建起关联"①。但是,他在悲剧表演如何影响瓶画作品的创作的论述之外,并没有展开关于瓶画作品如何反向影响到悲剧或悲剧表演的讨论,实际上并没有充分体现该著副标题中所谓的"互动",且对于瓶画作品本身的意义及内涵的挖掘也不够深入。而在该著的图像呈现上,也存在个别图片失焦、不够清晰的情况,②尽管无伤大雅,却也不得不谓是白璧微瑕。实际上,包括瓶画作品在内的图像材料,恰恰由于其本身的抽象性,在很大程度上具有从抽象角度深入理解的可能。以塔普林的研究对象为例,相关的考察还可以从这些作为丧葬器具之用的陶瓶上的瓶画作品内容中可能体现出的"悼念亡者""宽慰生者"等意味,抑或是"悲伤""纪念"等情绪的表现方式等方向入手,以充分利用图像材料的特性。

四

相对于不足,该著的价值也很明显。一方面,塔普林在图像材料的收集与整理方面用功颇深,该著中有不少瓶画作品的图像是1971年以来首次发表的,从而为学界的研究提供了新的材料;另一方面,塔普林摒弃了文本与图像孰先孰后的争论,选择了一个全新的视角来考察悲剧表演与瓶画作品之间可能存在的关联,从而对斯帕克斯等人在《希腊戏剧图像》中部分存疑乃至有误的观点进行了重新梳理和纠错,可谓是对传统问题的"再研究"。

最重要的是,就图像材料与古典文本之间关系的探索而言,塔普林在著作中围绕悲剧与瓶画作品而展开的讨论,在一定程度上是在尝试弥合乃至超越"图像中心主义者"(iconocentrists)和"文本中心

---

① O.Taplin, *Pots & Plays: Interactions between Tragedy and Greek Vase-painting of the Fourth Century B.C*, p.vii.此句译文为本文作者自译。

② 罗格斯大学的古典学者斯小尔(J.P. Small)对塔普林著作中出现的相关问题进行了细致的梳理。参见 J.P. Small, "Review: Pots and Plays: Interactions between Tragedy and Greek Vase-Painting in the Fourth Century B. C. by Oliver Taplin", *The Classical World*, Vol.102, No.4(Summer 2009), pp.506-507。

主义者"(textcentrists)之间分歧的一种尝试。

所谓"图像中心主义者"与"文本中心主义者"之间的分歧,长期出现在将图像材料与文本材料相结合、共同进行古典研究的领域之中,相关学者围绕图像材料与文本材料在地位与价值方面先后性的问题,形成了两派针锋相对的观点。从19世纪末开始,占据学界研究主流地位的是"文本中心主义者",他们认为,与古典文本相关的图像材料的主要作用是构成文本的插图或图像性的注脚,从而帮助人更好地理解文本。从这个意义上而言,图像材料只是解读文本材料的补充或辅助形式。具体到瓶画作品与悲剧研究的领域而言,被称为"戏剧狂热主义者"(philodramatists)的相关学者认为,与悲剧题材相关的瓶画作品所描绘的内容,基本上都是创作者所能实际接触到的悲剧的内容,因此,瓶画作品只是透视悲剧的一种媒介,其作用是相对中立地反映作为其创作原型的悲剧的内容,从而为重构散佚的悲剧文本或故事情节提供相对可靠的一种途径。持这一观点的重要代表作,便是斯帕克斯等人在1971年合作编著的《希腊戏剧图像》。而与上述观点针锋相对的,则是于20世纪70—80年代逐渐出现,并开始挑战"文本中心主义者"在学界的统治地位的"图像中心主义者"的主张。相关学者认为,图像材料并非文本材料的简单反映,相反,在既有的文本传统模式之外,图像经过独立的发展,构成了以特定的图像样式、创作习惯、画面语言所构成的特有的发展路径,具有以其自身为核心的特定表达规则与内容表现方式。①

在上述两种观点的冲突之下,学者们需要重新考虑和思索的一个问题便是:究竟应该如何处理研究中所使用到的图像材料与文本材料之间的关系。针对这个问题,塔普林在《瓶与剧:悲剧与公元前4世纪希腊瓶画的互动》一著中所给出的回答是:至少在论及悲剧与

---

① 依据纽约大学的古典学者希发基斯(G.M. Sifakis)的总结,在古典学界,可以被视为"图像中心主义者"的代表性学者主要有莫雷特(J.-M. Moret)、艾伦(C. Aellen)、斯马尔(Small)等;而塔普林则被归于相对宽容的"文本中心主义者"的分类之下。参见G.M. Sifakis, "Review:Pots and Plays:Interactions between Tragedy and Greek Vase-Painting of the Fourth Century B.C by O.Taplin." The Journal of Hellenic Studies, pp.225 – 226。

瓶画作品的关系时,作为图像材料的瓶画作品,既不是单独发育而成的独立存在,也并非作为文本材料的悲剧的副产品或衍生物。换句话说,在看似"非此即彼"的选择之间,还有一条"中间道路":

> 那么,依据本著的考察,瓶画作品并非"平庸无趣的插图",亦非戏剧的衍生物。它们受到戏剧的启发。对于了解相关戏剧的人而言,它们更具意义、更富趣味与深度。这便是本著所谓瓶画作品"与悲剧有关"的核心内涵。①

可以看出,在悲剧与瓶画作品之间关系的判断上,塔普林仍然偏向"戏剧狂热主义者"的观点,认为悲剧,特别是悲剧表演这一形式是瓶画作品创作的灵感来源,因而优先于瓶画作品而存在;但是,他同样接纳了"图像中心主义者"的主张,承认瓶画即便对悲剧的要素有所借鉴,也仍然能够以其特有的形式独立存在。由此,塔普林便以一种开放而包容的角度,尝试为学界指明了一条将图像材料与文本材料相结合的新的探索方式,而这或许正是其研究最重要的价值所在。

不可否认,在古典研究的发展历程中,就图像材料与文本材料关系的处理而言,"文本中心主义者"与"图像中心主义者"的观点都植根于其时代,并在各自的学术语境下发挥了颇为重要的作用。最早的"文本中心主义者"在很大程度上脱胎于古典校勘学者,所承袭的是 18 世纪以来的古典语文学传统,即强调文本的优先性,建构以文本为核心的学术文化圈,将其他非文本材料加以忽略,乃至排除在古典研究的领域之外。在这样的情况下,相关的"文本中心主义者"能够承认并将图像材料纳入其考察范围之中,哪怕是以一种附属的形式,对于当时的古典研究而言都堪称一种新的突破,推动了古典领域文本材料与非文本材料的综合考察,丰富了古典研究的可能性。而"图像中心主义者"则出现于后现代思潮对传统加以解构的思想背景

---

① O.Taplin, *Pots & Plays: Interactions between Tragedy and Greek Vase-Painting of the Fourth Century B.C*, p.25. 此段译文为本文作者自译。

之下，这些学者在质疑传统的古典文本材料与图像材料处理方式的基础上，试图赋予图像材料独立于文本材料之外的平等地位，并尝试采用跨学科的方式，结合诸如文化人类学、科技考古学、审美艺术学等专业的知识积累，从为更多样化的角度入手以解读图像材料。由此，"图像中心主义者"不仅带动了古典图像学的发展，也促进了古典研究这一领域的开放，弥补了传统古典研究相对封闭的缺憾。

然而，无论是古典研究领域的"文本中心主义者"还是"图像中心主义者"，其研究都存在一个共同的问题：在处理文本材料与图像材料的关系时过度侧重其中一方，人为地在两者之间划分出了一条泾渭分明的边界，仿佛围绕文本材料与图像材料的考察只能以二择一的方式展开。这无疑不利于现今古典研究的综合发展。因而，塔普林在其著作中所展开围绕悲剧与瓶画作品的考察、所做出的消解"文本中心主义者"与"图像中心主义者"之间分歧的尝试、所主张的将文本材料与图像材料同时纳入研究视野的思路，不仅在具体的问题研究领域颇具价值，更可能对古典研究的整体发展提供一定的启发：倘若"文本中心主义者"不再简单地将文本材料视为众星拱月的对象，"图像中心主义者"亦不再将图像材料孤立作为与日月争辉的另一处星火，以一种求同存异的方式展开对文本材料与图像材料的处理，古典研究是否可能在学人眼前展开一片更为广阔浩瀚的星海？

作者简介：阿慧，复旦大学历史学系博士研究生。

现代性的时间不一致性*

吕蒂文·邦蒂尼 著　沐越 译　肖琦 校

现代性是如何又以何种速度成为了新的历史纪元？为了回答这个经典问题，克里斯托弗·夏尔（Christophe Charle）描绘了一幅真正的社会全景图。

克里斯托弗·夏尔的新书《时间的不一致性——现代性简史》[①]是一部名副其实的巨著。该书既可以作为历史综述，也可以被看作具有启发性的史学反思，它意在展示现代性是如何以一种多变而不同步的节奏，逐渐成为一种新的历史性体制。"时间的不一致性"，这种表述曾被马克思主义哲学家丹尼尔·本萨伊德（Daniel Bensaïd）[②]和历史学家弗朗索瓦·阿赫托戈（François Hartog）[③]所使用，而在本书中它得到了新的拓展。事实上克里斯托弗·夏尔认为，从地点和时间来看，这一现代性是慢慢被接受的，有时迅猛加速发展，而这并非毫无保留，往往伴随着抵抗、挑战和反叛。本书的精妙不仅在于它的博学、精准和跨国视野，还在于它独特的史学见解，即作者一直以来坚持的社会史方法，反对任何的知性主义，反对自上而下所创造的历史。虽然本书明确提到了知识精英和政治精英，但牢牢抓住了

---

* 文章来源：Ludivine Bantigny, «Les temps désaccordés de la modernité», *Publié dans laviedesidees.fr*, le 1er février 2013.

① Christophe Charle, *Discordance des temps. Brève histoire de la modernité*, Paris, Armand Colin, 2011, p.494.

② Daniel Bensaïd, *La Discordance des temps. Essais sur les crises, les classes, l'histoire*, Paris: Éditions de la passion, 1995.

③ François Hartog, «La temporalisation du temps: une longue marche», *in* Jacques André, Sylvie DreyfusAsséo, François Hartog (dir.), *Les Récits du temps*, Paris: PUF, 2010, p.12.

将他们与人民大众区分开来的社会分歧,尤其是他们的愿景、计划和智略。如果说这当然是文化和经济问题,它首先就是一部依据那些显著断裂的效果与多少被确认的对立来审视这种现代性是如何浸入整个社会的社会史。

克里斯托弗·夏尔赞同弗朗索瓦·阿赫托戈关于"历史性体制"①的思考,在此之前,克劳德·列维-斯特劳斯(Claude Lévi-Strauss)、克劳德·勒福尔(Claude Lefort)和莱因哈特·科塞莱克(Renhart Koselleck)等人也对此进行过讨论。但在此他不想对概念本身做过多讨论,他更感兴趣的是它在整个漫长的19世纪并一直延续到20世纪20年代的实践情况。他在《帝国社会的危机》②一书中展现了精英们是如何接受现代性的趣味。这本书则是更好地呈现出现代性试图强加于人们身上的方式,它并不轻松,也有着差异性。

与时代的竞争

在保罗·利科(Paul Ricœur)眼中,时间的"不一致性"指的是"同一代人中同时代性的缺乏"。③ 像恩斯特·布洛赫(Ernst Bloch)这样的思想家,在20世纪30年代对这种非同时代性大为触动,非同时代性使其与时代的关系变得多样化,甚至是复数和共存的。克里斯托弗·夏尔对此做了历史分析。④ 事实上在读到本书时,人们会

---

① François Hartog, *Régimes d'historicité. Présentisme et expériences du temps*, Paris: Seuil, 2003, rééd. 2012.
② Christophe Charle, *La Crise des sociétés impériales essai d'histoire sociale comparée de l'Allemagne, de la France et de la Grande-Bretagne 1900–1940*, Paris: Le Seuil, 2001, 2e éd., 2008.
③ Paul Ricœur, *La Mémoire, l'histoire, l'oubli*, Paris: Seuil, 2000, rééd. 2003, p.250.
④ 在这里要提到吕蒂文·邦蒂尼和昆廷·德勒莫兹(Quentin Deluermoz)的《"时间的不一致性——现代性简史":与克里斯托弗·夏尔的访谈》("Entretien avec Christophe Charle, autour de '*Discordance des temps. Une brève histoire de la modernité*'"),特刊"20世纪的历史性,时代的共存与竞争"("Historicité du XXe siècle. Coexistences et concurrences des temps"), *Vingtième Siècle. Revue d'histoire*, janvier-mars 2013。

有一种感觉,19世纪早期的革命者,直至1848—1849年的动荡为止,走得太快看得太远:他们所展现的政治现代性远远超前于同时代根深蒂固的传统理念;他们和同时代人之间缺乏同时代性;简而言之就是他们对"传统限制的不耐烦"使得他们被边缘化。另一方面随着19世纪中叶以来的快速发展为未来打开了更多的大门,以及在众多领域(交通、城市规划、新闻、经济交流)中取得的进步"使得不可能成为可能",现代性正在成为一种霸权。简言之,1830年到1850年,"最初的现代性"实质上与时代主流建立了一种关系,并与过去的主流传统展开竞争,而"经典现代性"(1850—1890年)则成为了时代的主导。在之后的世纪之交,干扰出现了,现代性被反现代性所容忍、批评和超越,正如与此同时已经被一种后现代性"对历史意义的质疑"所容忍、批评和超越一样。

因此,克里斯托弗·夏尔论及的这一段敏感的历史,让人不禁想起阿兰·科尔班(Alain Corbin)具体而感性的研究路径。在读这本书的时候,我们能更有效和更实际地测量通信和传输的时间,从骡马的步伐到火车和电报线路的速度,最后到汽车的高速。一种新的时空出现了,同样这即是报纸和新闻节奏的未来,它引发了剧烈的变化,特别是改变了政治的时间性。然而在19世纪的大部分时间里,步行依然是大多数社会行动者最常用的交通方式,军队的移动则依赖马匹,尤其是在镇压起义时。

人民之间的一致性?

当我们回顾1848年的革命进程时,可以看到当时整个欧洲都沸腾了。而该书能够从全欧洲的角度展开论述,要归功于作者对多种语言史料的掌握,这也是他的研究一直以来的特色。在此,克里斯托弗·夏尔试图给予这场事件以其所有的可能性与开放性的未来,而无论历史将它遮蔽得多快。他试图尊重其可能甚至是设想的未来。就此克里斯托弗·夏尔拒绝任何目的论的看法,他认为这同时是"一个抵抗的过去、一个难以把握的现在和一个冲突矛盾的未来"。

本书很好地展现了民主思想及其实践的传播,它不仅讲述了法国巴黎和各省的革命岁月,也论及法兰克福、科隆、佩斯、罗马尼亚和特兰西瓦尼亚等地的革命。它解释了捷克民族主义运动是如何自相矛盾地运用德意志人赫尔德的思想来摆脱日耳曼民族主义的压迫的。书中回忆了被暴力镇压的维也纳公社(镇压导致了2000多人死亡),大约有15名领导者被处决,其中包括从法兰克福议会来此支持维也纳人民起义的民主议员罗伯特·布卢姆(Robert Blum)。

但是这些革命者在社会和政治构成上都并非出自同一个团体,因此他们的策略也大不相同。尽管如此,克里斯托弗·夏尔并没有用"失望的知识分子"这一观点去解释他们在这些运动中的动员,他认为这种观点是一种"保守简化的社会学理论"。他更倾向于通过一种有区分的谱系学来区分"战士"和"先知",后者就像米什莱(Michelet),是一个旁观者而非参与者。他在1852年苦涩地承认:"我对自己在12月2号的所作所为感到惭愧。"

之后,甚至在一种我们认为有利于进行反思的"世纪末"的精神出现之前,一种"不幸的历史性"就开始产生了,战争和法西斯主义的兴起加速了其发展,克里斯托弗·夏尔称之为"不幸的现代性"。早在19世纪上半叶,叔本华就陷入了一种悲观主义哲学之中。而更早一些时候,一些文学作品中也弥漫着对现代性的悲观情绪,这与19世纪下半叶盛行的完全实证的,甚至是实证主义的传统形成了鲜明的对比。著名作家左拉在19世纪末也开始想象下一场战争会带来的巨大破坏:因为窒息的毒气、空投的炸弹和对农作物的破坏,在最初几周的战斗中就会带来上百万的死亡。

艺术与时间

就像左拉的例子所显示的那样,克里斯托弗·夏尔在书中大量论及那个时代的文学、绘画和电影。他的写作方式和方法令人钦佩:

减少陈述性说明和空谈,而代之以运用激情澎湃的笔力和敏锐的洞察去进行精确、精细的分析。

剧院尤其被认为是"现代意识的发源地"。复辟时期以及之后七月王朝时期都展现了将过去带入现在的艺术。巴尔扎克"描绘的就是他们一代人不断加速的绝望"。除此之外我们还可以相继看到夏多布里昂、诺迪埃、梅里美(Mérimée)和他们对"航海时代的看法",雨果的影响和他"书籍就要消灭建筑"所展现的远见,以及波德莱尔的怀疑论,当然他也没有否定全部的现代性;他通过赞扬画家康斯坦丁·居伊(Constantin Guys)所具有的真正现代的能力,以自己的方式来定义现代性:"从流行的东西中提取出它可能包含着的在历史中富有诗意的东西,从短暂中汲取永恒。"至于库尔贝,在他的画作《画室》中展现了一幅"世界舞台",描绘了历史上的失败者:工人、共和党人、悲惨的爱尔兰人、屠夫……还有后来的"兰波的关于未知的创造";当然我们可以与那些遵从兰波教诲的作者探讨"是否必须绝对现代"。克里斯托弗·夏尔似乎并没有将它分析为它看起来像的反语、否定:"它非但不鼓吹诗意现代主义的宣言,而且还予以嘲笑。""对现代世界的痛苦接受",这句克里斯托弗·夏尔没有引用的话出自亨利·梅肖尼克(Henri Meschonnic)的《现代性,现代性》。①

但是艺术和艺术家并不是身处非社会学的空中楼阁之上,这些作品的价值不仅取决于它所处的"时代",还取决于所占据的地位、要击败的正统性和要对抗的当权机构。作者从他一直追随的皮埃尔·布尔迪厄(Pierre Bourdieu)的研究出发,审视了他的理念并继承了他的思想,对任何形式的"为了艺术而艺术"都不抱幻想。

过去的未来

这种新的现代性在此被定义为"现在的未来"。然而这些新现代

---

① Henri Meschonnic, *Modernité, Modernité*[1988], Paris: Gallimard, 1993, p.127.

性的先驱面临着不小的困难，即在一个传统占主导地位，甚至对过去有着迷信崇拜的社会中促进现代性，因此必须依靠过去来发掘所憧憬的新世界的因素。

特别是"空想主义者"，本书显然不会忽视他们，他们有一个根本的缺陷，就是他们无法描述如何过渡到他们所设想的社会中，因此他们的未来和过去混杂在一起：克里斯托弗·夏尔对此评价是"社会的革命者，同时他们的计划在政治上是保守的"。而除了研究他们的意图之外，作者更专注于评论"乌托邦的社会回响"。

本书同样盘点了19世纪下半叶主要城市改建的具体后果，从现代的观点来看这些项目可能是出于对卫生的关注，同时也是因为希望控制人口和疏导社会动荡，甚至防止进一步革命。然而建筑上的创新绝不是为了回应作为未来投射的当下抽象品味；相反它成为了混合物、仿制品、折中主义，甚至是对现代元素的一种遮蔽，并在这种城市现代性和过往遗产之间建立了一种认知联系。我们知道这些伟大的创新在带动进步的同时还需要大量的资金，这就是为什么茹费理在谴责"奥斯曼夸张的账目"时预言："如果将现在建立在脆弱的基础上，我们将失去未来，接下来的后继者将很难应付这一切。"世界博览会上展现了更多的现代性，克里斯托弗·夏尔以水晶宫为例，回顾了这一建筑伟绩和它所展现的惊人现代性。

共和模板也同样从现代性或者说是对现代性渴望的角度加以审视。同样是茹费理，他提到"旧制度及其令人遗憾的结构"，他说："我们中间总是存在一个旧制度，并依然活跃。"政府中的共和党人认为，对于未来而言，旧有的政治体制经验并非令人鼓舞，因为共和国的本质是一个独特的未来政体。然而正如克里斯托弗·夏尔指出的那样，共和草图的现代性实际上是一种"悖论"；这个悖论与乌托邦不同，并非贬义，只是说它并无理想可言；这一现代性必须回应对"重心的"(centre de gravité)期待，因此并不真正关心与一个不平等的社会作斗争。

不平等的社会

纵观这条现代性参差不齐的发展道路,可以看到读者是在作者的引导下重新发现社会的不平等。因为如果不衡量所研究世界内部常常深藏着的社会差异,就不能理解这种历史性体制在被接受与否方面的明显差异。例如 1832 年春天,肆虐巴黎的骇人听闻的霍乱疫情也体现出社会地位的差异性,工人阶级受到该疾病的影响要比设法保护自己免受疾病影响的富有阶层严重得多。由此"时间的不一致性"为我们提供了一个探索饮用水和废水之间的"塞纳河病原循环"之旅,所有这一切都可以从面对空间与时间时的不平等来加以审视。本书还为读者重温了巴黎的甬道,它让中产阶级和上层阶级得以远离泥浆、噪音、气味、垃圾和恶劣天气。奇怪的是,本书关于这一主题的内容中没有提及沃尔特·本雅明(Walter Benjamin)的工作,通常而言,本雅明在对于被有待救赎的过去所困扰的未来的可能性思考上,他的工作是难得可贵的。

克里斯托弗·夏尔一直致力于研究中心和外围之间的空间和时间距离,这就是为什么他反对任何机械地将单线的现代性线性强加于人,坚持"农村人口和较贫困的阶层……不觉得自己直接受到这种现代性的影响"。

朝向一个历史性的历史世界

我们可能需要结合别的著作来更深入研究欧洲以外的社会差异,尤其是因为这些差异由欧洲帝国主义对殖民世界的罪行所造成的。克里斯托弗·夏尔提到了"殖民主义下的种族灭绝",不过限于内容篇幅没有对此进一步展开。

当然他的观点绝不是欧洲中心主义,尽管旧大陆是他的研究目标,但这其中对法国的研究具有优先性。他将他的叙述放在"第一次世界化"的中心,放在了"新的多极格局"中,其中的自由贸易一度被它的拥护者宣扬为现代性的典范,认为这建立了国家之间的和平,但事实上并没有达到这一预期效果。因此作者强调了美国和欧洲之间现在日益加大的对比;美国似乎比以往更被视作"未来的大陆"。本书特别强调了"德国人对美国的痴迷",弗里茨·朗(Fritz Lang)在《大都会》这部电影中也借用了这一灵感,在此这部作品得到了仔细的分析:即便电影的时间背景设定在不确定的 2026 年,但它的整体氛围依然是中世纪浮士德式,因此这又是一个从过去吸取灵感的未来建筑的例子。克里斯托弗·夏尔也提到了弗里茨·朗对电影市场新资本主义逻辑的让步,在电影中最终免除了工业家和大都市高管强·弗莱德森(Joh Fredersen)的责任,这是为 UFA 电影公司能出口他的电影,特别是出口到美国所要付出的代价。因此尽管朗对此否认,但电影宣扬的是阶级的和解和秩序的恢复,没有更多的"错位"。

最后,弗里茨·朗的电影为我们显现了本书中的关键思想:一个幻想的超现代性中虽然依然遗留有过去的遗产,但双重时间性的负担下—工作节奏和现代性的历史性—主流阶级试图强加的,反对强权的抵抗形式,表明了现代性的崇高与它对最受剥削者所造成的破坏之间形成了鲜明对比。克里斯托弗·夏尔永远不会遗忘那些被历史遗落的人。

"无论在什么情况下,历史学家只有一种特权,那就是将他的生活和工作参与到两种时间性中,完全跨越时代的不一致性。"由此通过不仅仅是对历史性的反思,也是对历史学家的反思来结束时代的不谐。而历史学家不仅仅是时代的经历者,也同时多少参与了对时代的塑造。

作者简介:吕蒂文·邦蒂尼,鲁昂大学当代史高级讲师,巴黎政治学院历史中心研究员,研究方向侧重于代际现象、社会化和政治参与。

译者简介:沐越,复旦大学历史学系博士研究生,研究方向为 19 世纪法国史。

"记忆与历史研究"新书推荐四则

张 仕 洋

导言:"记忆"作为一个严肃有效的学术概念出现时间并不晚近。但其显著影响历史研究的时间则晚至 20 世纪七八十年代。有学者认为,至少有两种关键力量促成了记忆与史学的结合。其一是皮埃尔·诺拉在法国史学界对记忆研究的倡导,其二为 80 年代末开始的大屠杀研究对记忆理论的聚焦。加之 60 年代以后,后现代主义对历史学的影响逐步加深,史学研究的绝对客观性逐渐瓦解,而叙事性、文学性被逐渐接受。以往不被传统史学认可的记忆开始成为史学研究的内容与材料,这直接推动了口述史学、公众史学等记忆相关史学分支的兴起与发展。由此,记忆相关理论的重要性逐渐上升,并促成了历史研究的"记忆转向"。

皮埃尔·诺拉曾细数"记忆转向"以来的史学变化,包括:批判正统历史、重拾被噤声的历史、研究个人与家族谱系、重视各种纪念性事件、强调面向公众的档案保存和开放、对历史遗产的迷恋等。这些史学内容与方法逐渐被传播接受,成为全球范围内的学术潮流,至今方兴未艾。

新世纪起,国内学界开始大量关注记忆研究,不断引进相关理论著作,并在国内语境下进行记忆史学实践。本年度以来,至少有四本关于记忆研究的作品在中文学界面世,分别为阿斯特莉特·埃尔和安斯加尔·纽宁主编的《文化记忆研究指南》、杰弗里·丘比特所著的《历史与记忆》、刘亚秋所著的《被束缚的过去:记忆伦理中的个人与社会》和艾仁贵所著的《马萨达神话与以色列集体记忆塑造》。这四部作品既反映了学界对国外成果的密切关注,亦展现了本土学者的创新与突破。

(一)《文化记忆研究指南》

1.基本信息

主编:〔德〕阿斯特莉特·埃尔、〔德〕安斯加尔·纽宁

译者:李恭忠、李霞

出版社:南京大学出版社

出版时间:2021年2月

2.编者简介

阿斯特莉特·埃尔(Astrid Erll):德国法兰克福大学英语文学与文化学教授,主要研究领域包括记忆研究、近现代英语文学史、媒体史等。

安斯加尔·纽宁(Ansgar Nünning):德国吉森大学英美文学与文化学教授,主要研究方向为英美文学、记忆文化、叙事学、文学和文化理论等。

3.内容简介

本书是一部收录多国学者文章的跨学科论文集,着重探讨了记忆理论在不同学科研究中的各异面相,包括历史学(主要是文化史)、社会学、政治学、文学、心理学、新闻学等。题目所言的"文化记忆研究"虽然有着可以上溯至莫里斯·哈布瓦赫的共同理论起源,但其在不同国家和不同学科内有着极为多样的应用。本书在展现这种多样性的同时,更在国别间、学科间形成鲜明的对比,为读者理解不同类型"文化记忆"形成的社会语境和学术语境提供了指南性参考。

(二)《历史与记忆》

1.基本信息

作者:〔英〕杰弗里·丘比特

译者:王晨凤

出版社:译林出版社

出版时间:2021年2月

2.作者简介

杰弗里·丘比特:英国约克大学历史系准教授,同时任职于约克大学18世纪研究中心和历史与公共解读研究所。研究兴趣包括19世纪法国史,社会记忆相关问题,以及当代社会与历史间的各层面关系。

3.内容简介

杰弗里·丘比特的《历史与记忆》一书更集中地关注历史研究中的记忆。本书通过讨论某些与记忆有关的热点话题,试图探索记忆研究带给史学的理论与方法启示。此书引言中清晰地告诉读者:本书将研究三种历史-记忆关系——记忆在历史进程中的角色;记忆作为历史研究对象的实用性;我们对历史-记忆关系的想象和讨论。

(三)《被束缚的过去:记忆伦理中的个人与社会》

1.基本信息

作者:刘亚秋

出版社:商务印书馆

出版时间:2021年3月

2.作者简介

刘亚秋:黑龙江省龙江县人,社会学博士,中国社会科学院社会发展战略研究院副研究员,研究方向为社会记忆理论、社区发展等方面,在《社会学研究》《中国社会科学》(英文版)、《社会》等期刊发表学术论文多篇。

3.内容简介

刘亚秋此书的主题为社会学视角下的记忆伦理问题,是作者以往学术思考的集结与升华。书中提出了"记忆的微光"和"延迟的弥补"两个概念,分别关注个体记忆的压制与解放和家庭代际间的记忆传递问题。此书虽看似与历史研究较远,但实际与史学领域的记忆研究有共同的理论来源和研究方法,在某种程度上可视为记忆理论在中国本土的消化再产出。

(四)《马萨达神话与以色列集体记忆塑造》

1.基本信息

作者:艾仁贵

出版社:社会科学文献出版社

出版时间:2021年5月

2.作者简介

艾仁贵:河南大学历史文化学院副教授,现任世界史系副主任等职,主要研究方向为以色列史(犹太政治传统与西方文明、犹太复国主义、当代以色列),曾在《中国社会科学》《历史研究》《世界历史》等期刊发表论文40余篇。

3.内容简介

此书可视为历史研究中对集体记忆理论的具体个案运用。马萨达神话是指公元73年千余名驻守马萨达要塞的犹太人面对罗马人的包围选择自杀的历史记载。本书从记忆理论入手,分析了这一历史记载与犹太民族主义的互动关系。全书共分为历史叙述、神话建构和回归历史三个部分,呈现由史实到分析,由叙述到反思的架构。作者通过此书试图回答,处于遗忘边缘的马萨达神话如何被犹太民族记忆重拾,被重拾的神话又如何改变了民族行为与性格。

作者简介:张仕洋,复旦大学历史学系博士研究生。

"全球史"相关新书推荐

徐 成

2021年上半年,中文读者至少迎来了五本关于全球史的译作。分别是:约翰·达尔文(John Darwin)的《帖木儿之后:1405年以来的全球帝国史》[①]、蕾切尔·劳丹(Rachel Laudan)的《美食与文明:帝国塑造烹饪习俗的全球史》[②]、米夏埃尔·诺尔特(Michael North)的《海洋全球史》[③]、杰弗里·帕克(Geoffrey Parker)的《全球危机:十七世纪的战争、气候变化与大灾难》[④],以及瓦妮莎·奥格尔(Vanessa Ogle)的《时间的全球史》[⑤]。

约翰·达尔文所著的《帖木儿之后:1405年以来的全球帝国史》以帖木儿之死替代新航路开辟作为讨论的起点,帖木儿是史上最后

---

① 〔英〕约翰·达尔文:《帖木儿之后:1405年以来的全球帝国史》,黄中宪译,中信出版集团2021年3月第1版。约翰·达尔文:英国国家学术院院士,牛津大学历史系荣休教授,牛津大学全球史研究中心首任主任。重点研究帝国史和全球史,长期关注欧洲去殖民化议题、大英帝国兴衰问题。

② 〔英〕蕾切尔·劳丹:《美食与文明:帝国塑造烹饪习俗的全球史》,杨宁译,民主与建设出版社2021年1月第1版。蕾切尔·劳丹:伦敦大学历史和科学哲学博士,曾在夏威夷大学任教。在校任教期间,她主要教授科学技术史、社会经济史和全球史。在夏威夷大学期间,劳丹的研究兴趣转向食物、烹饪的历史与政治。

③ 〔德〕米夏埃尔·诺尔特:《海洋全球史》,夏嬿、魏子扬译,生活·读书·新知三联书店2021年5月第1版。米夏埃尔·诺尔特:德国吉森大学博士,现任教于格赖夫斯瓦尔德大学。诺尔特是货币和金融史以及商业和文化史的专家。现致力于波罗的海地区的研究,主张从海洋史、边疆史、全球史等角度进行切入。

④ 〔美〕杰弗里·帕克:《全球危机:十七世纪的战争、气候变化与大灾难》,王兢译,社科文献出版社2021年4月第1版。杰弗里·帕克:剑桥大学博士毕业。目前任教于俄亥俄州立大学,帕克早期的研究兴趣集中在欧洲近现代史部分中的战争军事史领域,后帕克对气候史、全球史等领域产生兴趣。

⑤ 〔美〕瓦妮莎·奥格尔:《时间的全球史》,郭科、章柳怡、孙伟译,浙江大学出版社2021年6月第1版。瓦妮莎·奥格尔:哈佛大学博士毕业,现任教于加州大学伯克利分校。奥格尔关注全球史视角下的经济史、帝国史和资本主义史的研究。现致力于研究殖民飞地的有关历史。

一位"世界征服者",他和他的部队东征西讨,然而努力建立的帝国却在他1405年去世后瓦解了,类似的帝国也难以再见到了。达尔文将这种建立帝国的努力认定为是试图将欧亚世界纳入单一制度、单一统治者或单一规范之下。在帖木儿死后,传统的历史书写往往只强调了欧洲的帝国,而忽视了伊斯兰文明以及东亚文明两者的存在。①达尔文加入了这两者的叙述。随后通过引入"欧亚革命"②这一概念来解释为何欧洲的"帝国"最后能成为世界舞台的焦点。"欧亚革命"通过把工业革命和地缘政治中的改变结合在一起,从而试图回答为何西欧能在近代脱颖而出的问题。此后便是欧洲帝国一路扩张的历史,但是达尔文强调即便如此也依然无法将世界完全纳入到单一制度的统治之下。该书的写作模式符合康拉德提出的第一类模式,且更偏重于宏观层面的讨论,其中对"西方中心论"的反思值得关注,以西方为代表的单一制度、规范也无法真正统治全球,不同文明、地区各自的规范、特色依然值得重视。但该作品也存在着一些问题,达尔文将"帝国"进行同质化处理,在强调古今帝国共性的同时消解了差异性。帖木儿的帝国与西欧的殖民帝国必然是有很大区别的,对帝国概念的讨论也不够深入。

第二部作品为蕾切尔·劳丹所著的《美食与文明:帝国塑造烹饪习俗的全球史》。该书将烹饪与美食引入历史书写之中,结合图像资料,使之更生动形象。劳丹不同于此前"全球史"强调食材交换与流变的经济史视角,而是另辟蹊径强调了烹饪方式的"全球史"。她写作的时间跨度很大,从距今两万年前的谷物烹饪开始,先介绍了古代帝国的两河文明、古埃及、古波斯、古希腊、古罗马、中华文明以及中美洲存在的相关烹饪方式和饮食状况,然后将下阶段的历史分成了佛教饮食、伊斯兰饮食、基督教饮食来叙述,以此凸显她的主张,即这三种烹饪法都与一种饮食哲学相联系,反映了用餐者对神、社会和自

---

① 详见〔英〕约翰·达尔文:《帖木儿之后:1405年以来的全球帝国史》,黄中宪译,第九章。
② 同上书,第四章。

然世界的信仰。① 最后她叙述了近现代烹饪的发展历程,认为近现代的饮食哲学抛弃了过去的那种等级制度,而代之以更具包容性的政治理论并吸收了不断丰富的营养学理论。笔者认为这一著作属于康拉德所定义的第一种"全球史"书写模式和第二种模式的混合。作者不仅以"全球"的烹饪技术的发展作为关照,还阐述了商人、传教士和军队如何将饮食跨越山脉、海洋、沙漠和政治边界,更尝试了"联系"外的思考角度,从而强调了不同文明内部自身"饮食哲学"对作物烹饪以及选择的影响。本书存在的一个问题就是预设了存在有不同的"饮食哲学",一方面方便了将文明的内与外联系起来,另一方面也太过笼统,难以解释一个文明中不同区域选择不同饮食的原因。这启发了读者在阅读该著作时,应该注意这种"饮食哲学"所能影响到的实际范围可能并不是那么大。

第三部作品为米夏埃尔·诺尔特所著《海洋全球史》,主题为全球史视角下的海洋史,作者以海洋的先行者古代腓尼基人与古代希腊人为引,先叙述了新航路开辟之前的海洋上的活动,依次为北海、波罗的海、黑海、红海、阿拉伯海、中国南海、地中海,再以各大洋为专题叙述新航路开辟后的人类活动,最后将关注点转向海洋的全球化以及所带来的生态污染问题。书中谈到有关海洋史的专题包括航海技术、贸易货品、商业文化、海盗劫掠、文化传播、海洋污染等等,不失为研究海洋史的敲门砖。这部作品属于康拉德所列的第一种类型的全球史,但是也跟第二类作为"联系史"的全球史有关,它以海洋为题描述了各类人在这一大平台的交流和碰撞,凸显了货品、人口以及观念的交流。然而它叙述的比重存在失调,整本书以西方人视域的海洋作为主线进行叙述,海洋的先行者也是古代腓尼基人,忽视了其他地区人类对海洋的早期探索;不仅如此,东方人视域下的海洋书写篇幅也只有半个章节,以中国为主体的部分仅仅只有郑和下西洋,②这

---

① 〔英〕蕾切尔·劳丹:《美食与文明:帝国塑造烹饪习俗的全球史》,杨宁译,第2—10页。
② 〔德〕米夏埃尔·诺尔特:《海洋全球史》,夏嫱、魏子扬译,第54—62页。

与"全球史"的标题是不相符的。

第四部作品为杰弗里·帕克的《全球危机：十七世纪的战争、气候变化与大灾难》，聚焦17世纪的小冰期，把气候变化的特点同军事战争史结合来开展分析，主要分析的对象从东方的中国开始，依次为俄罗斯、波兰·立陶宛联邦、奥斯曼土耳其、德意志地区、伊比利亚半岛、法国、大不列颠。这些主体面对危机都发生了重大的变革。而莫卧儿帝国、意大利地区、美洲、非洲、大洋洲、日本则相对较为平稳地度过了危机。"全球史"层面的环境气候现象对众多主体的地方性事件产生了不可回避的影响，但是不同的主体应对的方式并不相同。帕克的书写暗合了康拉德提出的第三类以"整合"概念为基础的全球史。帕克的书写先构建了一个大的全球环境，即小冰期所引发的全球降温。① 不同地区的人都被卷入其中，然而由于当时"全球"整合度较低，不同地区对这一事件的应对策略无法马上交流传播，这跟现在全球快速应对疫情存在很大差别。在这一论述前提下，帕克才选择分别叙述各个主体的应对情况，这也是更合适的。

最后一部作品为瓦妮莎·奥格尔的《时间的全球史》，主题是时间的管理以及相应的历法。作者从现代世界的时间统一性回溯过去不同时代、地区的时间上的割裂，从而去消解时间的现代性。时间的现代性是19世纪以来人们致力于建立全球统一时间标准的结果。本书通过研究近现代以来人们对标准化时间的追求，探讨了时间观念如何在全球化过程中得到发展，关于时间的意识如何在全球获得趋同的形态。但是这本书的译名存在一定的迷惑性，容易误导读者。该书英文原名为"The Global Transformation of Time: 1870-1950"②，确有"全球史"的要素，但强调的重点是"转型"，这指不同殖民地区的时间管理如何同西方世界接轨，中文译名没有很好体现这

---

① 〔美〕杰弗里·帕克：《全球危机：十七世纪的战争、气候变化与大灾难》，王兢译，第5—50页。
② Vanessa Ogle, *The Global Transformation of Time: 1870-1950*, Cambridge: Harvard University Press, 2015.

一点。副标题中的时间限定也被删去了。这些做法可能会让想要了解这个主题的读者错过本书。我们很难用康拉德的方法分类这本书,实际上它已经同时拥有三种模式的特性,这或许将成为未来"全球史"书写的主要方向。

作者简介:徐成,复旦大学历史学系硕士研究生。

征稿启事

本刊的创立,是想为"作为思想史的史学史"这样一种研究思路提供一个试验场,打造一个兼具思想史与史学史综合研究的学术平台。计划每年出版一至两期,每期刊物围绕一个主题,强调跨学科的交流和研究。本刊欢迎从历史哲学、史学理论、史学史、比较史学,甚至是从艺术史、哲学史、文学史及其他人文社会科学学科出发而撰写的有关历史与思想的稿件。同时,本刊也愿为正处于硕博士阶段的优秀青年提供一个早期学术写作及发表的机会。

在"作为思想史的史学史"这样一个主题之下,我们希望讨论但并不仅限于此的专题还有:文明的概念及其历史书写、全球史中的西方力量、文明进程中的史学思想、中西话语建构、比较研究何以可能、图像中的历史与思想、历史中的宗教与思想、知识是如何向公众传播的、共时性语境与历史性变迁、口述与记忆、后真相时代中的历史学家、他者眼中的在地性与自我认同中的模仿等等。

杂志的主要板块包括:一、理论探讨(每篇1万—1.5万字),二、专题研究(每篇2万—3万字,优秀论文字数不限),三、经典释读(每篇1万—3万字),四、史学前沿(每篇1万—1.5万字),五、书评(每篇0.5万—1万字),六、学子新论(每篇1万—1.5万字),七、新书推介(每篇0.2万—0.5万字)。此外,本刊不定期地设有"专论"板块,内容不限于纯粹技术性的史学史研究,而是针对各种历史思想的宏观论述、微观考察与比较研究,尤以拥有当下关怀的文章为先。每期还可根据具体情况,再增设问题与方法、读史札记、研究综述、会议综述等栏目。

竭诚欢迎各界人士赐稿。

Email:fdxfsxs@fudan.edu.cn